税务稽查与税务风险管理研究

张晓华 著

中国商务出版社
CHINA COMMERCE AND TRADE PRESS

图书在版编目(CIP)数据

税务稽查与税务风险管理研究/张晓华著.--北京:
中国商务出版社,2018.7
 ISBN 978-7-5103-2473-4

 Ⅰ.①税… Ⅱ.①张… Ⅲ.①税务稽查-中国②税收
管理-风险管理-中国 Ⅳ.①F812.423

 中国版本图书馆 CIP 数据核字(2018)第 143459 号

税务稽查与税务风险管理研究

SHUIWU JICHA YU SHUIWU FENGXIAN GUANLI YANJIU

张晓华 著

出　　版:中国商务出版社
地　　址:北京市东城区安定门外大街东后巷 28 号
邮　　编:100710
责任部门:职业教育事业部(010-64218072　295402859@qq.com)
责任编辑:周　青
总 发 行:中国商务出版社发行部(010-64208388　64515150)
网　　址:http://www.cctpress.com
邮　　箱:cctp@cctpress.com
照　　排:北京亚吉飞数码科技有限公司
印　　刷:北京亚吉飞数码科技有限公司
开　　本:787 毫米×1092 毫米　1/16
印　　张:18.75　字　数:336 千字
版　　次:2019 年 3 月第 1 版　2024 年 9 月第 2 次印刷
书　　号:ISBN 978-7-5103-2473-4
定　　价:75.00 元

凡所购本版图书有印装质量问题,请与本社总编室联系。(电话:010-64212247)

CCTP　版权所有　盗版必究(盗版侵权举报可发邮件到本社邮箱:cctp@cctpress.com)

前　言

　　企业税务管理作为企业管理的重要组成部分,在规范企业行为、降低企业税收成本、提高企业经营效益、规避税务风险、提高企业税务管理水平和效率方面有积极的作用。在市场经济发达的西方国家,从企业角度研究税务管理,在理论和实践上均取得了丰硕的成果,而我国由于多方面因素的影响,企业税务管理整体水平较低。随着世界经济一体化进程的加快,企业间竞争日趋激烈,加强企业税务管理显得尤为重要。企业税务管理中,有两个方向的内容值得特别关注:一是税务稽查,二是涉税风险。

　　税务稽查,简而言之,就是税务机关代表国家对纳税人的纳税事项和纳税资料进行监督的一个过程,它是税收征收管理工作的一个重要步骤和环节。税务机关稽查部门选择稽查对象的来源主要有举报偷漏税、随机的抽查以及日常检查。税务稽查的终极目的是促进税收征收管理水平的提高,整顿和规范税收秩序,促进纳税人税法遵从度的提高,使依法纳税、诚信纳税蔚然成风。

　　同时,税务稽查又是一项高风险的执法活动,因为税务稽查会直接为纳税人、扣缴义务人及其他税收当事人设定义务,因此动辄引发纳税人、扣缴义务人及其他税收当事人的投诉、行政复议、行政诉讼、国家赔偿申请,甚至恐吓、检举、举报,不一而足。正因为如此,稽查人员就必须知悉税务稽查风险,依法开展税务稽查,注意防控稽查风险。

　　为贯彻落实《深化国税、地税征管体制改革方案》中关于建立健全稽查案源管理制度的要求,规范税务稽查案源管理,切实提高税务稽查工作质效,有效打击涉税违法犯罪行为,2016 年 5 月,国家税务总局出台了《税务稽查案源管理办法(试行)》《税务稽查随机抽查对象名录库管理办法(试行)》和《税务稽查随机抽查执法检查人员名录库管理办法(试行)》。

　　涉税风险是一种企业经营管理风险。企业在经营过程中,会遇到各种各样的风险和问题,比如经营风险、管理风险、市场风险、政策风险等,而经营管理风险中包含的一项重要风险就是涉税风险。所谓涉税风险,简单来说就是指纳税人在计算和缴纳税款方面承担的各种风险,进一步讲则是纳税人由于负担税款、违反税收法律规定等原因而可能利益受损。具体表现是,企业的涉税行为成为影响纳税准确性的不确定因素,结果导致企业多交了税或者少交了税。

　　企业存在的最大风险不仅是经营风险，还有涉税风险以及不能够清醒认识涉税风险的风险。企业的几乎所有涉税风险，都是可防可控的，都可以通过相应的措施来规避风险，将损失降至最低。

　　本书共八章，全面系统地研究了我国当前的税务稽查和税务风险管理现状。第一章主要是对税务稽查的基本概念等进行概述；第二章分别从税务稽查的选案、实施、审理和执行分析税务稽查的"四分离"制度；第三章研究税务稽查的基本方法，主要分析了查账法、分析法、调查法和电子查账法；第四章对税务稽查的内容进行详细分析；第五章主要研究了企业应税收入的确定以及应对税务稽查的策略；第六章研究企业涉税风险的概念类型、来源和管理策略；第七章分析主要税种的税务风险管控，包括增值税、消费税等；第八章则以房地产行业、公路货运行业和餐饮行业为切入点，分析重点行业的税务风险管控。

　　在撰写本书的过程中，参考了相关专家、学者的著作、论文，从中获得了许多有益的成果、见解，谨致以诚挚的谢意。由于作者水平有限，书中难免有不妥之处，敬请同行专家、学者和广大读者批评指正。

作　者

2018 年 5 月

目　录

第一章　税务稽查概述

税务稽查对于国家的正常运行具有重要意义。税务稽查不仅是税务机关保障国家税收法律、法规贯彻实施的重要手段和发挥税收职能作用的重要工具，而且是营造公平公正的竞争环境、形成诚实守信的社会氛围、保护纳税人合法权益的有效途径。随着我国社会主义市场经济的不断发展，税收法治化进程的日益加快，税务稽查将在税收管理中发挥更加重要的作用。

第一节　税务稽查的基本内涵

一、税务稽查的概念

税务稽查是税务机关依法对纳税人、扣缴义务人和其他税务当事人履行纳税义务、扣缴义务及税法规定的其他义务等情况进行检查和处理工作的行政执法行为。税务稽查的基本内涵主要包括以下五个方面。

第一，具有特定主体。税务稽查的执法主体是税务机关。

第二，具有清晰客体。税务稽查的客体是稽查对象纳税义务、扣缴义务及税法规定的其他义务的履行情况。具体内容包括三个方面：一是纳税人纳税义务履行情况，即纳税人税款核算及申报缴纳情况；二是扣缴义务履行情况，即扣缴义务人代扣代缴和代收代缴税款情况；三是税法规定的其他义务，如税收法律法规规定的接受和配合税务检查等义务的履行情况。

第三，具有法定依据。税务稽查执法必须依据税收法律法规的规定，按照法定的职责、权限和程序进行。

第四，具有完整内容。稽查执法的主要内容是检查和处理，具体包括选案、实施、审理和执行四个环节。

第五，具有明确对象。税务稽查的对象是纳税人、扣缴义务人和其他税务当事人。其中纳税人是指税法规定的直接负有纳税义务的单位和个人；扣缴义务人是指税法规定的直接负有代扣代缴、代收代缴税款义务的单位和个人;其他税务当事人是指稽查执法过程中直接与稽查对象的涉税事项有关联的其他单位和个人。

二、税务稽查的分类

(一)日常稽查

日常稽查是税务稽查局(以下简称稽查局)有计划地对税收管辖范围内纳税人及扣缴义务人履行纳税义务和扣缴义务情况进行检查和处理的执法行为。日常稽查与征管部门负责的日常检查主要存在以下区别。

1. 目的不同

日常稽查的目的在于发现、分析和掌握税收违法活动的动向和规律,查处税收违法行为,而日常检查是对检查对象的管理行为,目的在于掌握检查对象履行法定义务的情况,提高税收管理水平。

2. 程序不同

日常稽查程序通常包括选案、实施、审理、执行四个环节。而日常检查则不必履行上述程序。

3. 内容不同

日常稽查是对纳税人和扣缴义务人履行各项法定义务情况的全面核查,具有系统审计的功能,而日常检查是税务机关清理漏管户、核查发票、催报催缴、评估问询、了解纳税人生产经营和财务状况等不涉及立案稽查与系统审计的日常管理行为。

(二)专案稽查

专案稽查是指稽查局依照税收法律法规及有关规定,以立案形式对纳税人、扣缴义务人履行纳税义务、扣缴义务情况进行调查和处理的执法行为。专案稽查具有以下两个明显特点。

第一,稽查对象特定。专案稽查的对象来源于确定的线索,具有明显的税收违法嫌疑。

第二,适用范围广。专案稽查适用于举报、上级交办、其他部门移交、转办以及其他所有涉嫌税收违法案件的查处。

（三）专项稽查

专项稽查是稽查局按照上级税务机关的统一部署或下达的任务对管辖范围内的特定行业、特定的纳税人或特定的税务事宜所进行的专门稽查。专项稽查和税收专项检查既有共同点也有不同点。

1. 共同点

共同点在于二者均应按照统一部署，集中人力、物力和财力解决带有普遍性的问题，都具有收效快、反响大的特点。

2. 不同点

不同点在于专项稽查由稽查局组织和实施，而税收专项检查则由税务局统一安排，稽查局牵头组织，有关部门共同参与实施。从后者的角度讲，也可以将专项稽查看作税收专项检查的组成部分。

三、税务稽查的要素

税务稽查活动是由税务稽查法规、制度、技术、机构、监控和人员等稽查要素构成的。

第一，税收法律法规是税务稽查的基本法律依据，是以法的形式加以规定的基本稽查办法；税务稽查制度是税务稽查法规的具体化和必要补充；税务稽查规程是依照税务稽查法规和稽查制度进行稽查活动的工作程序。

第二，税务稽查技术是指实现税务稽查的具体方法和采用的管理手段。

第三，税务稽查机构则是贯彻实施税务稽查法规、制度、规程，开展稽查活动的指挥系统和组织保证。

第四，税务稽查监控是指整个税务稽查活动的内、外监控机制。它包括税务稽查对内、外监控信息系统，税务稽查工作考核制，稽查责任追究制，税务稽查配套体系，司法保障体系等。

第五，税务稽查人员是实施税务稽查的具体执行者、操作者。

上述要素之间相互联系、相互制约、互为补充，由此决定了各要素在税务稽查运行中的地位和作用，即税务稽查机构和稽查人员是税务稽查运行的操作者和行为主体，属主体性要素，起着决定性的作用；税务稽查法规、制度、规程是税务稽查运行的依据,主体性要素必须依据它们来操作整个税务稽查系统,因此是中心性要素,起着核心作用;税务稽查方法与稽查手段是税务稽查运行的操作技术条件,是技术性要素,起关键性作用;税务稽查监控乃是保持税务稽查运行正常的补充手段,属完善性要素,起着维护性作用。

第二节 税务稽查的法律地位

一、税务稽查法律法规的分类

税务稽查相关法律可按照不同的标准进行分类。

(一)税收法律和其他相关法律

税收法律和其他相关法律是按照法律所调整的对象不同进行分类的结果。税收法律是直接调整税收法律关系的各种法律规范的总称,如《中华人民共和国税收征收管理法》(以下简称《税收征管法》)《中华人民共和国增值税暂行条例》(以下简称《增值税暂行条例》)等税收法律。其他相关法律是指调整行政法律关系、刑事法律关系及其他法律关系的同时,也调整税收法律关系的法律。如《中华人民共和国行政处罚法》(以下简称《行政处罚法》)、《中华人民共和国刑法》(以下简称《刑法》)等。

(二)普通法和特别法

普通法和特别法是按照法律适用范围进行分类的结果。普通法是对全国范围内的一般人、一般事,在一般情况下普遍有效的法律,如《刑法》等。特别法是对特定人、特定事,或在特定地区、特定时期有效的法律,如《中华人民共和国个人所得税法》(以下简称《个人所得税法》)。

(三)国内法和国际法

国内法是指一个主权国家制定的实施于本国的法律。国际法是国际法律关系主体参与制定或公认的适用于各个主体之间的法律。在税收领域涉及国际法的,主要是国际税收条约、协定。国际税收条约、协定是国家之间根据国际法的规定,为确立其税收方面的相互权利和义务而缔结的书面协议。国际税收条约包括一般性的税收条约和特别税收条约。一般性的税收条约通常是多数国家参加的,主题事项涉及世界性税收问题,起着创立一般适用的国际法原则和规则的作用,如WTO协定。特别税收条约,一般是由两个或几个国家为特定事项缔结的,如中美之间的税收互惠规定。

当国际法与国内法的规定不一致时,按国际法大于国内法的原则,应当执行国际法,但涉及税收优惠的应当按最优惠的规定执行。

(四)实体法和程序法

实体法和程序法是按照法律内容的不同进行分类的结果。实体法是规定税收法律关系主体的权利和义务的法律,如《增值税暂行条例》《中华人民共和国营业税暂行条例》(以下简称《营业税暂行条例》)等,主要的税收实体法律法规如表1-1所示;程序法是规定实现实体法确定的权利和义务所需程序的法律,如《中华人民共和国行政诉讼法》(以下简称《行政诉讼法》),其他税收程序法律法规如表1-2所示。实际上,许多法律既有实体内容,又有程序内容,如《税收征管法》《行政处罚法》。

表 1-1　我国税收实体法律法规一览表

类别	法律法规名称	备注
货物和劳务税	中华人民共和国增值税暂行条例(修订版)	自2009年1月1日起施行
	中华人民共和国增值税暂行条例实施细则	自2009年1月1日起施行
	中华人民共和国消费税暂行条例(修订版)	自2009年1月1日起施行
	中华人民共和国消费税暂行条例实施细则	自2009年1月1日起施行
	中华人民共和国车辆购置税暂行条例	自2001年1月1日起施行
	中华人民共和国烟叶税法	2018年7月1日起施行
	实施成品油价格和税费改革的通知	自2009年1月1日起施行
所得税	中华人民共和国企业所得税法	自2008年1月1日起施行
	中华人民共和国企业所得税法实施条例	自2008年1月1日起施行
	企业所得税若干政策问题的规定	自公布之日起施行
	中华人民共和国个人所得税法	自2008年3月1日起施行
	国务院关于修改《中华人民共和国个人所得税法实施条例》的决定	自2008年3月1日起施行

类别	法律法规名称	备注
财产税	中华人民共和国房产税暂行条例	自 1986 年 10 月 1 日起施行
	关于房产税若干具体问题的解释和暂行规定	自公布之日起施行
	关于房产税城镇土地使用税有关问题的通知	自 2009 年 1 月 1 日起施行
	中华人民共和国城镇土地使用税暂行条例	自 2007 年 1 月 1 日起施行
	中华人民共和国耕地占用税暂行条例	自 2008 年 1 月 1 日起施行
	中华人民共和国契税暂行条例	自 1997 年 10 月 1 日起施行
	中华人民共和国契税暂行条例细则	自 1997 年 10 月 1 日起施行
	中华人民共和国资源税暂行条例	自 1994 年 1 月 1 日起施行
	中华人民共和国资源税暂行条例实施细则	自公布之日起施行
	资源税若干问题的规定（修订版）	自 2011 年 11 月 1 日起施行
	中华人民共和国车船税暂行条例	自 2007 年 1 月 1 日起施行
	中华人民共和国车船税暂行条例实施细则	自 2007 年 2 月 1 日起施行
	中华人民共和国土地增值税暂行条例	自 1994 年 1 月 1 日起施行
	中华人民共和国土地增值税暂行条例实施细则	自公布之日起施行
其他税	中华人民共和国印花税暂行条例	自 1988 年 10 月 1 日起施行
	中华人民共和国印花税暂行条例施行细则	本细则与条例同时施行
	中华人民共和国城市维护建设税暂行条例	自 1985 年起施行

表 1-2　我国税收程序法律法规一览表

类别	法律法规名称	备注
税收征管类	中华人民共和国税收征收管理法	自 2001 年 5 月 1 日起施行
	中华人民共和国税收征收管理法实施细则	自 2002 年 10 月 15 日起施行
	国家税务总局关于贯彻实施《中华人民共和国税收征收管理法》有关问题的通知	自公布之日起施行
	国家税务总局关于贯彻《中华人民共和国税收征收管理法》及其实施细则若干具体问题的通知	自公布之日起施行

类别	法律法规名称	备注
发票管理类	中华人民共和国发票管理办法	自 1994 年 1 月 1 日起施行
	国务院关于修改《中华人民共和国发票管理办法》的决定	自 2011 年 2 月 1 日起施行
	中华人民共和国发票管理办法实施细则	自 2011 年 2 月 1 日起施行
工作规程类	税务稽查工作规程	1995 年 12 月 1 日发布
	税务登记管理办法	自 2004 年 2 月 1 日起施行
	国家税务总局关于完善税务登记管理若干问题的通知	自公布之日起施行
	国家税务总局关于进一步完善税务登记管理有关问题的公告	自 2011 年 4 月 20 日起施行
	纳税人财务会计报表报送管理办法	自 2005 年 5 月 1 日起执行
	纳税信用等级评定管理试行办法	2003 年 7 月 17 日公布
	税收减免管理办法（试行）	自 2005 年 10 月 1 日起执行
	欠税公告办法（试行）	自 2005 年 1 月 1 日起施行

（五）宪法、法律、行政法规、地方性法规、规章、规范性文件

根据税务稽查相关法律按照法的效力来源和效力等级不同进行分类，可以将其划分为宪法、法律、行政法规、地方性法规、规章、规范性文件。

1. 宪法

宪法是一个国家的根本大法，具有最高法律权威和最高法律效力，是制定法律法规的依据，我国《宪法》第五十六条规定，中华人民共和国公民有依照法律纳税的义务。

2. 税收法律

税收法律是享有立法权的国家最高权力机关依照法定程序制定的，我国税收法律是由全国人民代表大会及其常务委员会制定的，其法律地位和法律效力次于宪法，《个人所得税法》《企业所得税法》和《税收征管法》等属于税收法律。

3. 税收行政法规

税收行政法规是国务院依据宪法和法律的授权制定的,主要形式有"条例"或"暂行条例",税收行政法规的效力低于宪法、税收法律。目前,税收行政法规有《增值税暂行条例》、《中华人民共和国消费税暂行条例》(以下简称《消费税暂行条例》)、《营业税暂行条例》等。

4. 地方性税收法规

地方性税收法规是省、自治区、直辖市以及省级人民政府所在地的市和国务院批准的较大的市人民代表大会及其常务委员会,依据宪法、税收法律和税收行政法规,结合本地区的实际情况制定的。另外,自治地方的人民代表大会有权依照当地民族的政治、经济和文化的特点,制定税收单行条例。地方性税收法规仅在制定地范围内适用。

5. 税收规章

税收规章分为税收部门规章和地方税收规章。税收部门规章是国务院税收主管部门(财政部和国家税务总局)依据税收法律法规,在本部门权限内按照规定程序制定的,如《税务行政复议规则》《税务代理试行办法》等。地方税收规章是省、自治区、直辖市以及较大的市人民政府根据法律法规及地方性法规制定的。税收规章是税收征管活动的重要依据,但其法律效力较低。一般情况下,税收规章不作为税收司法的直接依据,但具有参照性的效力。司法机关在参照规章时,应当对规章的规定是否合法有效进行判断,对合法有效的规章应当适用。规章制定机关作出的与规章具有同等效力的规章解释,人民法院审理行政案件时参照适用。

6. 税收规范性文件

税收规范性文件是行政机关依据法律、行政法规、规章的规定制定的,是对税收法律、行政法规、规章的具体化和必要补充。它在税收工作领域中数量最多、法律效力最低。

二、税务稽查法律发挥的适用原则

为确保税务稽查作出的具体行政行为合法有效,在税务稽查实施时,运用相关法律应遵循以下原则。

(一)税务稽查法律必须遵循法律不溯及既往原则

法律不溯及既往原则是绝大多数国家所遵循的法律适用原则。其基本含义为:一部新法实施后,对新法实施前人们的行为不得适用新法,而只能沿用旧法。在税法领域内坚持这一原则,目的在于维护税法的稳定性和可预测性,使纳税人能在知道纳税结果的前提下作出相应的经济决策。

(二)税务稽查法律必须遵循特别法优于普通法的原则

此原则的含义为:对同一事项两部法律分别订有一般和特别规定时,特别规定的效力高于一般规定的效力。凡是特别法中作出规定的,即排斥普通法的适用。

(三)税务稽查法律必须遵循法律优位原则

法律优位原则主要体现在处理不同等级税法的关系上,位阶高的法律其效力高于位阶低的法律。因此,法律、行政法规、地方性法规、规章及规范性文件的效力是依次递减的。效力低的与效力高的相抵触,效力低的应当服从效力高的。值得注意的是,当地方性法规与部门规章之间对同一事项的规定不一致,不能确定如何适用时,由国务院提出意见,国务院认为应当适用地方性法规的,应当决定在该地方适用地方性法规的规定;认为应当适用部门规章的,应当提请全国人民代表大会常务委员会裁决。部门规章之间、部门规章与地方政府规章之间对同一事项的规定不一致时,由国务院裁决。

(四)税务稽查法律必须遵循新法优于旧法原则

新法优于旧法原则也称后法优于先法原则,其基本含义为:新法、旧法对同一事项有不同规定时,新法的效力优于旧法。其作用在于避免因法律修订带来新法、旧法对同一事项有不同的规定而给法律适用带来的混乱,为法律的更新与完善提供法律适用上的保障。新法优于旧法原则的适用,以新法生效实施为标志,新法生效实施以后用新法,新法实施以前包括新法公布以后尚未实施这段时间,仍沿用旧法,新法不发生效力。

三、税务稽查法律的时效

时效是指法律规定的某种事实状态经过法定时间而产生一定法律后果的法律制度。在税务稽查活动中,它是指税务机关如在法定的期间内未行使权力,当期间届满后,即丧失了要求纳税人、扣缴义务人等履行义务之权力的制度。税务稽查活动主要涉及两个时效问题,即税款的追征期限和税务行政处罚的追罚期限。

(一)税款的追征期限

1. 纳税人、扣缴义务人失误的情形

因纳税人、扣缴义务人计算错误等失误,在三年内可以追征税款、滞纳金;有特殊情况的,追征期可以延长到五年。所谓特殊情况,根据《税收征管法实施细则》第八十二条的规定,是指纳税人或者扣缴义务人因计算错误等失误,未缴或者少缴、未扣或者少扣、未收或者少收税款,累计数额在十万元以上的情况。

2. 纳税人偷税、抗税、骗税的情形

对偷税、抗税、骗税的,税务机关追征其未缴或者少缴的税款、滞纳金或者所骗取的税款,不受上述规定期限的限制,税务机关可以无限期追征。

3. 税务机关承担责任的情形

《税收征管法》第五十二条规定,因税务机关的责任,致使纳税人、扣缴义务人未缴或者少缴税款的,税务机关在三年内可以要求纳税人、扣缴义务人补缴税款,但是不得加收滞纳金。

税务机关的责任是指税务机关适用税收法律法规不当或者执法行为违法。所谓适用税收法律法规不当,是指税务机关在应用税收法律法规时发生错误,对应该用此项规定的却应用了彼项规定,导致纳税人少缴税款。所谓执法行为违法,是指税务机关在执法程序上、执法权限上、执法主体上发生了错误。

(二)税务行政处罚的追罚期限

我国《税收征管法》中明确规定,违反税收法律、行政法规应当给予行政处罚的行为,在五年内未被发现的,不再给予行政处罚。在适用此规定时,应注意以下几点。

第一,在违法行为发生后的五年内,对该违法行为有管辖权的税务机关未发现这一违法行为,在五年后,无论何时发现了这一违法行为,对行为人都不能再给予行政处罚。

第二,五年的期限从行为发生之日起计算,行为发生之日是指违法行为结束日或停止日。

第三,对于违法行为有连续或继续状态的,自行为终了之日起计算。所谓连续行为,是指行为人在一定时间内连续数次实施了同一性质完全相同的违法行为,如某纳税人多次采取使用假发票、不计收入等手段偷税。所谓继续行为,是指一个违法行为发生后,该行为以及由此造成的不法状态一直处于持续状态,如逃避追缴欠税行为。有连续或继续状态的违法行为,自最后一次违法行为实施完毕之日起计算期限。

第三节　税务稽查的原则与职能

一、税务稽查必须遵循的原则

税务稽查原则是指税务稽查执法应遵循的准则。下面主要分析几项最为基本且重要的税务稽查原则。

(一)合法原则

合法原则是依法治国方略在税务稽查执法中的具体体现,它要求稽查执法必须以税收法律法规为准绳,其基本内容包括以下几个方面。

1. 依据合法

稽查局对税收违法事实的认定和处理的依据,必须符合法律法规和政策的规定。

2. 权限合法

相关的法律法规规定了稽查局的执法权限,稽查执法不得超越这些法律法规赋予的权限,否则即构成违法。

3. 主体合法

如果税务稽查的执法主体不合法,则执法行为就不合法。就税务机关而言,不仅是税务稽查实施的主体要合法,税务审理和稽查执行的主体也必须合法。

4. 程序合法

为了保护行政管理相对人的合法权益,相关的法律法规均对行政主体的行政执法程序予以严格的规定。因此,税务稽查的立案、调查、取证、定性、处理、处罚等程序必须符合法律法规的规定。否则,稽查执法将面临极大的风险。

(二)客观公正原则

公正原则是指在税务稽查工作中,稽查局应依法查明涉税事实,公正、公平地处理税收违法行为。所谓客观,是指稽查局必须实事求是地查明稽查对象履行法定义务的情况及存在的问题,作出符合法律事实的稽查结论,正确评价纳税人、扣缴义务人履行法定义务的情况。这是公正、公平处理的前提条件。所谓公正,是指稽查局在行使自由裁量权时,应合法适当,不得因执法人员的主观意志影响行政处罚的公正性。

(三)分工配合与相互制约原则

依照《税收征管法实施细则》及《税务稽查工作规程》(以下简称《稽查工作规程》)的规定,税务稽查各环节应当分工明确,相互制约、合理配合。它包括分工、制约和配合三个方面。

1. 分工明确

分工是提高行政效率的有效途径。只有实行稽查各环节的专业化分工,使稽查执法人员各司其职,才能为迅速提高执法人员的专业技能水平和稽查执法效率提供有效途径。

2. 相互制约

制约是依法行政的基本保障。实行专业化分工后,不同环节的人员可以在各自职权范围内行使相应的权力,但任何一个环节的人员都无法独揽稽查执法的全部权力;同时,在执法业务流程上,每一个环节都会不同程度地受到其他环节的监控,从而形成一个有利于明确并追究执法责任的监督制约体系。

3. 合理配合

配合是提高行政效率的基本要求。分工的目的在于提高效率,但如果不注重相互之间的配合,就有可能出现各环节相互掣肘的问题,不利于提高执法效率。因此,必须在分工的前提下加强配合,才能做到分工不分家,把各环节、各部门的工作统一到总体的工作目标上,从而保证稽查执法效率。

在税务稽查的实际操作过程中,贯彻分工制约原则应从组织、制度、资源三个层面予以相应的保障。首先,应在稽查局内部按照四个环节的要求设置相应的机构或岗位;其次,必须建立健全各环节的工作职责和工作制度;最后,应根据各环节的特点投入相应的人力、物力和财力资源。

(四)依法独立原则

1. 税务局与稽查局职责分明

《税收征管法》及其实施细则在明确了省以下稽查局的执法主体资格和法定职责的同时,还规定税务局与稽查局的职责应当明确划分,避免交叉。因此,省以下税务局的稽查局在行使法律法规赋予的职权时,其执法行为受法律的保护,任何部门、任何人不得以非法律因素进行干预。

2. 选案、实施、审理和执法不可肢解

选案、实施、审理和执法四个环节是税务稽查内部的执法程序,不应被肢解。《税收征管法实施细则》第八十五条规定,税务机关应当制定合理的税务稽查工作规程,负责选案、检查、审理、执行人员的职责应当明确,并相互分离、相互制约,规范选案程序和检查行为。该条规定在法律上明确了选案、检查、审理、执行人员的职责四个环节均属于税务稽查的职责范围。据此,国家税务总局在《关于进一步加强税收征管基础工作若干问题的意见》(国税发[2003]124号)中规定,税收违法案件的查处(包括选案、检查、审理、执行)由稽查局负责。因此,任何将上述四个环节从稽查局肢解出去的做法均与《税收征管法实施细则》的精神相悖。

二、税务稽查的职能和任务

(一)税务稽查的基本职能

税务稽查职能是指税务稽查执法活动所固有的功能。

1. 惩戒职能

惩戒职能是指稽查局在查处税收违法行为过程中,通过依法给予稽查对象行政处罚及其他制裁,起到惩罚与戒勉税收违法行为的作用。惩戒职能来源于法律赋予稽查局的税收行政处罚权,体现了税收的强制性。

2. 收入职能

收入职能是指稽查局通过稽查执法活动所起到的增加税收收入的作

用。稽查的收入职能由税收的财政职能所决定,是惩处税收违法行为及实现稽查追补税款结果的体现。

3. 教育职能

教育职能是指通过稽查执法对税收违法案件的查处,可以教育稽查对象和其他纳税人、扣缴义务人,从而起到引导纳税遵从的作用。税务稽查的教育职能一方面可以通过对稽查对象的检查、处理和处罚过程来实现,另一方面还要通过公告、新闻发布会、媒体曝光等宣传手段扩大稽查执法的影响面,以形成教育广大纳税人,震慑税收违法活动的效果。

尽管税务稽查具有一定的税收收入职能,但这仅是一个教育职能、惩戒职能与监控职能的副产品。虽然 2009 年通过查补所获收入达到近千亿元,但这只能在一定程度反映出以前年度企业所欠的国家税款太多,现在给补回去而已。另外,也反映出中国政府管辖的税收征收职能部门在以前年度依法征税做得不够好,并没有做到应收尽收,这可能是中国 1994 年分税制改革不彻底所留下的后遗症。如果逐步取消所谓的税收任务,这个局面会得到一定程度的改观。

4. 监控职能

监控职能是指稽查局通过检查纳税人和扣缴义务人有关生产经营情况、会计核算情况以及有关申报纳税与代扣代缴税款情况的过程,可以起到监控稽查对象是否全面、准确、及时履行法定义务的作用。

(二)税务稽查的基本任务

从本质上来说,税务稽查职能的具体化结果就是税务稽查任务。税务稽查的基本任务是依据国家税收法律法规,通过查处税收违法行为,捍卫税收法律尊严、维护税收秩序、引导纳税遵从、保障税收收入。税务稽查的任务包括手段与目的两个层次的内容。其中,查处税收违法行为是手段,捍卫税法尊严、维护税收秩序、引导纳税遵从、保障税收收入是目的。

税务稽查的基本任务也是税务稽查的长期任务。但在不同时期,由于面临着不同政治、经济和社会形势及税收征管任务,税务稽查的具体任务也有不同的侧重点。例如,根据科学发展观和构建和谐社会的总体要求,2008 年全国税务稽查工作的总体思路和要求主要体现在以下几个方面。

1. 坚持以人为本

应该通过以人为本带队伍,优化税务稽查的社会形象。具体而言,就是坚持以人为本的基本思路,进一步加强各级领导班子建设,强化稽查干部素质,狠抓党风廉政建设,从而规范稽查执法行为,为纳税人依法纳税创造良好环境。

2. 坚持依法稽查

应该通过依法稽查抓整治,深入整顿和规范税收秩序。具体而言,就是切实加大大要案件的查处和打击力度,依法严厉查处偷税、骗税以及虚开增值税专用发票等税收违法行为;认真落实税收专项检查和区域税收专项整治工作。

3. 坚持强化管理

应该通过强化管理促规范,提高稽查管理质量和效率。具体而言,就是不断突出强化管理这个主题,进一步夯实管理基础,着力抓管理促规范,不断强化管理质效。

4. 坚持科学创新

应该通过科学创新谋发展,加强稽查执法能力建设。具体而言,就是不断巩固和创新稽查工作方式方法,强化办案科技手段,建立与法规、税政以及征管等部门之间的信息沟通衔接机制,注重防范和化解执法风险。

第四节 税务稽查当事人的权利与义务

一、税务稽查当事人的权利

(一)知情权

《税收征管法》第八条第一款规定,纳税人、扣缴义务人有权向税务机关了解国家税收法律、行政法规的规定以及与纳税程序有关的情况。税务稽查当事人的知情权具体包括以下几个方面。

1. 税收政策知情权

税务稽查当事人对税收政策的全面了解,是依法纳税的前提,是构建和谐征纳关系的基础。为保护税务稽查当事人的税收政策知情权,一方面,稽查机构应采取多种形式,广泛地向税务稽查当事人宣传相关法律、法规和税收政策规定,为税务稽查当事人提供咨询服务。另一方面,税务稽查当事人可以通过办税服务厅、"12366"纳税服务热线、税务网站等渠道,咨询税收法律、法规以及政策调整的相关情况,了解办税程序。

2. 救济途径知情权

税务机关稽查执法过程中,征纳双方发生争议或纠纷时,税务稽查当事人有获知如何申请行政复议、提出行政诉讼等方面具体规定的权利。

3. 涉税程序知情权

税务稽查当事人有权获知各种税收事项的办理时间、方式、步骤以及需要提交的资料,比如,了解稽查机构实施税务检查、税务行政处罚等税务事项时的法定程序等,以保障自身的合法权益。

(二)救济权

税务稽查当事人对稽查执法主体作出的决定,依法享有申请行政复议、提起行政诉讼、请求国家赔偿等权利。

1. 请求国家赔偿权

在税务稽查执法中,国家赔偿是指国家行政机关、审判机关、检察机关、监狱管理机关及其工作人员违法行使职权侵犯公民、法人和其他组织的合法权益造成损害时,国家负责向受害人赔偿的制度。当稽查执法主体在行使职权时,有侵犯税务稽查当事人合法权益的情形,造成损害的,税务稽查当事人有请求国家赔偿的权利。

按照我国税务稽查相关法律规定,税务稽查当事人请求国家赔偿,应当先向赔偿义务机关提出,也可以在申请行政复议或者提起行政诉讼时一并提出。

《中华人民共和国国家赔偿法》将赔偿的范围限于对财产权和人身权中的生命健康权、人身自由权的损害,未将精神损害等列入赔偿范围,并且损害赔偿仅包括对直接损害的赔偿,不包括间接损害的赔偿。

税务稽查当事人请求国家赔偿的时效为 2 年,自税务机关及其工作人员行使职权时的行为被依法确认为违法之日起计算,但被羁押期间不计算在内。赔偿请求人在赔偿请求时效的最后 6 个月内,因不可抗力或者其他障碍不能行使请求权的,时效中止,从中止时效的原因消除之日起,赔偿请求时效期间继续计算。

当前我国税务行政赔偿的方式主要有三种,即支付赔偿金、返还财产和恢复原状,但以支付赔偿金为主要方式,能够返还财产或者恢复原状的,予以返还财产或者恢复原状。

2. 申请行政复议权

在税务执法中,税务稽查当事人申请行政复议权,是指其对稽查执法主体作出的具体行政行为不服,依法要求复议机关进行复议,保护自身利益的权利。

在税务稽查中,主要的行政行为有征税行为、税收保全措施、强制执行措施、行政处罚行为、不依法确认纳税担保行为、通知出入境管理机关阻止出境行为等。税务稽查当事人对稽查执法主体征税行为不服的,必须依照对稽查执法主体根据法律、法规确定的税额、期限,先行缴纳或者解缴税款和滞纳金,或者提供相应的担保,才可以提出行政复议申请。对行政复议决定不服的,可以向人民法院提起行政诉讼。对征税行为以外的其他具体行政行为不服的,可以申请行政复议,也可以直接向人民法院提起行政诉讼。但是,对稽查执法主体作出逾期不缴纳罚款加处罚款的决定不服的,应当先缴纳罚款和加处罚款,再申请行政复议或者提起行政诉讼。

我国于 2010 年修订了《税务行政复议规则》,为了有效贯彻合法、公正、公开、及时和便民的复议规则,在本次修改中增设了专章明确和解与调解制度,对税务行政复议和解与调解的范围、原则和程序等作出了明确的规定。实行和解与调解是税务行政复议争议解决机制的一项重大改革,具有重大现实意义。通过行政复议和解与调解,可以促进税务稽查当事人与稽查执法主体的相互理解和信任,缓和矛盾,最大限度地减少税务行政争议的负面效应,保护公民、法人和其他组织的合法权益,监督和保障稽查执法主体依法行使职权。

按照相关规定,对下列行政复议事项,按照自愿、合法的原则,申请人和被申请人在行政复议机关作出行政复议决定以前可以达成和解,行政复议机关也可以调解:一是行使自由裁量权作出的具体行政行为,如行政处罚、核定税额、确定应税所得率等;二是行政赔偿;三是行政奖励;四是存在其他合理性问题的具体行政行为。

3. 提起行政诉讼权

税务稽查当事人认为稽查执法主体的具体税务行政行为违法或者不当,侵犯了自己的合法权益,依法向人民法院提起行政诉讼,由人民法院对税务具体行政行为的合法性进行审理并作出判决,以保护自身利益的行为权利称为提起行政诉讼权。

《中华人民共和国行政诉讼法》(以下简称《行政诉讼法》)第十一条规定,人民法院只能受理因具体行政行为引起的税务行政争议案。除审查税务机关是否滥用权力、税务行政处罚是否显失公平外,人民法院只对具体行政行为是否合法予以审查。

税务稽查当事人必须先提出行政复议申请,才可以针对表示不服的稽查执法主体的征税行为提起诉讼;对行政复议决定不服的,可以在收到复议决定书之日起 15 日内向人民法院提起行政诉讼。复议机关逾期不作出决定的,税务稽查当事人可以在复议期满之日起 15 日内向人民法院提起行政诉讼。税务稽查当事人对税务机关征税行为以外的其他具体行政行为不服,可以申请行政复议,也可以在知道作出具体行政行为之日起 3 个月内直接向人民法院提起行政诉讼。

我国税务行政诉讼实行"举证责任倒置"原则,也就是说被告方为举证方。这是因为税务行政行为是税务机关单方依一定事实和法律作出的,只有税务机关最了解作出该行为的证据。如果税务机关不提供或不能提供证据,就只能败诉。且在诉讼过程中,税务机关不得自行向原告和证人搜集证据。但当事人不能以起诉为理由停止执行税务机关所作出的具体行政行为。

(三)陈述和申辩权

按照我国《税收征管法》的规定,税务稽查行政中的纳税人、扣缴义务人对税务机关所作出的决定,可以按照法律规定行使陈述权、申辩权。

陈述权是指纳税人对税务机关作出的决定所享有的陈述自己意见的权利,申辩权是纳税人对税务机关作出的决定所主张的事实、理由和依据享有申诉和解释说明的权利。陈述申辩权是纳税人在税收程序中不可缺少的正当权利,它作为与征税权相对应的抗辩权,对于制约征税权的滥用有积极作用。在稽查执法过程中,纳税人有权对税务机关作出的决定进行陈述或申辩,如果有充分的证据证明自己的行为合法,税务机关就不得实施行政处罚;即使陈述或申辩不充分合理,税务机关也不会因此而加重处罚。

(四)听证权

在税务行政过程中,我国法律规定税务机关应该在对当事人某些违法行为作出处罚决定之前,按照一定形式听取调查人员和当事人意见,这个程序就称为税务行政处罚听证。听证的本质是给予当事人一个陈述自己意见的机会,是国家以法律形式赋予当事人的合法权利。这种权利必须借助于公开的、法律所承认的程序形式才能达到实际的效果。税务稽查当事人享有听证权,有利于稽查机构全面客观地查清税收违法事实,听取各方当事人的意见,从而使税务行政处罚建立在公开、公正、合法的基础之上;有利于减少税务行政争议,提高税务行政效率;有利于公民对税务机关的监督,强化稽查机构内部的自我约束。

税务行政处罚听证的范围是对公民作出 2 000 元以上,或者对法人或者其他组织作出 1 万元以上罚款的案件。《稽查工作规程》第五十三条规定,税务行政处罚听证主持人由审理人员担任。

一般性听证都属于公开听证,即应当先期公告案情和听证的时间、地点并允许公众旁听,但是涉及国家秘密、商业秘密或者个人隐私的听证属于不公开听证,不允许公众旁听。

二、税务稽查当事人的义务

从权利和义务的关系来看,二者相互依存、互为条件。税务稽查当事人履行义务是实现自身权利的基本保证,这是权利义务一致性原则的必然要求。根据现行法律法规规定,税务稽查当事人应履行以下义务。

(一)税务稽查当事人应该及时缴纳税款

纳税人应当按照法律、行政法规规定或者税务机关依照法律、行政法规规定的确定的期限,缴纳或者解缴税款。未按照规定期限缴纳税款或者未按照规定期限解缴税款的,从滞纳税款之日起,按日加收滞纳税款万分之五的滞纳金。

扣缴义务人按照法律、行政法规规定负有代扣代缴、代收代缴税款义务,必须依照法律、行政法规的规定履行代扣代缴、代收代缴税款的义务。

(二)税务稽查当事人应该如实反映情况

这与稽查执法主体的询问权相对应,是税务稽查当事人的一项作为义务。在税务机关稽查执法过程中,稽查人员经常要向执法相对人询问有关纳税或者代扣代缴、代收代缴税款等方面的问题和情况,税务稽查当事人对有关问题必须如实反映,不得拒绝和隐瞒。

(三)税务稽查当事人应该依法接受检查

与稽查执法主体的检查权相对应,税务稽查当事人必须接受稽查执法主体依法进行的税务检查。税务稽查当事人接受依法检查义务包括:接受稽查执法主体依法进行的检查和处理,不得逃避;客观反映有关情况,如实提供有关报表和资料;不得有相关法律、法规禁止的隐瞒、弄虚作假、阻挠、刁难等拒绝检查的行为。

(四)税务稽查当事人应该提供有关资料

这与稽查执法主体的责成提供资料权相对应,也是税务稽查当事人的一项作为义务。当稽查执法主体在执法中要求提供有关资料的时候,税务稽查当事人应按照要求提交有关资料,不得隐瞒和弄虚作假。这里所指资料包括账簿、凭证、报表、合同及其他与税收相关的资料。税务稽查当事人不得以涉及商业秘密等理由拒绝提供资料。

(五)税务稽查当事人应该及时报告相关涉税情况

为了保障国家税收及时、足额入库,税收法律规定了税务稽查当事人报告关联企业业务往来、企业合并、分立、大额财产处分、全部账号等方面的义务。

1. 税务稽查当事人应该报告大额财产处分

纳税人欠税达5万元以上,以变卖、赠予、抵押、质押、投资等形式处置不动产或大额资产,在处置不动产或大额资产之前,应当向税务机关报告,并按税务机关规定时限结清税款。

2. 税务稽查当事人应该报告关联企业业务往来

稽查执法主体在进行关联业务调查时,税务稽查当事人应当按照规定的时限提供下列相关资料:(1)与关联业务往来有关的价格、费用的制定标准、计算方法和说明等同期资料;(2)关联业务往来所涉及的财产、财产使用权、劳务等再销售(转让)价格或者最终销售(转让)价格的相关资料;(3)与关联业务调查有关的其他企业应当提供的与被调查企业可比的产品价格、定价方式以及利润水平等资料;(4)其他与关联业务往来有关的资料。

3. 税务稽查当事人应该报告全部账号

从事生产、经营的纳税人应当按照国家有关规定,持税务登记证件,在银行或者其他金融机构开立基本存款账户和其他存款账户,并将其全部账号向税务机关报告。

4. 税务稽查当事人应该报告企业合并、分立

《税收征管法》第四十八条规定,纳税人有合并、分立情形的,应当向税务机关报告,并依法缴清税款。纳税人合并时未缴清税款的,应当由合并后的纳税人继续履行未履行的纳税义务;纳税人分立时未缴清税款的,分立后的纳税人对未履行的纳税义务应当承担连带责任。

第五节　税收违法行为及其法律责任

一、税收违法行为的概念和分类

税收违法行为是指税收法律关系主体(以下简称税收主体)违反税收法律规范,侵害了为税法保护的税收关系并应承担某种法律后果的行为。其中,主体不仅包括征税主体和纳税主体,还包括其他主体,如委托征税主体、协助征税主体、税务代理人等。根据不同的标准,税收违法行为可以进行如下分类。

（一）根据税收违法行为的对象分类

可以划分为抽象税收违法行为和具体税收违法行为。抽象税收违法行为是指与税收相关的机关制定税收法规、规章和规范性文件的行为违法,包括主体违法、形式和程序违法、内容违法等。具体税收违法行为是指税收主体在进行各种具体征纳活动时的行为违法,这是税收违法行为中最常见、最主要的类型,大量地存在于税收征纳的各个环节。

（二）根据税收违法行为的性质分类

可以划分为税收实体违法行为和税收程序违法行为。税收实体违法行为又称为实质上的税收违法行为,是税收主体违反税法规定的实体权利义务的行为。对征税主体来说,主要是违法多征、少征或越权开征、停征税收;对纳税主体来说,主要是实施各种逃避纳税义务的行为。税收程序违法行为又称为形式上的税收违法行为,是指税收主体违反法定的税收程序,即违反了法定的征纳行为必须遵循的方式、步骤、时限和顺序的行为。如税务稽查人员认为自己与被查对象比较熟悉,而未出示税务检查证和《税务检查通知书》,要求对被查对象实施检查的行为,就严重违反了税法的规定。

(三)根据实施税收违法行为的主体类型分类

可以划分为征税主体的违法行为和纳税主体的违法行为。征税主体的违法行为,即征税机关和其他行使征税权的组织实施的违法征税行为。其具体内容又可分为征税越权、征税滥用职权、征税侵权、适用法律错误、程序违法等。纳税主体的违法行为是纳税人和其他纳税主体实施的不履行法定的税法义务,侵害国家税收管理秩序的行为。其主要又可分为违反税款征收制度的行为和违反税收管理制度的行为两类。违反税款征收制度的行为,是指纳税主体违反税款申报缴纳义务,直接侵害国家税收债权的行为,如偷税、骗税、欠税、抗税等。违反税收管理制度的行为,是指纳税主体违反有关税务登记、账簿凭证管理、发票管理等税法规定的协力义务,妨碍了国家税收征收权的正常行使,通常不以直接发生应纳税款的减少为结果要件的行为,如未依法设置或保管账簿、未按期办理纳税申报等。

二、税收违法行为的具体形式

税收征收管理是一个动态、复杂的管理活动,可以分为不同阶段、不同层次,而各阶段、各层次产生的税收违法行为的具体形式也是不同的。

(一)违反税务登记管理制度的行为

违反税务登记管理制度的行为具体包括:未按规定申报办理税务登记的行为;未按规定申报办理变更税务登记的行为;未按规定申报办理注销税务登记的行为;不按规定使用税务登记证件或者转借、涂改、损毁、买卖、伪造税务登记证件的行为。

(二)违反税款征收制度的行为

1. 偷税行为

根据《税收征管法》第六十三条的规定,偷税行为包括纳税人伪造、变造、隐匿、擅自销毁账簿、记账凭证,或者在账簿上多列支出或者不列、少列收入,或者经税务机关通知申报而拒不申报或者进行虚假的纳税申报,导致不缴或者少缴应纳税款等情形。《最高人民法院关于审理偷税抗税刑事案件具体应用法律若干问题的解释》(法释[2002]33号)第一条第(五)项规定,缴纳税款后,以假报出口或者其他欺骗手段,骗取所缴纳的税款行为也构成偷税。

2. 逃避追缴欠税的行为

根据《税收征管法》第六十五条的有关规定,纳税人欠缴应纳税款,采取转移或者隐匿财产的手段,妨碍税务机关追缴欠缴的税款的行为都属于逃避追缴欠税的行为。

3. 抗税行为

根据《税收征管法》第六十七条的规定,抗税行为是指以暴力、威胁方法拒不缴纳税款的行为。

4. 不进行纳税申报的行为

不进行纳税申报的行为是指纳税人不进行纳税申报,不缴或少缴应纳税款的行为。

5. 未按规定期限缴税的行为

未按规定期限缴税的行为是指纳税人、扣缴义务人在规定期限内不缴或少缴应纳或应解缴的税款的行为。

6. 骗取出口退税的行为

骗取出口退税行为是指以假报出口或者其他欺骗手段,骗取国家出口退税款的行为。

7. 未扣缴税款的行为

未扣缴税款的行为是指扣缴义务人应扣未扣、应收而不收税款的行为。

(三)违反发票管理制度的行为

1. 违反税务机关检查制度

拒绝检查:隐瞒真实情况;刁难、阻挠税务人员进行检查;拒绝接受"发票换票证";拒绝提供有关资料;拒绝提供境外公证机构或者注册会计师的确认证明;拒绝接受税务人员对有关发票问题的询问、调查、取证;其他未按规定接受税务机关检查的行为。

2. 没有按规定印制发票或者生产发票防伪专用品

未经省级税务机关指定的企业私自印刷发票;未经国家税务总局指定

的企业生产发票防伪专用品、私自印制增值税专用发票;伪造、私刻发票监制章,伪造、私造发票防伪专用品;印刷发票的企业未按《发票印制通知书》印制发票,生产发票防伪专用品的企业未按《发票防伪专用品生产通知书》生产防伪专用品;转借、转让发票监制章和发票防伪专用品;印制发票和生产发票防伪专用品的企业未按规定保管发票成品、发票防伪专用品,销毁废(次)品而造成流失;用票单位和个人私自印制发票;未按税务机关的规定制定印制发票和生产发票防伪专用品管理制度;指定印制发票的企业,私自将批准印制的发票委托或转让给其他印刷厂印制;其他未按规定印制发票和生产发票防伪专用品的行为。

3. 没有按规定取得发票

应取得而未取得发票;取得不符合规定的发票;取得发票时,要求开票方或自行变更品名、金额或增值税税额;擅自填开、伪造发票入账;其他未按规定取得发票的行为。

4. 没有按规定领购发票

向税务机关以外的单位和个人领购发票;私售、倒买倒卖发票;贩卖、窝藏假发票;借用他人发票;盗取(用)发票;私自向未经税务机关批准的单位和个人提供发票;其他未按规定领购发票的行为。

5. 没有按规定开具发票

应开具而未开具发票;发票单联填写或上下联金额、增值税销项税额等内容不一致;发票项目、内容填写不齐全;涂改、挖改、伪造、变造发票;转借、转让、代开发票;未经批准拆本使用、隔行跳页使用发票;虚构经济业务,虚开假发票;卖甲开乙,开具票物不符发票;开具作废发票,重复使用发票;未经批准,跨规定的使用区域开具发票;擅自扩大发票填开范围;未按规定报告发票使用情况;未按规定设置发票登记簿;其他未按规定开具发票的行为。

6. 没有按规定保管发票

丢失发票;损(撕)毁发票;保管不当,造成发票被盗、蛀咬、损毁;丢失或擅自销毁发票存根联以及发票登记簿;未按规定缴销发票;印刷发票和生产发票防伪专用品的企业丢失发票和发票监制章或发票防伪专用品等;未按规定建立健全专人、专账、专库(柜)等发票保管制度;其他未按规定保管发票的行为。

(四)违反账簿管理制度的行为

没有按照规定设置、保管账簿或者保管记账凭证和有关资料的行为；未按照规定将财务、会计制度或者财务、会计处理办法和会计核算软件报送税务机关备查的行为；扣缴义务人未按照规定设置、保管代扣代缴、代收代缴税款账簿或者保管代扣代缴、代收代缴税款记账凭证及有关资料的行为。

(五)违反纳税申报制度的行为

我国《税收征管法》中明确规定，未按规定办理纳税申报的行为是指纳税人未按照规定的期限办理纳税申报和报送纳税资料的，或者扣缴义务人未按照规定的期限向税务机关报送代扣代缴、代收代缴税款报告表和有关资料；未按照规定安装、使用税控装置，或者损毁或者擅自改动税控装置的；未按照规定将其全部银行账号向税务机关报告的；编造虚假计税依据的行为。

(六)银行及其他金融机构未能协税的行为

纳税人、扣缴义务人的开户银行或者其他金融机构拒绝接受税务机关依法检查纳税人、扣缴义务人存款账户或者拒绝执行税务机关作出的冻结存款或者扣缴税款的决定，或者在接到税务机关的书面通知后帮助纳税人、扣缴义务人转移存款，造成税款流失的行为。

三、税收法律责任

行为人如果实施了税收违法行为，则需要按照税务稽查相关法律承担一定税收法律责任，也就是说行为人必须为自身的税收违法行为承担相应的法律后果，包括税收行政法律责任和税收刑事法律责任。税收法律责任是进行税务行政处理、处罚和税务刑事处罚的基础，税务行政处理、处罚和税务刑事处罚是税收法律责任的实现形式。税收法律责任可分为税收行政法律责任和税收刑事法律责任。税收行政法律责任是指行为人因实施税收违法行为所应承担的、由税务机关或者其他行政机关代表国家依法对其行为给予的否定性评价。税务行政处罚主要包括税务行政罚款、没收违法所得、没收作案工具、停止出口退税权和收缴发票或停止供应发票等。税收刑事法律责任是指行为人因实施刑法禁止的税收犯罪行为所应承担的、由司法机关代表国家依据刑法对其行为给予的否定性评价。税收刑事法律责任主要包括主刑和附加刑。主刑主要包括无期徒刑、有期徒刑、拘役、管制。附加刑主要包括罚金、剥夺政治权利、没收财产。

(一)税收行政法律责任

税收行政法律责任包括税务行政管理相对人实施税收违法行为应承担的行政法律责任和税务机关及其工作人员在实施税务行政管理中滥用职权、失职等行为应承担的行政法律责任。

纳税人、扣缴义务人以及其他税务当事人实施税收违法行为,损害国家税收利益或者税收征管制度的,应依照《税收征管法》及其实施细则、《中华人民共和国行政处罚法》(以下简称《行政处罚法》)、《中华人民共和国发票管理办法》(以下简称《发票管理办法》)等法律、行政法规和规章的相关规定,追究其税收行政法律责任。

(二)税收刑事法律责任

纳税人、扣缴义务人以及其他税务当事人实施税收违法行为,严重损害国家税收利益或者税收征管制度,触犯刑律的,应依照《中华人民共和国刑法》(以下简称《刑法》)和《最高人民检察院、公安部关于公安机关管辖的刑事案件立案追诉标准的规定(二)》(以下简称《追诉标准》)的相关规定,追究其税收刑事法律责任。

第二章　税务稽查基本制度

税务稽查基本制度主要包括税务稽查的选案、实施、审理和执行,为税务稽查顺利开展提供了基本保障。国家税务总局为了加强税务稽查管理,严格实行"四分离"的稽查制度,明确各个环节的工作职责、流程和要求,促进税务稽查进一步规范化和制度化。

第一节　税务稽查的选案

一、案源信息管理与税务稽查计划

(一)案源信息管理

税务稽查当局应该尽可能扩大案源信息的获取渠道,集体研究,合理、准确地选择和确定稽查对象。选案部门负责稽查对象的选取,并对税收违法案件查处情况进行跟踪管理。选案部门应当建立案源信息档案,对所获取的案源信息实行分类管理。案源信息主要包括以下内容。

(1)财务指标、税收征管资料、稽查资料、情报交换和协查线索;(2)上级税务机关交办的税收违法案件;(3)上级税务机关安排的税收专项检查;(4)税务局相关部门移交的税收违法信息;(5)检举的涉税违法信息;(6)其他部门和单位转来的涉税违法信息;(7)社会公共信息;(8)其他相关信息。

(二)税务稽查计划

稽查局必须有计划地实施稽查,严格控制对纳税人、扣缴义务人的税务检查次数。稽查局应当在年度终了前制订下一年度的稽查工作计划,经所属税务局领导批准后实施,并报上一级稽查局备案。年度稽查工作计划中的税收专项检查内容,应当根据上级税务机关税收专项检查安排,结合工作实际确定。经所属税务局领导批准,年度稽查工作计划可以适当调整。

二、案件举报及检举信息处理

(一)设立税收违法案件举报中心

国家税务总局和各级国家税务局、地方税务局在稽查局设立税收违法案件举报中心,负责受理单位和个人对税收违法行为的检举。

对单位和个人实名检举税收违法行为并经查实,为国家挽回税收损失的,根据其贡献大小,依照国家税务总局有关规定给予相应奖励。

(二)正确处理检举信息

税收违法案件举报中心应当对检举信息进行分析筛选,区分不同情形,经稽查局局长批准后分别处理:

第一,对于线索清楚,涉嫌偷税、逃避追缴欠税、骗税、虚开发票、制售假发票或者其他严重税收违法行为的,由选案部门列入案源信息。

第二,对于检举内容不详,无明确线索或者内容重复的,暂存待办。

第三,对于属于税务局其他部门工作职责范围的,转交相关部门处理。

第四,对于不属于自己受理范围的检举,将检举材料转送有处理权的单位。

三、税收违法行为检举管理制度

(一)总则性规定

按照我国税务稽查相关法律规定,税收违法行为检举是指单位、个人采用书信、互联网、传真、电话、来访等形式,向税务机关提供纳税人、扣缴义务人税收违法行为线索的行为。采用上述形式,检举税收违法行为的单位、个人称检举人;被检举的纳税人、扣缴义务人称被检举人。检举人使用与其营业执照、身份证等符合法律、行政法规和国家有关规定的身份证件上一致的名称、姓名检举的,为实名检举;否则为匿名检举。

在处理和管理检举时,税务主管部门必须坚持依法行政、统一领导、分级负责、属地管理、严格保密的原则。市(地)及市(地)以上税务机关稽查局设立税收违法案件举报中心(以下简称举报中心),其工作人员由所在机关根据工作需要配备;没有设立举报中心的县(区)税务机关稽查局应当指定专门部门负责税收违法行为检举管理工作,并可挂举报中心牌子。

举报中心的主要职责包括以下几个方面。(1)受理、处理、管理检举材料；(2)转办、交办、督办、催办检举案件；(3)上报、通报举报中心工作开展情况及检举事项的查办情况；(4)统计、分析检举管理工作的数据情况；(5)跟踪、了解、掌握检举案件的查办情况；(6)指导、监督、检查下级税务机关举报中心的工作；(7)负责本级检举奖金的发放和对检举人的答复工作。

除此以外，还需要注意以下几点。

第一，检举税收违法行为是单位、个人的自愿行为。单位、个人因检举而产生的支出应由其自行负担。

第二，税务机关应与公安、信访、纪检、监察等单位加强联系和合作，税务系统内部应当加强沟通协调，共同做好检举管理工作。

第三，税务机关应当向社会公布举报中心的电话(传真)号码、电子信箱、通讯地址及邮政编码，设立检举箱和检举接待室，并以适当方式公布与检举工作有关的法律、行政法规、规章及检举事项处理程序。

第四，检举事项经查证属实，为国家挽回或者减少损失的，对实名检举人按照财政部和国家税务总局的有关规定给予相应奖励。

(二)检举事项的受理

举报中心受理检举事项的范围是：涉嫌偷税，逃避追缴欠税，骗税，虚开、伪造、非法提供、非法取得发票，以及其他税收违法行为。

1. 税务人员要保持良好态度

受理检举的税务人员应当文明礼貌，耐心细致，正确疏导，认真负责。鼓励检举人尽可能提供书面检举材料。受理口头检举，应当准确记录检举事项，交检举人阅读或者向检举人宣读，经确认无误以后由检举人签名或者盖章。检举人不愿签名或者盖章的，由受理检举的税务人员记录在案。受理电话检举，应当细心接听，询问清楚，准确记录。受理电话、口头检举，经检举人同意以后，可以录音或者录像。

2. 实名检举和匿名检举均须受理

检举人不愿提供自己的姓名、身份、单位、地址、联系方式或者不愿公开检举行为的，税务机关应当予以尊重和保密。检举人应当至少提供被检举人的名称或者姓名、地址、税收违法行为线索等资料。检举人检举税收违法行为应当实事求是，对提供检举材料的真实性负责，不得诬陷、捏造事实。举报中心受理实名检举，应当应检举人的要求向检举人出具书面回执。

3. 正确处置受理范围外的检举事项

不属于举报中心受理范围的检举事项,举报中心应当告知检举人向有处理权的单位反映,或者将检举事项登记以后按照分类处理的规定处理。

4. 正确处置涉及多个税务机关的检举事项

涉及两个或者两个以上税务机关管辖的检举事项,由所涉及的税务机关协商受理;有争议的,由其共同的上一级税务机关决定受理机关。

(三)检举事项的处理

举报中心将检举事项登记以后,应当按照以下方式分类处理。

第一,不属于稽查局职责范围的检举事项,经本级税务机关稽查局负责人批准,移交有处理权的单位或者部门。

第二,检举事项不完整或者内容不清、线索不明的,经本级税务机关稽查局负责人批准,可以暂存待查,待检举人将情况补充完整以后,再进行处理。

第三,检举内容提供了一定线索,有可能存在税收违法行为的,作为一般案件,经本级税务机关稽查局负责人批准,由本级税务机关稽查局直接查处或者转下级税务机关稽查局查处。

第四,检举内容详细、税收违法行为线索清楚、案情重大、涉及范围广的,作为重大检举案件,经本级税务机关稽查局或者本级税务机关负责人批准,由本级税务机关稽查局直接查处或者转下级税务机关稽查局查处并督办,必要时可以向上级税务机关稽查局申请督办。上级税务机关批示督办并指定查办单位的案件,原则上不得再下传处理。

上级税务机关举报中心对下级税务机关申请督办的重大检举案件,应当及时审查,提出办理意见,报该级税务机关稽查局负责人批准以后督办。

税务机关稽查局应该在接到检举以后的 15 个工作日内处理检举事项,特殊情况经本级税务机关稽查局或者本级税务机关负责人批准,举报中心可以代表稽查局或者以自己的名义向下级税务机关督办、交办或者向有关单位转办。

对上级税务机关稽查局及其举报中心督办的检举案件,除有特定时限者以外,承办部门应当在收到纸质督办函后 3 个月内上报查办结果;案情复杂无法在限期内查结的,报经督办部门批准,可以延期上报查办结果,并定期上报阶段性的查办情况。上级不要求上报查办结果的交办案件,应当定期汇总上报办理情况。本级税务机关稽查局直接查办的检举案件,除有特定时限者以外,承办部门应当在收到纸质交办单以后3个月内将查办结果报告本级税务机关稽查局负责人并回复举报中心;案情复杂无法在限期内查结的,报经本级税务机关稽查局负责人批准,时限可以适当延长,同时将阶段性的查办情况报告本级税务机关稽查局负责人并回复举报中心。

对于已经受理但还没有查结的检举案件,再次检举的,可以将其作为重复案件采取相应的处理方式。已经结案的检举案件,检举人就同一事项再次检举,没有提供新的线索、资料,或者提供了新的线索、资料,经审查没有价值的,税务机关可以不再检查。

对于实名检举案件,举报中心收到承办部门回复的查办结果以后,可以应检举人的要求将与检举线索有关的查办结果简要告知检举人;检举案件查处以前,不得向检举人透露案件查处情况。向检举人告知查办结果时,不得告知其检举线索以外的税收违法行为的查处情况,不得提供税务处理(处罚)决定书及有关案情资料。

上级税务机关稽查局应该认真审查下级税务机关稽查局报告的督办案件处理结果。对于事实不清、处理不当的,应当通知下级税务机关稽查局补充调查或者重新调查,依法处理。

(四)检举事项的管理

1. 税收违法行为的检举材料的管理

税收违法行为的检举材料,由举报中心统一管理。税务机关其他部门收到的检举材料,应当及时移交举报中心。

2. 暂存待查的检举材料的管理

暂存待查的检举材料,若在2年内未收到有价值的补充材料,经本级税务机关稽查局负责人批准以后,可以销毁。

举报中心必须严格管理检举材料,逐件登记检举事项的主要内容、办理情况和检举人、被检举人的基本情况。税务机关不得将收到的检举材料退还检举人。督办案件的检举材料应当确定专人管理,并按照规定承办督办案件材料的转送、报告等具体事项。检举材料的保管和整理,参照《全国税务机关档案管理办法》及有关规定办理。

税务机关稽查局需要每年度对检举案件和有关事项的数量、类别及办理情况,进行认真细致的汇总分析,并报告上级税务机关举报中心。上级税务机关举报中心要求专门报告的事项,应当按时报告。

（五）权利保护

税务机关及其举报中心应当在自己的职责范围内依法保护检举人、被检举人的合法权利。

举报中心工作人员与检举事项或者检举人、被检举人有直接利害关系的,应当回避。检举人有正当理由并且有证据证明举报中心工作人员应当回避的,经本级税务机关稽查局负责人批准以后,予以回避。税务机关工作人员在检举管理工作中必须严格遵守以下保密规定。

第一,调查核实情况时不得出示检举信原件或者复印件,不得暴露检举人的有关信息;对匿名的检举书信及材料,除特殊情况以外,不得鉴定笔迹。

第二,检举事项的受理、登记、处理及检查、审理、执行等各个环节,应当依照国家有关法律、法规严格保密,并建立健全工作责任制,不得私自摘抄、复制、扣压、销毁检举材料。

第三,宣传报道和奖励检举有功人员,未经检举人书面同意,不得公开检举人的姓名、身份、单位、地址、联系方式等情况。

第四,严禁泄露检举人的姓名、身份、单位、地址、联系方式等情况;严禁将检举情况透露给被检举人及与案件查处无关的人员。

（六）法律责任

税务机关工作人员违反《税收违法行为检举管理办法》规定,将检举人的检举材料或者有关情况提供给被检举人及与案件查处无关的人员的,依法给予行政处分。

1. 打击报复检举人

税务机关工作人员打击报复检举人,视情节和后果,依法给予行政处分;构成犯罪的,依法追究刑事责任。

2. 推诿、敷衍、拖延

税务机关在检举管理工作中不履行职责、推诿、敷衍、拖延的,上级税务机关应当通报批评并责令改正;造成严重后果的,对直接负责的主管人员和其他直接责任人员依法给予行政处分。

3. 玩忽职守、徇私舞弊

检举管理工作人员不履行职责、玩忽职守、徇私舞弊,给工作造成损失的,税务机关应当给予批评教育;情节严重的,依法给予行政处分并调离工作岗位;构成犯罪的,依法追究刑事责任。

四、稽查对象的确定与选案部门的任务

(一)明确稽查对象

首先,选案部门对案源信息采取计算机分析、人工分析、人机结合分析等方法进行筛选,发现有税收违法嫌疑的,应当确定为待查对象。

其次,待查对象确定后,选案部门填制《税务稽查立案审批表》,附有关资料,经稽查局局长批准后立案检查。

再次,税务局相关部门移交的税收违法信息,稽查局经筛选未立案检查的,应当及时告知移交信息的部门;移交信息的部门仍然认为需要立案检查的,经所属税务局领导批准后,由稽查局立案检查。

最后,对上级税务机关指定和税收专项检查安排的检查对象,应当立案检查。

(二)选案部门制作通知书并建立台账

税务稽查的选案部门会对经批准立案检查的事项制作《税务稽查任务通知书》,连同有关资料一并移交检查部门。选案部门应当建立案件管理台账,跟踪案件查处进展情况,并及时报告稽查局局长。

五、重大税收违法案件督办管理办法

上级税务局有权对其管辖区域内发生的重大税收违法案件进行督办,判断是否督办的依据主要包括税收违法案件性质、涉案数额、复杂程度、查处难度以及社会影响等情况。对跨越多个地区且案情特别复杂的重大税收违法案件,本级税务局查处确有困难的,可以报请上级税务局督办,并提出具体查处方案及相关建议。重大税收违法案件具体督办事项由稽查局实施。

国家税务总局督办的重大税收违法案件主要包括以下内容。

第一,国务院等上级机关、上级领导批办的案件;

第二,税收违法数额特别巨大、情节特别严重的案件;

第三,国家税务总局领导批办的案件;

第四,国家税务总局认为需要督办的其他案件;

第五,在全国或省、自治区、直辖市范围内有重大影响的案件。

省、自治区、直辖市和计划单列市国家税务局、地方税务局督办重大税收违法案件的范围和标准,由本级国家税务局、地方税务局根据本地实际情况分别确定。

省、自治区、直辖市和计划单列市国家税务局、地方税务局依照国家税务总局规定的范围、标准、时限向国家税务总局报告税收违法案件,国家税务总局根据案情复杂程度和查处工作需要确定督办案件。省以下重大税收违法案件报告的范围和标准,由省、自治区、直辖市和计划单列市国家税务局、地方税务局根据本地实际情况分别确定。

督办税务局(以下简称督办机关)所属稽查局需要对督办的重大税收违法案件填写《重大税收违法案件督办立项审批表》,并对此案件的处理提出拟办意见。拟办意见主要包括承办案件的税务局(以下简称承办机关)及所属稽查局、承办时限和工作要求等,经督办机关领导审批或者督办机关授权所属稽查局局长审批后,向承办机关发出《重大税收违法案件督办函》,要求承办机关在确定的期限内查证事实,并作出税务处理、处罚决定。需要多个地区税务机关共同查处的督办案件,督办机关应当明确主办机关和协办机关,或者按照管辖职责确定涉案重点事项查处工作任务。协办机关应当积极协助主办机关查处督办案件,及时查证并提供相关证据材料。对主办机关请求协助查证的事项,协办机关应当及时准确反馈情况,不得敷衍塞责或者懈怠应付。督办案件同时涉及国家税务局、地方税务局管辖的税收事项,国家税务局、地方税务局分别依照职责查处,并相互通报相关情况;必要时可以联合办案,分别作出税务处理、处罚决定。

对于上级稽查局督办案件,没有经过所属督办机关的批准,承办机关无权擅自将相应案件转给下级税务机关或者其他机关查处。对因督办案件情况发生变化,不需要继续督办的,督办机关可以撤销督办,并向承办机关发出《重大税收违法案件撤销督办函》。

承办机关应当在接到督办机关《重大税收违法案件督办函》后7个工作日内按照《税务稽查工作规程》规定立案,在10个工作日内制订具体查处方案,并组织实施检查。承办机关具体查处方案应当报送督办机关备案;督办机关要求承办机关在实施检查前报告具体查处方案的,承办机关应当按照要求报告,经督办机关同意后实施检查。督办机关督办前承办机关已经立案的,承办机关不停止实施检查,但应当将具体查处方案及相关情况报告督办机关;督办机关要求调整具体查处方案的,承办机关应当调整。

对于重大税收违法案件的承办机关,必须按照《重大税收违法案件督办函》中提出的相关要求填写《重大税收违法案件情况报告表》,每30日向督办机关报告一次案件查处进展情况;《重大税收违法案件督办函》有确定报告时限的,按照确定时限报告;案件查处有重大进展或者遇到紧急情形的,应当及时报告;案件查处没有进展或者进展缓慢的,应当说明原因,并明确提出下一步查处工作安排。对有《税务稽查工作规程》第四十四条规定的中止检查情形或者第七十条规定的中止执行情形的,承办机关应当报请督办机关批准后中止检查或者中止执行。中止期间可以暂不填报《重大税收违法案件情况报告表》;中止检查或者中止执行情形消失后,承办机关应当及时恢复检查或者执行,并依照前款规定填报《重大税收违法案件情况报告表》。

督办机关决定督办重大税收违法案件后,有责任指导、协调承办机关进行案件查处,可以根据工作需要派员前往案发地区督促检查或者参与办案,随时了解案件查处进展情况以及存在问题。督办机关稽查局应当确定督办案件的主要责任部门和责任人员。主要责任部门应当及时跟踪监控案件查处过程,根据承办机关案件查处进度、处理结果和督促检查情况,向稽查局领导报告督办案件查处进展情况;案情重大或者上级机关、上级领导批办的重要案件,应当及时向督办机关领导报告查处情况。

我国税务稽查相关法律规定,承办机关有权就督办案件向相关地区同级税务机关发出《税收违法案件协查函》,提出具体协查要求和回复时限,相关地区同级税务机关应当及时回复协查结果,提供明确的协查结论和相关证据资料。案情重大复杂的,承办机关可以报请督办机关组织协查。

承办机关稽查局应当严格依照《税务稽查工作规程》相关规定对督办案件实施检查和审理,并报请承办机关集体审理。承办机关稽查局应当根据审理认定的结果,拟制《重大税收违法案件拟处理意见报告》,经承办机关领导审核后报送督办机关。在查处督办案件中,遇有法律、行政法规、规章或者其他规范性文件的疑义问题,承办机关稽查局应当征询同级法规、税政、征管、监察等相关部门意见;相关部门无法确定的,应当依照规定请示上级税务机关或者咨询有权解释的其他机关。

《重大税收违法案件拟处理意见报告》应当包括以下主要内容。

(1)案件基本情况;

(2)检查人员查明的事实及相关证据材料;

(3)检查时段和范围;

(4)相关部门和当事人的意见;

(5)检查方法和措施;

(6)审理认定的事实及相关证据材料;

(7)拟税务处理、处罚意见及依据;

(8)其他相关事项说明。

对督办案件定性处理具有关键决定作用的重要证据,应当附报制作证据说明,写明证据目录、名称、内容、证明对象等事项。

督办机关应该在接到承办机关提交的《重大税收违法案件拟处理意见报告》的15日内进行审查;如有本办法第十一条第三款规定情形的,审查期限可以适当延长。督办机关对承办机关提出的定性处理意见没有表示异议的,承办机关依法作出《税务处理决定书》《税务行政处罚决定书》《税务稽查结论》《不予税务行政处罚决定书》,送达当事人执行。督办机关审查认为承办机关《重大税收违法案件拟处理意见报告》认定的案件事实不清、证据不足、违反法定程序或者拟税务处理、处罚意见依据错误的,通知承办机关说明情况或者补充检查。

承办机关需要针对督办案件中涉嫌犯罪的税收违法行为,填制《涉嫌犯罪案件移送书》,依照规定程序和权限批准后,依法移送司法机关。对移送司法机关的案件,承办机关应当随时关注司法处理进展情况,并及时报告督办机关。

承办机关应当在90日内查证督办案件事实并依法作出税务处理、处罚决定;督办机关确定查处期限的,承办机关应当严格按照确定的期限查处;案情复杂确实无法按时查处的,应当在查处期限届满前10日内向督办机关申请延期查处,提出延长查处期限和理由,经批准后延期查处。

如果重大税收违法案件的承办机关没有在规定期限内填报《重大税收违法案件情况报告表》,或者未查处督办案件且未按照规定提出延期查处申请的,督办机关应当向其发出《重大税收违法案件催办函》进行催办,并责令说明情况和理由。承办机关对督办案件查处不力的,督办机关可以召集承办机关分管稽查的税务局领导或者向稽查局局长汇报;必要时督办机关可以直接组织查处。

督办案件有下列情形之一的,可以认定为结案。

第一,符合《税务稽查工作规程》第四十五条规定的终结检查情形的;

第二,符合《税务稽查工作规程》第七十一条规定的终结执行情形的;

第三,税收违法事实已经查证清楚,并依法作出《税务处理决定书》《税务行政处罚决定书》,税款、滞纳金、罚款等税收款项追缴入库,纳税人或者其他当事人在法定期限内没有申请行政复议或者提起行政诉讼的;

第四,纳税人或者其他当事人对税务机关处理、处罚或者强制执行措施申请行政复议或者提起行政诉讼,行政复议决定或者人民法院判决、裁定生效并执行完毕的;

第五,查明税收违法事实不存在或者情节轻微,依法作出《税务稽查结论》或者《不予税务行政处罚决定书》,纳税人或者其他当事人在法定期限内没有申请行政复议或者提起行政诉讼的；

第六，法律、行政法规或者国家税务总局规定的其他情形的。

税务机关依照法定职权确实无法查证全部或者部分税收违法行为，但有根据认为其涉嫌犯罪并依法移送司法机关处理的，以司法程序终结为结案。

按照规定，承办机关应该在督办案件结案之日起 10 个工作日内，填写《重大税收违法案件结案报告》并报送至督办机关。《重大税收违法案件结案报告》应当包括案件来源、案件查处情况、税务处理、处罚决定内容、案件执行情况等内容。督办机关要求附列《税务处理决定书》《税务行政处罚决定书》《税务稽查结论》《不予税务行政处罚决定书》《执行报告》、税款、滞纳金、罚款等税收款项入库凭证以及案件终结检查、终结执行审批文书等资料复印件的，应当附列。

我国查处督办案件实行工作责任制。也就是说，在查处督办案件的过程中，承办机关主要领导承担领导责任；承办机关分管稽查的领导承担监管责任；承办机关稽查局局长承担执行责任；稽查局分管案件的领导和具体承办部门负责人以及承办人员按照各自分工职责承担相应的责任。对督办案件重要线索、证据不及时调查收集，或者故意隐瞒案情，转移、藏匿、毁灭证据，或者因工作懈怠、泄露案情致使相关证据被转移、藏匿、毁灭，或者相关财产被转移、藏匿，或者有其他徇私舞弊、玩忽职守、滥用职权的行为，应当承担纪律责任的，依法给予行政处分；涉嫌犯罪的，应当依法移送司法机关处理。

承办机关及承办人员和协办机关及协办人员在查处督办案件中成绩突出的，可以给予表彰；承办、协办不力的，给予通报批评。

六、税务稽查选案的方法

税务稽查案源的筛选，主要是通过计算机、人工或者人机结合的手段，对各类税务信息进行收集、分类、分析、比对和数据处理，从而在所管辖的纳税人、扣缴义务人中，选取出最有嫌疑的稽查对象。

（一）计算机选案

计算机选案是指利用计算机综合选案系统，通过纵向的综合分析与横向的逻辑、勾稽关系审核，筛选出各类纳税申报指标异常的纳税人作为稽查对象的选案方法。

利用计算机技术处理税务稽查案件，可以有效地提升选案的科学性和针对性,有效避免人工选案造成的重选和漏选现象,增强了选案的准确性。目前,我国有许多省份,特别是经济较发达的省份,已充分利用综合税收征管信息系统2.0版(以下简称CTAIS2.0)的优势和便利条件,积极推行计算机选案,实现了税务稽查选案由人工选案向计算机选案的转变。

为了加强对计算机选案的管理,使整个稽查工作自始至终都能符合科学、合理、高效的要求,在计算机选案过程中应做好以下几方面的工作。

1. 广泛收集纳税人信息

计算机选案的准确性取决于纳税人信息资料的全面性和完整性。纳税人的信息资料越全面、完整,选案的准确率越高。纳税人的信息资料,主要来自两大部分:一是基本信息资料,即与纳税人有关的税收征管资料,主要包括税务登记资料,发票购领、使用、保存资料,申报资料,税款缴纳情况,财务会计报表,以及其他可由纳税人直接提供的或由主管税务机关提供的资料。目前,全国推广的CTAIS2.0系统保证了税收征收信息采集的可靠性。二是通过外部协作收集的、与纳税人有关的各种信息资料,主要包括工商登记信息、银行信息、海关信息、行业协会信息、新闻媒体广告信息等。

2. 科学确定计算机选案指标

确定计算机选案指标,是指从纳税人的各种信息资料中筛选出与稽查目标相关联的数据项目。这是决定选案内容的多少及选案深度、广度的关键。从理论上讲,选案指标设置得越多,针对性就越强,选案的准确性就越高。但选案指标越多,约束性就越强,选案的关联性就会受到影响。实际工作中,应当根据稽查目标综合权衡准确性与关联性之间的关系,科学确定选案指标进行分析。从目前看,计算机选案指标的分析主要有以下几种。

(1)分行业财务比率分析指标分析

主要是对各行业的有关财务比率,如销售额变动率、销售利润率、成本毛利率、税收负担率等进行统计和分析,以平均值为选案参数,找出有指标异常的纳税人。

(2)单项选案指标分析

主要是对税务登记户数,纳税申报情况,发票领、用、存等指标进行对比分析,找出漏征漏管户、申报异常和有发票违法嫌疑的纳税人。

(3)企业常用财务指标分析

主要是将企业常用的各项财务指标,如销售利润率、应收账款率、应付账款率、资产负债率、流动比率、速动比率等作为选案指标,并将这些财务指标与标准参数进行对比分析，找出有指标异常的纳税人。

（4）企业所得税税前限制列支项目的指标分析

这一类指标分析的项目有工资、各种费用、各种准备金等。相关数据主要来源于企业的财务报表和所得税纳税申报表。因为对于这些项目，国家政策都规定了相应的列支幅度，如职工福利费，国家规定的列支标准为职工标准工资总额的 14％，如果高于这个比例，则说明有偷逃企业所得税的可能。企业所得税列支项目的分析，是税务机关案头稽查的重要内容，也是选案的重要指标体系之一。

（5）分行业生产经营平均增长指标分析

主要是将相关行业纳税人的收入、成本、费用、利润、税金等指标予以采集，以平均值为选案参数，找出有指标异常的纳税人。

（6）流转税类选案指标分析

流转税是我国现行税制中的主体税种，对企业缴纳流转税的情况进行分析，能够及时发现疑点，为选案提供依据。其分析的指标较多，比如销售税金负担率（简称税负率）分析、申报与发票对比分析、销售收入增长率分析、销售收入增长率与销售税金增长率分析等。

除税收管理方面的分析指标外，还有工商登记与税务登记对比分析、纳税申报时效性分析、企业税收零申报分析等。

3. 科学确定计算机选案参数

计算机选案指标的信息采集好后，并不是马上就可以进行选案工作，因为在具体实施计算机选案过程中，既要有符合本次选案目标的选案指标信息，也要有为选案工作提供准确参数指标的选案参数。比如销售利润率，它是一个重要的选案指标，但如果没有一个相应的参数值进行比较，该指标也就没有实际意义。因此，在计算机自动选案工作中，指标参数选取得成功与否，直接关系到计算机自动选案的成败。在实际工作中，我们可在确定销售利润率的基础上，再选定同行业的平均销售利润率作为参数值，与不同纳税人的销售利润率进行比较，从而筛选、确定出符合税务稽查类型的稽查对象。计算机选案参数的形成主要有以下途径。

（1）计算机自动生成

即通过计算机程序编排，将所要形成的参数以程序处理的方式产生。如有关纳税申报资料可以通过计算机输入方式按加权平均、移动平均等方法计算出平均值作为参数。

（2）通过实际调查确定

有些不能由纳税人或有关法律法规直接提供的参数，只能通过调查了解后根据实际情况来确定。

(3)从有关法律法规库中提取

如企业所得税税前列支项目及其标准、固定资产折旧年限和折旧率水平等参数都可以从现有的法律法规信息库中提取。

(4)根据实际需要选择约束条件

计算机选案的资料指标参数形成或确定后,还需选择选案时的约束条件,明确稽查选案的目标,避免税务稽查选案的盲目性。选案的约束条件一般是指选案的范围、选案的所属时间、选案的稽查时间等。

(5)根据税务稽查的内容和目的确定

如实施专项稽查时,可将上级税务机关布置的专项稽查内容和具体要求作为专项稽查选案的参数。

采用计算机自动生成有效数据的方法,具有高效、准确、科学的特性,而指标参数选取得准确与否,直接关系到计算机数据的有效性,直接关系到数据分析的准确性。在计算机自动选案工作中,必须有重点地选择具体指标和参数,使选案工作重点突出、有的放矢,确保选案的科学性和准确性,有效提高选案准确率。

4. 计算机选案结果的筛选

对计算机选案初步结果必须进行整理才能确定稽查对象。如果把所有信息资料、符合选案指标和参数条件的纳税人都纳入稽查范围,则会使稽查人员无所适从,也会增加不必要的稽查任务。因此,计算机选案初步结果形成后,还必须对所有候选对象进行整理和筛选。筛选时,可以通过计算机程序方式对所有候选对象进行综合评判,从而选择最有代表性的对象作为纳入稽查范围的纳税人。

(二)人工选案

人工选案是指选案部门的人员根据不同时期的稽查中心工作和稽查计划项目,对所有候选对象进行整理和筛选,可以分为非随机抽样和随机抽样两大类。

1. 非随机抽样选案

在税务稽查选案中,抽查者根据自身对总体样本的认识或根据主客观条件而主观地选择稽查对象的选案方法被称为非随机抽样选案。由于这种抽查是凭借抽查者的主观设想或判断选择进行的,可能会有失公正,但只要主观设想的目的性明确、判断选择的内容符合税务稽查的实际需要,则仍可达到稽查的预期效果。在实际工作中,非随机抽样可根据某个时期稽查中心工作内容来选择稽查对象,或根据税收征收时间周期和税务稽查的时间安排,有计划地适时选择稽查对象。

2. 随机抽样选案

随机抽样是指按照概率规律来抽取税务稽查对象,并根据检查对象的特征来推断总体特征的一种方法。其主要方式有简单随机抽样、等距抽样、分层抽样等。随机抽样有两个显著特点:一是遵循机会均等原则,即在抽取检查对象时,总体中的每一个单位被选中的机会都是均等的,完全排除了抽查者的主观意愿。二是可以从数量上推断总体,即在随机抽查时,可以通过已经稽查出来的被查对象的特征推断总体特征。

(1)简单随机抽样

简单随机抽样是最基本的随机抽样方法,具体操作就是对所有单位(纳税人)按完全符合原则的特定方法抽取样本。也就是说,这种抽样方式不进行集体分组、排列,使抽查中的任何一个单位(纳税人)都有被抽取的平等机会,可以排除抽查者的主观意愿。它是其他随机抽样方法的基础,但被抽取的稽查对象不一定具有代表性。

常用的简单随机抽样方法是抽签法,即将所有单位(纳税人)的编号填写在卡片或纸签上,将卡片或纸签放在容器中,掺和均匀后从中任意抽选作为稽查对象,直至达到所需数量。这种方法比较原始,随着计算机技术的发展,现在可以通过计算机进行随机抽样。

简单随机抽样适用于总体单位(纳税人)数目不大的情况,当总体单位(纳税人)较多,特别是纳税人之间的差异比较大时,不适于用简单随机抽样的方法。

(2)分层抽样

在税务稽查案件选择中,将总体纳税人按经济类型或经营方式,以一定的分类标准划分成若干层次或类型,然后在各层次或类型中采用简单抽样或等距抽样的方法选出一定数目的稽查对象的方法为分层抽样。其基本原则是使每一个层次或类型内部的差异尽量缩小,而各层次或类型之间的差异尽量增大。

一般情况下,首先要进行层次或类型的划分,在此基础上采用分层定比方法来抽取稽查对象。具体方法是按各层次或类型在总体中所占的比例在各层次内随机抽取稽查对象。例如,在总体的纳税人中,大中型工业企业占10%,大中型商业企业占10%,小型工商企业占30%,个体工商业户占40%,其他类型占10%,分层抽样所用的被查对象的比例应与上述比例相符,才符合随机原则。有时当某个层次或类型所含的纳税人在总体中所占的比例太小时,为了使该层次或类型也能抽到稽查对象,需要适当加大该层次所占的比例,这种做法叫作分层异比。分层异比必须慎用,因为它是违反随机原则的。

分层抽样是分类与随机原则的结合,适用于基层单位所管纳税人数目较多、经济类型复杂、纳税数额差异大的情况,是随机抽样常用的方法。

(3)等距抽样

等距抽样是一种采用较为普遍的抽查方法,适用于对同一类型纳税人组织的专项检查(如行业性检查、进项增值税专用发票检查等)。等距抽样亦称机械抽样,是指把总的纳税人按一定标志或次序予以编号排列,然后按抽样比例将总体划分为相等的间距,再利用随机数字表确定一个间距内的一个单位(纳税人),最后据此按相等的间距抽取必要的数目。如要在3 000户纳税人中抽取100个稽查对象,每30个纳税人必有一个被选中。首先将3 000个纳税人依次编码,再在1~30个数字之间随机抽取一个数码,确定为稽查的第一个对象。假设所抽取的随机数码是8,那么纳税人名单上的第38号、68号、128号、158号……就成为被抽取的稽查对象,直至达到100个纳税人为止。

等距抽样法的显著特征是可以保证抽取的稽查对象在总体中均匀分布,若按照一定的标志排列时,还可以缩小各纳税人之间的差异程度。但该方法有一定的局限性,将所有纳税人都依次编号,抽取的对象可能缺乏代表性,比如:纳税人中的个体工商业户较多,重点税源较少,等距抽样时可能很少选中,甚至完全没有抽中重点税源企业。

(三)人机结合选案

虽然税务稽查机关已经开始运用计算机进行案件选择,但是当前录入税收征管信息数据库中的数据信息质量还不是很高,这就导致通过计算机自动选案可能与实际情况存在一定的误差,而人工选案方法又存在工作效率不高、选案结果不够准确、主观因素大等问题,使得以上两种方法都存在着一定的片面性和局限性。因此,在实际工作中一般采用人机结合的方法开展税务稽查选案工作。

就我国当前的税务稽查发展情况来看,发展人机结合选案是不错的选择。人机结合选案,是指在广泛采集有关税务稽查对象的各种与税收有关的信息基础上,确定计算机选案指标,设置合理、有效的选案参数,通过计算机选案分析系统运算生成各类纳税申报指标异常的税务稽查对象名单,再结合日常了解掌握的情况对计算机运算结果作出适当调整,筛选整理后确定税务稽查对象。人机结合选案过程中应注意以下两点。

1. 围绕企业经济活动确定选案指标

各项稽查选案分析指标的设定应紧紧围绕企业的经济活动，对已掌握的数据资料运用各种方法深入地揭示可能出现的各种情况，并就其经济效果与各种涉税事项等诸因素之间的关系，进行横向和纵向的定量比较，在综合分析的基础上提出能够定性的量化指数标准，从而作为确定纳税异常的参照依据。

2. 加强外部信息的收集和分析

应该将计算机信息和实际情况相结合，进一步提高案源信息准确率。诸如在房产税、土地使用税、房产交易税等税种的稽查对象筛选中，在通过计算机分析系统产生纳税异常对象的基础上，还应从当地的城管、房产、土地等部门获取信息，从而提高选案准确率。

第二节　税务稽查的实施

一、税务稽查实施的方式

（一）实地检查

实地检查指稽查人员根据选案确定的稽查对象和稽查实施计划，到纳税人、扣缴义务人的生产经营场所和货物存放地对其账簿、报表、凭证及生产经营等情况实施的税务检查。

稽查实施部门首先需要对税务案件进行认真分析，在此基础上再实施实地检查，要根据所掌握的有关线索，结合被查纳税人的实际情况，认真分析在实地检查时可能会发生的问题，合理地安排检查力量，落实人员分工，拟订应急预案。

实施实地检查也是查获纳税人账外核算资料等直接证据的主要途径和方法之一。场地检查的内容主要包括：（1）检查商品、货物或其他财产是否与账证相符；（2）检查账簿、凭证等会计资料档案的设置、保存情况，特别是原始凭证的保存情况；（3）检查当事人计算机及其服务器的配置和贮存的数据信息情况；（4）检查当事人隐藏的账外证据资料，获取涉税违法的直接证据。

由此可见,稽查实施部门采取实施实地检查时,应该制定并实行稽查方案,密切注意被查单位有关人员的动向,控制检查现场,当发现有异常情况时,要及时采取有效措施,尽可能地获取当事人的各类涉税证据资料。

实地稽查实施完毕后,稽查人员根据实地检查的实施情况、发现的有关问题和查获的有关证据资料,可以制作《现场检查记录》,分项予以列明,并由被查单位经办人员在《现场检查记录》上签名并押印。在现场查获重要证据资料或无法移动的物证时,可照相或摄像存档备查。

(二)调账检查

调账检查指税务机关按照法定的程序和手续,调取稽查对象账簿、凭证、报表及有关资料到税务机关实施税务稽查。

税务稽查实施部门在采取调账检查方式时,会仔细审查稽查对象的会计核算和税收核算的正确性与规范性,以便在检查中查找税收违法的线索。在实施税务稽查时,需要将稽查对象的账簿资料(包括账外与纳税有关的账簿资料)调回税务机关实施检查的,应按规定办理调账手续,并在规定的时间内完整归还。调取和归还账簿资料时,稽查人员和稽查对象的经办人员应当场清点账簿资料的种类及数量,并当场签名。

调账检查是对纳税人送交的会计核算、纳税申报资料和其他与申报纳税有关的资料实施案头审计。实施账务检查一般可分为三个层次五个步骤:三个层次为会计账簿、凭证和报表;五个步骤为会计报表的审核、纳税申报表的审核、有关计税依据账户的审核、与计税依据相关且可能隐匿计税依据账户的审核、会计账户与相关的会计凭证的比对审核。

稽查实施部门应该着重审核企业会计核算的合法性、真实性和正确性,以此保证账务检查的科学有效性,要注重会计账簿与会计报表之间、会计账簿与会计凭证之间、总分类账簿与明细分类账簿之间、会计凭证与会计凭证之间逻辑关系的分析,通过查找隐藏在会计资料中的蛛丝马迹,查找违法嫌疑和线索。对发现的违法嫌疑和有关线索,应依法开展调查取证工作。

(三)跨辖区检查

1. 异地调查

对需要实施异地调查取证的,由实施税务稽查的稽查局直接派员前往,在当地主管税务机关等有关单位的协助配合下,开展调查取证工作。当地主管税务机关对其他税务机关进行的异地调查,应给予支持和配合。

2. 委托协查

对需要委托外地税务机关等单位协助调查的,由实施税务稽查的稽查局制作《关于案件的协查要求》(以下简称《协查要求》),注明委托协查的事由及要求。《协查要求》一式两份,一份由发函单位留存备案,一份寄往受托方税务机关。受托方税务机关接到《协查要求》后,应按照委托方税务机关的要求,及时予以核查、回复。委托调查回复后,发函单位应及时登记注销,归入该案案卷,并对回复的情况作进一步的核实。

二、税务机关在税务稽查中享有的权利

我国税务稽查相关法律、行政法规中明确规定了税务稽查权限,税务机关在实施税务稽查时享有下列权力。

(一)税务机关享有查账权

查账权是指税务机关对纳税人的账簿、记账凭证、报表和有关资料以及扣缴义务人代扣代缴、代收代缴税款的账簿、记账凭证和有关资料有进行检查的权力。税务查账是税务稽查实施时普遍采用的一种方法。行使本职权时,可在纳税人、扣缴义务人的业务场所进行,必要时经县以上税务局(分局)局长批准,可将纳税人、扣缴义务人以前年度的账簿、记账凭证、报表和有关资料调回税务机关检查。若要将纳税人当年度的账簿资料调回税务机关检查,必须经设区的市、自治州税务局(分局)局长批准。

(二)税务机关享有检查存款账户权

检查存款账户权是指税务机关对从事生产经营的纳税人、扣缴义务人在银行或者其他金融机构的存款账户进行检查的权力。行使该权力时,须经县以上税务局(分局)局长批准,持全国统一格式的《检查存款账户许可证明》进行。税务机关在调查税收违法案件时,经设区的市、自治州以上税务局(分局)局长批准,可以查询案件涉嫌人员的储蓄存款。

(三)税务机关享有询问权

询问权是指税务机关在税务稽查实施过程中,向纳税人、扣缴义务人或有关当事人询问与纳税或者代扣代缴、代收代缴税款有关的问题和情况的权力。询问可在被询问人的单位或住所进行,也可以通知当事人到税务机关接受询问。

（四）税务机关享有场地检查权

场地检查权是指税务机关到纳税人的生产、经营场所和货物存放地检查纳税人应纳税的商品、货物或者其他财产,检查扣缴义务人与代扣代缴、代收代缴税款有关的经营情况的权力。通过场地检查,可以发现账务检查中难以发现的账外证据资料和有关线索,是账务检查的延续和补充,可以增大稽查实施的效果。

（五）税务机关享有采取税收保全措施权

采取税收保全措施权是指税务机关在可能由于纳税人的行为或者某种客观原因,致使以后税款的征收不能保证或难以保证的情况下,采取限制纳税人处理或转移商品、货物或其他财产措施的权力。采取税收保全措施时,稽查局必须按照法律法规规定的程序与要求组织实施。

（六）税务机关享有调查取证权

调查取证权是指税务机关在税务稽查实施时调取证据资料的权力。税务机关在税务稽查实施时,可以依法采用记录、录音、录像、照相和复制等方法,调取与案件有关的情况和资料。

（七）税务机关享有责成提供资料权

责成提供资料权是指税务机关指定或要求纳税人、扣缴义务人提供与纳税或扣缴税款有关的资料的权力。责成提供的资料必须是纳税人、扣缴义务人与纳税或者代扣代缴、代收代缴税款有关的文件、证明和其他有关的资料,在收取这些资料时必须开列清单,并在规定的时限内归还。

（八）税务机关享有采取税收强制执行措施权

采取税收强制执行措施权是指当纳税人、扣缴义务人以及纳税担保人不履行法律法规规定的义务时,税务机关采用法定的强制手段,强迫当事人履行义务的权力。采取税收强制执行措施时,稽查局必须按照法律法规和规定的程序和要求组织实施。

（九）税务机关享有查证权

查证权是指税务机关到车站、码头、机场、邮政企业及其分支机构检查纳税人托运、邮寄应纳税商品、货物或者其他财产的有关单据、凭证和有关资料的权力。

（十）税务机关享有行政处罚权

行政处罚权是指税务机关对纳税人、扣缴义务人以及其他当事人的税收违法行为予以税务行政处罚的权力。

三、税务稽查实施的具体步骤

（一）税务稽查实施前的准备

税务稽查实施涉及纳税人的整个生产经营活动，关系到税收法律法规的具体贯彻实施，做好税务稽查实施的准备工作，是保证税务稽查实施工作顺利、有效开展的基础和必要条件。税务稽查实施准备阶段的工作主要包括：

1. 明确并落实稽查任务

税务稽查实施部门接到税务稽查任务后，应及时指定两名或两名以上稽查人员具体负责税务稽查的实施工作。

2. 广泛收集稽查资料

在税务稽查实施之前，需收集、整理纳税人的财务会计报表、纳税申报表、纳税记录、纳税凭证等纳税资料，了解纳税人履行纳税义务的情况，并从纳税资料中查找涉税违法问题和线索，以便有重点地开展税务稽查。

3. 认真分析实际情况

在税务稽查实施前，应做好资料分析，以确定税务稽查的重点并拟订稽查方案。

（1）分析财务会计报表

在检查前，稽查人员应对被检查对象的资产负债表、损益表和现金流量表等财务会计报表及各类附表进行认真的审查、验算、分析。通过初审分析，发现涉税违法线索，初步确定稽查实施的重点。

（2）分析检举资料

检举人检举纳税人税收违法行为的线索，可以为税务稽查实施提供重要的稽查目标和范围。实施稽查前，稽查人员应对检举内容的可信度和检查方向进行认真的研究分析，初步确定稽查实施的重点和范围。

4. 学习掌握相关政策

稽查人员在实施检查前,要针对稽查对象的具体情况,有目的地学习、熟悉有关的税收法律法规的规定,熟悉、掌握会计核算方法及有关的财务会计制度,提高政策业务水平,以保证稽查实施的工作质量。

5. 拟订稽查实施方案

稽查实施方案是指税务稽查实施部门通过案情分析,对税务稽查实施制订的行动计划。稽查实施方案的主要内容一般包括以下几方面。

(1)税务稽查实施的目的和要求;

(2)税务稽查实施的具体方法和步骤;

(3)税务稽查实施时间的安排;

(4)税务稽查实施的范围和重点;

(5)税务稽查人员的分工;

(6)税务检查账证资料的所属期限;

(7)税务稽查实施过程中预计出现问题的应急措施。

(二)实施税务稽查

1. 下达《税务检查通知书》

一般情况下,稽查人员需要在实施税务稽查前,以书面形式向被查单位(人)送达《税务检查通知书》,如图 2-1 所示,告知其税务稽查的时间和需要准备的资料等,并按规定办理《送达回证》。《税务检查通知书》的存根和《送达回证》均应归入税务稽查案卷。

_____税务局(稽查局)税务检查通知书
_____税检通( ) 号
_____:
根据《中华人民共和国税收征收管理法》第五十四条规定,决定派_____等人,自____年__月__日起对你(单位)____年__月__日至____年__月__日期间(如检查发现此期间以外明显的税收违法嫌疑或线索不受此限)涉税情况进行检查。届时请依法接受检查,如实反映情况,提供有关资料。
税务机关(签章)
年 月 日
告知:税务机关派出的人员进行税务检查时,应当出示税务检查证和税务检查通知书,并有责任为被检查人保守秘密;未出示税务检查证和税务检查通知书的,被检查人有权拒绝检查。

图 2-1 税务检查通知书

实施税务稽查时,如有下列情况之一的,可不必事先通知,但在进户实施税务稽查的同时,应送达《税务检查通知书》,并按规定办理《送达回证》手续。

(1)稽查局有根据认为有税收违法行为的;

(2)群众检举有税收违法行为的;

(3)预先通知有碍于税务稽查实施工作开展的。

2. 送达《调取账簿资料通知书》,出具《调取账簿资料清单》

对采用调账稽查办法的,在调取账簿资料时,稽查实施单位必须向纳税人、扣缴义务人送达《调取账簿资料通知书》,如图 2-2 所示,当场填写《调取账簿资料清单》,并在规定的期限内完整归还。值得注意的是,调取稽查对象以前年度的账簿资料,须经县以上税务局(分局)局长批准,并在 3 个月内完整归还;调取稽查对象当年度的账簿资料必须经设区的市、自治州以上税务局(分局)局长批准,并在 30 日内完整归还。调取的账簿资料转作案件证据的,应依法办理税务稽查取证手续。

```
                    _____税务局(稽查局)调取账簿资料通知书
                                                    ____税调〔  〕  号
     _____:
        根据《中华人民共和国税收征收管理法实施细则》第八十六条规定,经_____税务局(分
     局)局长批准,决定调取你(单位)____年____月____日至___年___月___日的账簿、记账凭证、
     报表和其他有关资料到税务机关进行检查,请于____年____月____日前送到_____税务局(稽
     查局)。
        联系人员:
        联系电话:
        税务机关地址:

                                                    税务机关(签章)
                                                       年  月  日
```

图 2-2　调取账簿资料通知书

3. 制作《税务稽查工作底稿》

在完成了以上步骤后,稽查实施部门需要审查纳税申报和会计核算等有关资料,找出稽查对象在纳税申报和会计核算中存在的问题或线索,并在此之后制作《税务稽查工作底稿》,如表 2-1 所示。

表 2-1 税务稽查工作底稿

纳税人名称：　　　　　　　　　　　　　　　　　　　共　页　第　页

账簿名称	记账时间	凭证号码	摘录	对应科目	金额		备注
					借方	贷方	
纳税人陈述意见：							
						（签章）	
						年　月　日	
内容摘录：							
纳税人陈述意见：							
						（签章）	
						年　月　日	

4. 调查取证

调查取证是指稽查局核实并调取有关书证、物证等证据资料，以及询问当事人和知情人等，查清并证实当事人涉税事实的工作过程。调查取证时，要注意以下几个方面。

(1)调取空白发票的，应使用《调取证据专用收据》；调取已开具的发票原件时，可使用统一的《发票换票证》换取。

(2)调取的证据资料，必须由出证单位(人)的法定代表人或经办人核对后签署核对意见，并说明证据资料的出处。同时，必须有两名或两名以上稽查人员亲笔签名。

(3)为了保持证据的原始性，便于日后对案卷的复查，当取得传真件或不是以钢笔或毛笔书写的证据原件时，应加以复印备份，所取得的证据原件与复印件同时归入案卷。

(4)调取书证资料多页的，可填制《证据复制(提取)单》。注明所附证据的数量和反映或说明的内容，并由出证单位(人)的法定代表人或经办人核对后签署核对意见,说明证据资料的出处。同时,必须有两名或两名以上稽查人员亲笔签名。

(5)为了使零散的证据资料原件或者复制件取得合法、出处明确,防止一些零散的证据资料原件或复制件在稽查实施过程中失散,并使所取得的证据资料易于出示、查阅和保管,稽查人员在取得证据资料后,应将其分类粘贴在《证据复制(提取)单》上,注明所调取的证据资料的出处,由出证单位(人)核对后签署核对意见并签名、盖章,并加盖骑缝章。

(6)证据之间的相互印证,形成完整的证据链,以合法、完整、充分、确凿的证据支持税务稽查认定的涉税违法事实,保证涉税案件的查处质量。

5. 税务稽查立案

稽查立案是指稽查局对通过初步稽查,发现存在涉税违法嫌疑并需要追究法律责任的纳税人,实施进一步税务稽查所履行的法定程序。稽查人员应及时办理税务稽查立案手续,调整稽查实施方案,开展调查取证工作。在税务稽查实施过程中,发现税务稽查对象有以下情形之一的,应当立案查处。

(1)私自印制、伪造、倒卖、非法虚开发票,非法携带、邮寄、运输或者存放空白发票,伪造、私自制作发票监制章、发票防伪专用品的。

(2)偷税、逃避追缴欠税、骗取出口退税、抗税以及为纳税人、扣缴义务人非法提供银行账户、发票、证明或者其他方便,导致税收流失的。

(3)未具有上述(2)所列行为,但查补税款数额在5 000元至20 000元以上的。具体标准由省、自治区、直辖市税务机关根据本地情况在幅度内确定。

(4)其他税务机关认为需要立案查处的。

对于经过初查认为需要予以立案稽查的涉税案件,稽查人员应及时制作税务稽查《立案审批表》,连同有关资料,报稽查局局长审批,经批准后再实施进一步的调查取证。

(三)稽查实施的中止(或终止)

在一定情况下税务稽查的实施可能中止或终止。具体来说,税务稽查实施部门在实施过程中,在稽查人员发现涉税案件当事人死亡且其无债权、债务法定继承人,或同一涉税案件已由其他有管辖权的机关立案查处等情况下,在报经稽查局局长批准后可中止(或终止)税务稽查的实施。对中止(或终止)稽查实施的案件已调取的有关证据资料,应装订成册后归档备查。暂时中止实施的涉税案件,在条件成熟时,应重新实施税务稽查。

(四)采取税收保全措施

我国《税收征管法》及其实施细则中明确规定,税务机关对从事生产、经营的纳税人以前纳税期的纳税情况依法进行税务检查时,发现纳税人有逃避纳税义务行为,并有明显的转移、隐匿其应纳税的商品、货物以及其他财产或者应纳税的收入的迹象的,可以按照《税收征管法》规定的批准权限采取税收保全措施。税收保全措施的期限一般不得超过 6 个月;重大案件需要延长的,应当报国家税务总局批准。

1. 税收保全措施的实施

(1)冻结存款

《税收征管法》第三十八条规定,如果纳税人不能提供纳税担保,经县以上税务局(分局)局长批准,税务机关可以书面通知纳税人开户银行或者其他金融机构冻结纳税人的金额相当于应纳税款的存款。

对于符合冻结存款的情形,税务机关需要冻结纳税人存款时,须经县以上税务局(分局)局长批准、签发《税收保全措施决定书》,送达当事人;同时签发《冻结存款通知书》送达当事人开户银行或其他金融机构,并由收到通知书的金融单位在本通知书税务机关留存联上签收并注明协助冻结存款金额。

纳税人在规定的限期内自动缴纳税款的,税务机关应当在收到税款或金融机构转回税票后及时印发《解除税收保全措施决定书》,送达当事人;同时印发《解除冻结存款通知书》,通知纳税人的开户银行或其他金融机构办理解除冻结的手续。

(2)纳税担保

①纳税担保的适用范围

情形一:税务机关有根据认为从事生产、经营的纳税人有逃避义务行为的,可以在规定的纳税期之前,责令限期缴纳应纳税款;在限期内发现纳税人有明显的转移、隐匿其应纳税的商品、货物以及其他财产或者应纳税的收入的迹象的,税务机关可以责成纳税人提供纳税担保。

情形二:欠缴税款的纳税人或者他的法定代表人需要出境的,应当在出境前向税务机关结清应纳税款、滞纳金或者提供担保。

情形三:税人、扣缴义务人、纳税担保人同税务机关在纳税问题上发生争议需要依法申请行政复议的。

②纳税担保的实施程序

首先,发出提供纳税担保通知书。纳税担保通知书是责成纳税人提供纳税担保程序的开始,也是确认纳税人不能按照规定提供纳税担保而采取税收保全措施,或可能阻止纳税人出境,或可能不受理纳税人行政复议的重要法律依据。

其次,审查纳税担保人或物的资格。纳税人以未设置抵押权、留置权和质权的财产提供担保的,须向税务机关提供其财产证明,由税务机关审查认定。

再次,签订纳税担保书并填写纳税担保财产清单。纳税担保书要写明担保对象、担保范围、担保期限、担保责任及其他有关事项。经税务机关、纳税人、纳税担保人三方签字盖章并经税务机关审批后方为生效。纳税担保书、纳税担保财产清单是纳税担保关系成立的重要标志。

最后,纳税担保的终结。纳税人在担保期限内缴纳了税款,或者纳税担保人在纳税人不能依法履行纳税义务时缴纳了应担保的税额,纳税担保关系终止。纳税人应税期限内没有缴纳税款,纳税担保人也未按照规定担保应担保的税款,税务机关责令其限期改正,逾期不改正的,税务机关可采取税收强制执行措施。

(3)扣押、查封的适用范围及实施程序

①扣押、查封的适用范围

以下情形下税务机关可以扣押、查封价值相当于应纳税款的商品、货物或者其他财产。

情形一:未按照规定办理税务登记证的从事生产、经营的纳税人以及临时从事经营的纳税人,税务机关按核定应纳税额责令缴纳,纳税人不缴纳的;

情形二:纳税人不能提供纳税担保的。但应注意,税务机关可以扣押、查封的财产中不包括纳税人个人及其家属维持生活必需的住房和用品。

②扣押、查封的实施程序

第一,填写《税务行政执法审批表》。注明采取税收保全措施的种类、原因、依据和具体意见,报县(市、区)以上税务局(分局)局长批准、签发《税收保全措施决定书》(扣押/查封适用),送达纳税人。

第二,在实施查封、扣押措施时,按以下方法计算应查封、扣押的商品、货物或其他财产的价值:商品、货物,参照同类商品的市场价、出厂价或者评估价估算;金银首饰等贵重物品按照国家专营机构公布的收购价格计算;不动产按照当地财产评估机构评估价值计算;税务机关按上述方法确定应查封、扣押的商品、货物或其他财产的价值时,还应当包括滞纳金和在查封、扣押、保管等过程中所发生的费用。

第三,税务机关在实施查封、扣押措施时,应当根据查封的物品填制

《查封商品、货物、财产清单》或者根据扣押的物品填制《扣押商品、货物、财产专用收据》。

第四,税务机关在实施查封措施时,应在查封的商品、货物或其他财产上加贴税务机关封条,并加盖税务机关印章。纳税人不得损坏封条或者擅自转移、隐匿、毁坏被查封的商品、货物或其他财产,违反者应移送公安部门以妨碍公务处理。

第五,税务机关在实施扣押措施时,应将所扣押的商品、货物或其他财产运至存储地点妥善保管。

纳税人按照规定的期限足额缴纳税款的,税务机关应当在收到税款或银行转回的税票后及时解除查封、扣押措施,印发《解除税收保全措施决定书》(扣押/查封用),送达纳税人。

2. 实施税收保全的要点

税务机关在依法实施税收保全时,应切实保证纳税人的合法权益不受损害,实施中应注意以下几个问题。

(1)实施税收保全措施必须按照法律规定的程序进行,顺序不能颠倒,程序不能缺少。

(2)扣押商品、货物或者其他财产时,必须开付收据;查封商品、货物或者其他财产时,必须开付清单。

(3)扣押、查封商品、货物或者其他财产时,必须由两名以上税务人员执行,并通知被执行人。拒不到场的,不影响执行。

(4)在确定扣押、查封价值相当于应纳税款的商品、货物或者其他财产时,其价值还应包括滞纳金和扣押、查封、保管、拍卖、变卖所发生的费用。

(5)采取纳税担保时,担保人用于担保的财产和纳税人自己拥有的用于担保的财产必须是未设置抵押权,或未设置或者未全部设置担保物权的财产。

(6)采取税收保全措施时必须按规定填制各种法律文书,项目填写必须准确、齐全。

因为税务机关实施税收保全时采取不当措施,或者纳税人在限期内已缴纳税款,税务机关未立即解除税收保全措施,使纳税人的合法利益遭受直接损失的,税务机关应承担赔偿责任。

四、税务稽查实施终结

稽查人员在税务稽查实施完毕后,还需要进行整理案卷、归纳案情、认定事实、制作报告和移送审理工作,这个工作过程就是稽查实施终结。税务稽查终结是税务稽查实施的最后环节。在稽查实施的终结阶段,主要应做好以下几项工作。

（一）整理案卷资料

税务稽查实施完毕后,稽查人员应及时审查税务稽查实施过程中所取得的各种证据材料,并进行分类整理,以确保审查程序和手续合法、完整,证据资料完整、有效。

稽查人员需要对税务稽查案卷卷内资料进行收集整理,具体来说主要包括工作报告、工作程序、证据资料和其他资料四部分。其中工作报告部分包括税务稽查报告、重大涉税案件报告和其他与涉税案件有关的请示、报告、汇报材料等;工作程序部分包括税务稽查任务通知书、税务检查通知书、调取账簿资料通知书等;证据材料部分包括询问笔录、证人证言或询问笔录、书证、物证等证据材料,税务稽查工作底稿,有关部门的鉴定结论材料等;涉案的其他有关资料还包括与涉税案件有关的协议书、文件、批复、合同等。

（二）分析归纳案情

为了正确科学地对涉税案件定性,需要稽查人员认真开展分析归纳案情工作,这在税务稽查中具有重要作用。稽查人员在对税务稽查实施中收集的资料进行整理归集后,对当事人的税收违法行为进行分析,并予以落实定案。

（三）制作《税务稽查报告》

凡是对稽查对象实施税务稽查并已终结的,稽查人员均应按照要求制作《税务稽查报告》。《税务稽查报告》是稽查人员根据税务稽查实施的目的和要求,经过对纳税人、扣缴义务人的账簿、凭证及有关资料的全面审查,并对有关问题进行调查核实后,全面反映税务稽查实施过程和结果的书面总结报告。制作《税务稽查报告》时应做到文字简练、内容完整、条理清楚、用语准确规范。

《税务稽查报告》的主要内容包括:基本情况;案件的来源及初查情况;当事人的基本情况;稽查实施的基本情况;检查认定的涉税违法事实及性质;处理意见及依据;其他需要说明的事项等。

（四）移交审理

稽查人员需要在填制完成《税务稽查报告》后,及时办理税务稽查审理的提请手续,移交审理部门审理。

第一,稽查人员需要按照实际情况填制《税务稽查案件提请审理书》,将《税务稽查报告》连同案卷材料报送主管领导,办理税务稽查审理的提请手续。

第二,稽查人员还需要填制《税务稽查资料移交清单》,连同税务稽查案卷材料,移交审理部门审理。移交时应办理交接手续,交接双方须当场清点签章。

第三节　税务稽查的审理

一、税务稽查审理的步骤和内容

(一)税务稽查审理的主体和内容

1. 审理主体

审理部门接到检查部门移交的《税务稽查报告》及有关资料后,应当及时安排人员进行审理。

审理人员必须按照税务稽查相关法律、行政法规、规章及其他规范性文件的规定,逐项审核检查部门移交的《税务稽查报告》及相关材料,在此基础上提出书面审理意见,由审理部门负责人审核。

案情复杂的,稽查局应当集体审理;案情重大的,稽查局应当依照国家税务总局有关规定报请所属税务局集体审理。

2. 审核内容

对《税务稽查报告》及有关资料,审理人员应当着重审核以下内容。

(1)被查对象是否准确。

(2)是否符合法定程序。

(3)适用法律、行政法规、规章及其他规范性文件是否适当,定性是否正确。

(4)税务处理、处罚建议是否适当。

(5)是否超越或者滥用职权。

(6)税收违法事实是否清楚、证据是否充分、数据是否准确、资料是否齐全。

(7)其他应当审核确认的事项或者问题。

（二）补充调查、审理期限与重新提出处理处罚意见

1. 退会补充调查

按照税务稽查相关法律规定，有下列情形之一的，审理部门可以将《税务稽查报告》及有关资料退回检查部门补正或者补充调查。

情形一，被查对象认定错误的。

情形二，税务文书不规范、不完整的。

情形三，不符合法定程序的。

情形四，税收违法事实不清、证据不足的。

情形五，其他需要退回补正或者补充调查的。

2. 审理期限

审理部门接到检查部门移交的《税务稽查报告》及有关资料后，应当在15日内提出审理意见。但下列时间不计算在内。

（1）检查人员补充调查的时间。

（2）向上级机关请示或者向相关部门征询政策问题的时间。

案情复杂确需延长审理时限的，经稽查局局长批准，可以适当延长。

3. 重新提出处理处罚意见

《税务稽查报告》认定的税收违法事实清楚、证据充分，但适用法律、行政法规、规章及其他规范性文件错误，或者提出的税务处理、处罚建议错误或者不当的，审理部门应当另行提出税务处理、处罚意见。

（三）税务处罚告知与当事人陈述申辩权

1. 稽查机关必须告知当事人的税务处罚事项

拟对被查对象或者其他涉税当事人作出税务行政处罚的，向其送达《税务行政处罚事项告知书》，告知其依法享有陈述、申辩及要求听证的权利。《税务行政处罚事项告知书》应当包括以下内容。

（1）当事人依法享有的权利。

（2）认定的税收违法事实和性质。

（3）告知书的文号、制作日期、税务机关名称及印章。

（4）拟作出的税务行政处罚。

（5）适用的法律、行政法规、规章及其他规范性文件。

（6）其他相关事项。

2. 当事人享有陈述申辩权

对被查对象或者其他涉税当事人的陈述、申辩意见,审理人员应当认真对待,提出判断意见。

对当事人口头陈述、申辩意见,审理人员应当制作《陈述申辩笔录》,如实记录,由陈述人、申辩人签章。

(四)税务行政处罚听证

1. 听证的原则

税务行政处罚的听证,遵循合法、公正、公开、及时和便民的原则。

2. 听证的主持

税务行政处罚的听证,由税务机关负责人指定的非本案调查机构的人员主持,当事人、本案调查人员及其他有关人员参加。

3. 听证程序

(1)听证开始

听证主持人应当首先声明并出示税务机关负责人授权主持听证的决定,然后查明当事人或者其代理人、本案调查人员、证人及其他有关人员是否到场,宣布案由;宣布听证会的组成人员名单;告知当事人有关的权利义务;记录员宣读听证会场纪律。

(2)听证过程

涉税案件的调查人员应在听证过程中就当事人的违法行为予以指控,并出示事实证据材料,提出行政处罚建议。当事人或者其代理人可以就所指控的事实及相关问题进行申辩和质证。听证主持人可以对本案所及事实进行询问,保障控辩双方充分陈述事实,发表意见,并就各自出示的证据的合法性、真实性进行辩论。辩论先由本案调查人员发言,再由当事人或者其代理人答辩,然后双方相互辩论。辩论终结,听证主持人可以再就本案的事实、证据及有关问题向当事人或者其代理人、本案调查人员征求意见。当事人或者其代理人有最后陈述的权利。

第一,听证主持人认为证据有疑问无法听证辨明,可能影响税务行政处罚的准确公正的,可以宣布中止听证,由本案调查人员对证据进行调查核实后再行听证。当事人或者其代理人可以申请对有关证据进行重新核实,或者提出延期听证;是否准许,由听证主持人或者税务机关作出决定。

第二,当事人或者其代理人、本案调查人员、证人及其他人员违反听证秩序,听证主持人应当警告制止;对不听制止的,可以责令其退出听证会场。当事人或者其代理人有上述规定严重行为致使听证无法进行的,听证主持人或者税务机关可以终止听证。

第三,当事人或者其代理人放弃申辩和质证权利,声明退出听证会,或者不经听证主持人许可擅自退出听证会的,听证主持人可以宣布听证终止。

4. 公开举行听证

税务行政处罚听证应当公开进行。但是涉及国家秘密、商业秘密或者个人隐私的,听证不公开进行。对公开听证的案件,应当先期公告当事人和本案调查人员的姓名、案由和听证的时间、地点。公开进行的听证,应当允许群众旁听。经听证主持人许可,旁听群众可以发表意见。对不公开听证的案件,应当宣布不公开听证的理由。

当事人或者其代理人应当按照税务机关的通知参加听证,无正当理由不参加的,视为放弃听证权利。听证应当予以终止。本案调查人员有上述规定情形的,不影响听证的进行。

5. 当事人申请听证

税务机关对公民作出 2 000 元以上(含本数)罚款或者对法人或者其他组织作出 10 000 元以上(含本数)罚款的行政处罚之前,应当向当事人送达《税务行政处罚事项告知书》,告知当事人已经查明的违法事实、证据、行政处罚的法律依据和拟将给予的行政处罚,并告知有要求举行听证的权利。

要求听证的当事人,应当在《税务行政处罚事项告知书》送达后 3 日内向税务机关书面提出听证;逾期不提出的视为放弃听证权利。

当事人要求听证的,税务机关应当组织听证。

6. 当事人参与听证与申请回避

当事人可以亲自参加听证,也可以委托一至二人代理。当事人委托代理人参加听证的,应当向其代理人出具代理委托书。代理委托书应当注明有关事项,并经税务机关或者听证主持人审核确认。

当事人认为听证主持人与本案有直接利害关系的,有权申请回避。回避申请,应当在举行听证的 3 日前向税务机关提出,并说明理由。

听证主持人是本案当事人的近亲属,或者认为自己与本案有直接利害关系或其他关系可能影响公正听证的,应当自行提出回避。

听证主持人的回避,由组织听证的税务机关负责人决定。对驳回申请回避的决定,当事人可以申请复核一次。

7. 税务机关通知听证

税务机关应当在收到当事人听证要求后15日内举行听证,并在举行听证的7日前将《税务行政处罚听证通知书》送达当事人,通知当事人举行听证的时间、地点、听证主持人的姓名及有关事项。

当事人由于不可抗力或者其他特殊情况而耽误提出听证期限的,在障碍消除后5日内,可以申请延长期限。申请是否准许,由组织听证的税务机关决定。

8. 税务机关改变决定

当事人提出听证后,税务机关发现自己拟作的行政处罚决定对事实认定有错误或者偏差,应当予以改变,并及时向当事人说明。

听证主持人应当依法行使职权,不受任何组织和个人的干涉。

9. 听证笔录

听证记录员需要通过笔录的形式记录听证的全部活动,经听证主持人审阅并由听证主持人和记录员签名后,封卷上交税务机关负责人审阅。听证笔录应交当事人或者其代理人、本案调查人员、证人及其他有关人员阅读或者向他们宣读,他们认为有遗漏或者有差错的,可以请求补充或者改正。他们在承认没有错误后,应当签字或者盖章。拒绝签字或者盖章的,记明情况附卷。听证结束后,听证主持人应当将听证情况和处理意见报告税务机关负责人。

10. 不组织听证的后果与听证费的承担

税务机关没有对应当进行听证的案件组织听证的,行政处罚决定不能成立;当事人放弃听证权利或者被正当取消听证权利的除外。

听证费用由组织听证的税务机关支付,不得由要求听证的当事人承担或者变相承担。

(五)税务稽查审理报告与审理部门处理结果

1. 税务稽查审理报告

审理完毕,审理人员应当制作《税务稽查审理报告》,由审理部门负责人审核。《税务稽查审理报告》应当包括以下主要内容。

(1)审理的基本情况。

(2)经审理认定的事实及相关证据。

(3)检查人员查明的事实及相关证据。

(4)审理人员、审理日期。

(5)被查对象或者其他涉税当事人的陈述、申辩情况。

(6)税务处理、处罚意见及依据。

2. 审理部门处理结果

审理部门区分下列情形分别作出处理。

情形一:认为有税收违法行为,应当进行税务处理的,拟制《税务处理决定书》。

情形二:认为没有税收违法行为的,拟制《税务稽查结论》。

情形三:认为税收违法行为轻微,依法可以不予税务行政处罚的,拟制《不予税务行政处罚决定书》。

情形四:认为有税收违法行为,应当进行税务行政处罚的,拟制《税务行政处罚决定书》。

《税务处理决定书》《税务行政处罚决定书》《不予税务行政处罚决定书》《税务稽查结论》引用的法律、行政法规、规章及其他规范性文件,应当注明文件全称、文号和有关条款。

《税务处理决定书》《税务行政处罚决定书》《不予税务行政处罚决定书》《税务稽查结论》经稽查局局长或者所属税务局领导批准后由执行部门送达执行。

(六)各类税务文书的制作

1. 制作《税务处理决定书》

《税务处理决定书》应当包括以下主要内容。

(1)被查对象姓名或者名称及地址;

(2)处理决定及依据;

(3)检查范围和内容;

(4)税款金额、缴纳期限及地点;

(5)税收违法事实及所属期间;

(6)告知被查对象不按期履行处理决定应当承担的责任;

(7)申请行政复议或者提起行政诉讼的途径和期限;

(8)税款滞纳时间、滞纳金计算方法、缴纳期限及地点;

(9)处理决定的文号、制作日期、税务机关名称及印章。

2. 制作《税务行政处罚决定书》

《税务行政处罚决定书》应当包括以下主要内容。

(1)被查对象或者其他涉税当事人姓名或者名称及地址;

(2)行政处罚种类和依据;

(3)告知当事人不按期履行行政处罚决定应当承担的责任;

(4)检查范围和内容;

(5)行政处罚履行方式、期限和地点;

(6)申请行政复议或者提起行政诉讼的途径和期限;

(7)税收违法事实及所属期间;

(8)行政处罚决定的文号、制作日期、税务机关名称及印章。

3. 制作《不予税务行政处罚决定书》

《不予税务行政处罚决定书》应当包括以下主要内容。

(1)被查对象或者其他涉税当事人姓名或者名称及地址;

(2)不予税务行政处罚的理由及依据;

(3)检查范围和内容;

(4)申请行政复议或者提起行政诉讼的途径和期限;

(5)税收违法事实及所属期间;

(6)不予行政处罚决定的文号、制作日期、税务机关名称及印章。

4. 制作《税务稽查结论》

《税务稽查结论》应当包括以下主要内容。

(1)被查对象姓名或者名称及地址;

(2)检查结论;

(3)检查范围和内容;

(4)结论的文号、制作日期、税务机关名称及印章;

(5)检查时间和检查所属期间。

5. 制作《涉嫌犯罪案件移送书》

税收违法行为涉嫌犯罪的,填制《涉嫌犯罪案件移送书》,经所属税务局局长批准后,依法移送公安机关,并附送以下资料。

(1)《税务处理决定书》《税务行政处罚决定书》的复制件；

(2)涉嫌犯罪的主要证据材料复制件；

(3)《涉嫌犯罪案件情况的调查报告》；

(4)补缴应纳税款、缴纳滞纳金、已受行政处罚情况明细表及凭据复制件。

二、重大税务案件审理制度

(一)适用基本原则

省以下各级税务局开展重大税务案件审理工作适用《重大税务案件审理办法》(国家税务总局令第34号)。

重大税务案件审理应当以事实为根据、以法律为准绳,遵循合法、合理、公平、公正、效率的原则,注重法律效果和社会效果相统一。

参与重大税务案件审理的人员应当严格遵守国家保密规定和工作纪律,依法为纳税人、扣缴义务人的商业秘密和个人隐私保密。

(二)税务稽查审理机构和职责

省以下各级税务局设立重大税务案件审理委员会(以下简称审理委员会)。审理委员会由主任、副主任和成员单位组成,实行主任负责制。审理委员会主任由税务局局长担任,副主任由税务局其他领导担任。审理委员会成员单位包括政策法规、税政业务、纳税服务、征管科技、大企业税收管理、税务稽查、督察内审部门。各级税务局可以根据实际需要,增加其他与案件审理有关的部门作为成员单位。

1. 审理委员职责

(1)审理重大税务案件；

(2)指导监督下级税务局重大税务案件审理工作；

(3)拟定本机关审理委员会工作规程、议事规则等制度。

2. 审理委员会办公室职责

审理委员会下设办公室,办公室设在政策法规部门,办公室主任由政策法规部门负责人兼任。审理委员会办公室履行下列职责:

(1)办理重大税务案件审理工作的统计、报告、案卷归档；

(2)制作审理会议纪要和审理意见书；

（3）组织实施重大税务案件审理工作；

（4）提出初审意见；

（5）承担审理委员会交办的其他工作。

审理委员会成员单位根据部门职责参加案件审理，提出审理意见。稽查局负责提交重大税务案件证据材料、拟作税务处理处罚意见、举行听证。稽查局对其提交的案件材料的真实性、合法性、准确性负责。

对于属于法律、法规规定的回避情形的重大税务案件审理人员，应该按照规定采取回避。重大税务案件审理参与人员的回避，由其所在部门的负责人决定；审理委员会成员单位负责人的回避，由审理委员会主任或其授权的副主任决定。

（三）审理范围

一般情况下，重大税务案件主要包括以下情形。

（1）重大税务行政处罚案件，具体标准由各省、自治区、直辖市和计划单列市税务局根据本地情况自行制定，报国家税务总局备案；

（2）拟移送公安机关处理的案件；

（3）根据重大税收违法案件督办管理暂行办法督办的案件；

（4）审理委员会成员单位认为案情重大、复杂，需要审理的案件；

（5）应司法、监察机关要求出具认定意见的案件；

（6）其他需要审理委员会审理的案件。

上述第（5）项规定的案件经审理委员会审理后，应当将拟处理意见报上一级税务局审理委员会备案。备案5日后可以作出决定。

稽查局应当在每季度终了后5日内将稽查案件审理情况备案表送审理委员会办公室备案。

（四）提请和受理

1. 稽查局提请审理委员会审理案件

稽查局应当在内部审理程序终结后5日内，将重大税务案件提请审理委员会审理。当事人要求听证的，由稽查局组织听证。稽查局提请审理委员会审理案件，应当提交以下案件材料。

（1）听证材料；

（2）税务稽查报告；

（3）税务稽查审理报告；

（4）重大税务案件审理案卷交接单；

（5）重大税务案件审理提请书；

（6）相关证据材料。

重大税务案件审理提请书应当写明拟处理意见，所认定的案件事实应当标明证据指向。证据材料应当制作证据目录。稽查局应当完整移交证据目录所列全部证据材料，不能当场移交的应当注明存放地点。

2. 审理委员会办公室处理案件材料

稽查局提请审理的案件材料到达审理委员会办公室后，审理委员会办公室必须及时在重大税务案件审理案卷交接单上注明接收部门和收到日期，并由接收人签名。对于证据目录中列举的不能当场移交的证据材料，必要时，接收人在签收前可以到证据存放地点现场查验。

一般情况下，审理委员会办公室需要在收到稽查局提请审理的案件材料后的5日内对案件材料进行审核。根据审核结果，审理委员会办公室提出处理意见，报审理委员会主任或其授权的副主任批准。

（1）提请审理的案件不属于本办法规定的审理范围的，建议不予受理。

（2）提请审理的案件属于本办法规定的审理范围，但未按照本办法第十五条的规定提交相关材料的，建议补正材料。

（3）提请审理的案件属于本办法规定的审理范围，提交了本办法第十五条规定的材料的，建议受理。

（五）审理程序

1. 一般规定

按照我国重大税务案件的审理规定，这类案件应当自批准受理之日起30日内作出审理决定，不能在规定期限内作出审理决定的，经审理委员会主任或其授权的副主任批准，可以适当延长，但延长期限最多不超过15日。补充调查、请示上级机关或征求有权机关意见的时间不计入审理期限。审理委员会审理重大税务案件，应当重点审查以下几项内容。

（1）案件事实是否清楚；

（2）适用法律是否正确；

（3）证据是否充分、确凿；

（4）案件定性是否准确；

（5）执法程序是否合法；

（6）拟处理意见是否合法适当。

审理委员会成员单位应当认真履行职责，根据上述规定提出审理意见,所出具的审理意见应当详细阐述理由、列明法律依据。审理委员会成员单位审理案件,可以到审理委员会办公室或证据存放地查阅案卷材料,向稽查局了解案件有关情况。一般情况下,重大税务案件审理采取书面审理和会议审理相结合的方式。

2. 书面审理

首先,审理委员会办公室自批准受理重大税务案件之日起 5 日内,将重大税务案件审理提请书及必要的案件材料分送审理委员会成员单位。

其次,审理委员会成员单位自收到审理委员会办公室分送的案件材料之日起 10 日内,提出书面审理意见送审理委员会办公室。

针对审理委员会对案件的认知情况,采取以下不同处理方式。

(1)案件事实不清、证据不足,需要补充调查的情形

审理委员会成员单位认为案件事实不清、证据不足,需要补充调查的,应当在书面审理意见中列明需要补充调查的问题并说明理由。审理委员会办公室应当召集提请补充调查的成员单位和稽查局进行协调,确需补充调查的,由审理委员会办公室报审理委员会主任或其授权的副主任批准,将案件材料退回稽查局补充调查。

稽查局补充调查不应超过 30 日,有特殊情况的,经稽查局局长批准可以适当延长,但延长期限最多不超过 30 日。稽查局完成补充调查后,应当按照上述规定重新提交案件材料、办理交接手续。稽查局不能在规定期限内完成补充调查的,或者补充调查后仍然事实不清、证据不足的,由审理委员会办公室报请审理委员会主任或其授权的副主任批准,终止审理。

(2)案件事实清楚、证据确凿,但法律依据不明确或者需要处理的相关事项超出本机关权限的情形

审理委员会成员单位认为案件事实清楚、证据确凿,但法律依据不明确或者需要处理的相关事项超出本机关权限的,按规定程序请示上级税务机关或者征求有权机关意见。

(3)书面审理意见一致的情形

审理委员会成员单位书面审理意见一致,或者经审理委员会办公室协调后达成一致意见的,由审理委员会办公室起草审理意见书,报审理委员会主任批准。

3. 会议审理

如果审理委员会成员单位无法就重大涉税案件达成书面审理意见一致,

经审理委员会办公室协调仍不能达成一致意见的,由审理委员会办公室向审理委员会主任或其授权的副主任报告,提请审理委员会会议审理。

审理委员会办公室提请会议审理的报告,应当说明成员单位意见分歧、审理委员会办公室协调情况和初审意见。审理委员会办公室应当将会议审理时间和地点提前通知审理委员会主任、副主任和成员单位,并分送案件材料。

对于这种情形,审理委员会成员单位需要派员参加会议,保证超过2/3的成员单位参与就可以就案件召开会议。审理委员会办公室以及其他与案件相关的成员单位应当出席会议。案件调查人员、审理委员会办公室承办人员应当列席会议。必要时,审理委员会可要求调查对象所在地主管税务机关参加会议。

审理委员会会议由审理委员会主任或其授权的副主任主持。首先由稽查局汇报案情及拟处理意见。审理委员会办公室汇报初审意见后,各成员单位发表意见并陈述理由。审理委员会办公室应当做好会议记录。经审理委员会会议审理,根据不同情况,作出以下处理。

(1)案件执法程序违法的,由稽查局对案件重新处理;

(2)案件事实不清、证据不足的,由稽查局对案件重新调查;

(3)案件事实清楚、证据确凿、程序合法、法律依据明确的,依法确定审理意见;

(4)案件适用法律依据不明确,或者需要处理的有关事项超出本机关权限的,按规定程序请示上级机关或征求有权机关的意见。

审理委员会办公室根据会议审理情况制作审理纪要和审理意见书。审理纪要由审理委员会主任或其授权的副主任签发。会议参加人员有保留意见或者特殊声明的,应当在审理纪要中载明。审理意见书由审理委员会主任签发。

(六)执行和监督

在重大税务案件的审理达成一致意见后,稽查局需要按照审理意见书制作税务处理处罚决定等相关文书,将加盖稽查局印章的相关文书送达执行。文书送达后5日内,由稽查局送审理委员会办公室备案。重大税务案件审理程序终结后,审理委员会办公室应当将相关证据材料退回稽查局。各级税务局督察内审部门应当加强对重大税务案件审理工作的监督。审理委员会办公室应当加强重大税务案件审理案卷的归档管理,按照受理案件的顺序统一编号,做到一案一卷、资料齐全、卷面整洁、装订整齐。需要归档的重大税务案件审理案卷包括税务稽查报告、税务稽查审理报告以及本办法附列的有关文书。

各省、自治区、直辖市和计划单列市税务局应当于每年 1 月 31 日之前，将本辖区上年度重大税务案件审理工作开展情况和重大税务案件审理统计表报送国家税务总局。

（七）其他规定

针对重大税务案件的审理，除了以上注意事项外还有一些其他规定，主要包括以下几项内容。

第一，《重大税务案件审理办法》有关"5 日"的规定指工作日，不包括法定节假日。

第二，各级税务局应当按照国家税务总局的规划和要求，积极推动重大税务案件审理信息化建设。

第三，各级税务局在重大税务案件审理工作中可以使用重大税务案件审理专用章。

各省、自治区、直辖市和计划单列市税务局可以依照《重大税务案件审理办法》制定具体实施办法。

第四，各级税务局办理的其他案件，需要移送审理委员会审理的，参照《重大税务案件审理办法》执行。特别纳税调整案件按照有关规定执行。

第五，各级税务局应当加大对重大税务案件审理工作的基础投入，保障审理人员和经费，配备办案所需的录音录像、文字处理、通信等设备，推进重大税务案件审理规范化建设。

第四节　税务稽查的执行

一、税务处理文书送达

税务处理文书是税务稽查文书的重要组成部分，其送达方式与其他税务稽查文书基本相同。根据涉税案件的不同情况，处理文书可以采用不同的送达方式。

（一）委托送达

采取委托送达的，受托机关或者单位的责任人应在送达回证上签字备注，并以受送达人在送达回证上签收的日期为送达日期。

（二）公告送达

有下列情形之一的，可以公告送达处理文书，自公告之日起满 30 日，即视为送达：

情形一：同一送达事项的受送达人众多；

情形二：采用本条规定的其他送达方式无法送达。

（三）直接送达

1. 受送达人为公民

受送达人为公民的，需要保证由本人直接签收；本人不在的，交其同住成年家属签收。

2. 受送达人为法人或者其他组织

受送达人是法人或者其他组织的，需要保证文书由其法定代表人、主要负责人或者财务负责人、负责收件的人签收。受送达人有代理人的，可以交其代理人签收。

需要注意的是，直接送达税务文书的，以签收人在送达回证上注明的收件日期为送达日期。受送达人或者《税收征管法实施细则》规定的其他签收人拒绝签收处理文书的，送达人应当在送达回证上记明拒收理由和日期，并由送达人和见证人签名或者盖章，将税务文书留在受送达人处，即视为送达。

（四）邮寄送达

采取邮寄送达的，以挂号函件回执上注明的收件日期为送达日期，视为已送达给当事人，并将挂号件回执粘贴在送达回证上存查。

二、处理文书送达回证

在将处理文书切实送达后，必须依法填制送达回证，并由受送达人或者其他签收人在送达回证上注明收到日期并签章，即视为送达。送达回证是稽查局送达和受送达人签收处理文书时必须履行的法定手续。

必须认真规范地填写回证各栏次内容。其中处理文书由他人代收的，由代收人在"代收人代收理由及签名或盖章"一栏中注明与受送达人的关系并签章；受送达人或其他法定签收人拒绝签收时，由送达人在"受送达人拒收理由和日期"一栏注明拒收理由和日期,有见证人在场的,请其在"见证人签名或盖章"一栏中签章。

三、稽查执行程序

(一)税收优先权

1. 税收优先于无担保债权

《税收征管法》规定,税收优先于无担保债权,主要是对纳税人未设置担保物权的财产,即纳税人没有设定抵押、质押或没有被留置的财产,实行税收优先,但法律另有规定的除外。

2. 税收优先于发生在其后的抵押权、质权、留置权

《税收征管法》规定,税收优先于发生在其后的抵押权、质权、留置权,主要是对纳税人欠缴的税款发生在纳税人以其财产设定抵押、质押或者纳税人的财产被留置之前的,税收应当先于抵押权、质权、留置权执行。

(二)一般程序

税务处理文书送达被执行人后,被执行人必须按照规定的期限和方式,将查补税款、滞纳金、罚款及应没收的非法所得等及时足额地缴入国库。同时,被执行人应按照税务处理、处罚决定的要求,将缴库凭证的复印件连同税务稽查调整账务记录的复印件报送执行部门,执行部门应按照税务稽查取证的要求收集缴库凭证的复印件及调账凭证复印件等执行资料。

税收稽查机关经过稽查后认定被查对象多申报缴纳税款的,被执行人应按照税务处理决定规定的期限和方式,到税收征收部门办理退库手续,或将多缴的税款抵缴应纳税款,并将税款退库凭证的复印件或抵缴税款的复印件连同税务稽查调整账务记录复印件报送执行部门。

被执行人未在规定的期限内将应补税款、滞纳金、罚款及应没收的非法所得等解缴入库的,稽查局可依法对被执行人采取强制执行措施。

(三)税务稽查调整账务

税务稽查调整账务是指被查对象接到税务处理文书后,按照稽查局认定的涉税事实和处理决定调整会计账户的记录,是稽查局巩固和实现税务稽查成果,教育纳税人依法履行纳税义务的有效措施之一。

被查对象在税务处理、处罚决定执行完毕后,必须按照规定和要求调

整账务,并将应补缴的税款、滞纳金、罚款等缴库凭证,以及调整账务所涉及的账户记录和记账凭证复印件报送执行部门。

四、税收强制执行措施

在税务稽查执行过程中,指税务机关或者税务机关有权就对不履行行政决定的公民、法人或者其他组织向人民法院提出申请,要求依法强制履行义务的行为,这种行为即税收强制执行措施。

税务处理文书是稽查局对被查对象作出的具有法律效力的文书,被查对象必须依照税务处理、处罚决定的规定执行。逾期不执行的,稽查局可依法采取税收强制执行措施。

(一)司法强制执行

依照《税收征管法》及其实施细则和《稽查工作规程》的规定,被执行人对税务行政处罚决定逾期不申请行政复议也不向人民法院起诉、又不履行的,作出处罚决定的税务机关报经所属税务局局长批准后,可以向有管辖权的人民法院申请强制执行。人民法院强制执行完毕后,税务机关应及时将人民法院强制执行的罚款解缴入库。

(二)税收行政强制执行措施

1. 前置条件

被执行人有下列情形之一的,报经所属税务局局长批准,稽查局可以依法采取税收行政强制执行措施。

(1)被执行人对《税务行政处罚决定书》确定的行政处罚事项,逾期不申请行政复议也不向人民法院起诉、又不履行的。

(2)被执行人未按照《税务处理决定书》确定的期限缴纳或者解缴税款、滞纳金的。

(3)稽查局对从事生产、经营的纳税人以前纳税期的纳税情况依法进行税务检查时,发现纳税人有逃避纳税义务行为,并有明显的转移、隐匿其应纳税的商品、货物以及其他财产或者应纳税收入迹象的。

(4)经稽查局确认的纳税担保人未按照确定的期限缴纳所担保的税款、滞纳金的,责令其限期缴纳,逾期仍未缴纳的。

2. 执行方式

《税收征管法》第四十条规定,稽查局采取的强制执行措施主要有两种。

第一种方式为,扣押、查封、拍卖或变卖其价值相当于应纳税款的商品、货物或者其他财产,以拍卖或变卖所得抵缴税款。

第二种方式为,书面通知其开户银行或者其他金融机构从其存款中扣缴税款。

前者适用于在银行或者其他金融机构中没有存款的被执行人,后者适用于在银行或其他金融机构中有存款的被执行人。如果被执行人既有银行存款又有商品、货物或者其他财产的,一般情况下,可先采取通知银行扣缴税款的措施;如果银行存款不足以扣缴,则可将两项措施并用。

3. 执行程序

(1)税款催缴程序

只有符合未按照规定的期限缴纳所担保的税款、滞纳金的纳税担保人情形的,才适用于实施税收行政强制执行前的税款催缴程序。

纳税担保人未按照规定的期限缴纳所担保的税款、滞纳金,由稽查局发出催缴税款通知书,责令其限期缴纳,但最长期限不得超过15日。纳税担保人逾期仍未缴纳的,可以采取税收强制执行措施。

因此,执行部门将催缴税款通知书送达纳税担保人后,纳税担保人应在规定的期限内将所担保的税款、滞纳金缴入国库。

(2)拍卖或变卖商品、货物、财产执行程序

①拍卖、变卖被执行人商品、货物或者其他财产抵缴税款的情形

拍卖、变卖被执行人商品、货物或者其他财产,以拍卖、变卖所得抵缴税款、滞纳金、罚款的,在拍卖、变卖前应当依法进行查封、扣押。对价值超过应纳税额且不可分割的商品、货物或者其他财产在纳税人、扣缴义务人或者纳税担保人无其他可供强制执行的财产的情况下,稽查局可以整体扣押、查封、拍卖,以拍卖所得抵缴税款、滞纳金、罚款以及扣押、查封、保管、拍卖等费用。

②将扣押、查封的商品、货物或者其他财产变价抵缴税款的情形

稽查局将扣押、查封的商品、货物或者其他财产变价抵缴税款时,应当交由依法成立的拍卖机构拍卖;无法委托拍卖或者不适于拍卖的,可以交由当地商业企业代为销售,也可以责令纳税人限期处理;无法委托商业企业销售,纳税人也无法处理的,可以由稽查局按照国家税务总局的规定变价处理。国家禁止自由买卖的商品,应当交由有关单位按照国家规定的价格收购。

③拍卖或者变卖其价值相当于应纳税款的商品、货物或者其他财产抵缴税款的情形

稽查局拍卖或者变卖其价值相当于应纳税款的商品、货物或者其他财

产,以拍卖或者变卖所得抵缴税款时,须经所属税务局局长批准,签发《税收强制执行决定书》(拍卖/变卖适用),送达被执行人,并告知其采取税收强制执行措施的内容、理由及依据,并依法告知其申请行政复议和提起行政诉讼的权利。

④拍卖或者变卖实现后的处理

拍卖或者变卖实现后,稽查局应当在结算并收取价款后3个工作日内,办理税款、滞纳金、罚款的入库手续,并拟制《拍卖/变卖结果通知书》,附《拍卖/变卖扣押、查封的商品、货物或者其他财产清单》,经稽查局局长审核后,送达被执行人。

⑤《拍卖/变卖抵税财物决定书》送达被执行人后的情形

稽查局将《拍卖/变卖抵税财物决定书》送达被执行人后,予以拍卖或者变卖商品、货物或者其他财产。

⑥剩余的财产或者无法进行拍卖、变卖的财产的情形

以拍卖或者变卖所得抵缴税款、滞纳金、罚款和拍卖、变卖费用后,尚有剩余的财产或者无法进行拍卖、变卖的财产的,稽查局应当拟制《返还商品、货物或者其他财产通知书》,附《返还商品、货物或者其他财产清单》,送达被执行人,并自办理税款、滞纳金、罚款入库手续之日起3个工作日内退还被执行人。

(3)扣缴税款执行程序

在税务稽查执行的过程中,稽查局如果需要按照相关法律规定扣缴被执行人的存款时,必须经所属税务局局长批准、签发《税收强制执行决定书》(扣缴税收款项适用),送达被执行人,并告知其采取税收强制执行措施的内容、理由及依据,并依法告知其申请行政复议和提起行政诉讼的权利。同时,签发《扣缴税收款项通知书》,送达给被执行人的开户银行或者其他金融机构,从其存款上扣缴税款。存款包括独资企业投资人、合伙企业合伙人、个体工商户的储蓄存款以及股东资金账户中的资金等。

被执行人的开户银行或者其他金融机构从其存款上扣缴税款后,稽查局应及时将有关完税凭证送交被执行人。

4. 行政赔偿责任

稽查局滥用职权违法采取税收行政强制执行措施,或者采取税收行政强制执行措施不当,使纳税人的合法利益遭受损失的,稽查局应当对其直接损失承担赔偿责任。

五、其他执行措施

稽查局在税务处理、处罚决定执行过程中,不仅可以按照实际情况采取税收保全措施和税收强制执行措施,同时还可依照税收法律、行政法规和规章的规定,采取行使代位权、撤销权等其他执行措施,以此保证国家税收不遭受损失。

(一)停止供应发票

1. 前置条件

《税收征管法》第七十二条规定,从事生产、经营的纳税人、扣缴义务人有《税收征管法》规定的税收违法行为,拒不接受税务机关处理的,税务机关可以收缴其发票或者停止向其发售发票。

2. 实施程序

被执行人拒不接受稽查局依法作出的行政处理、处罚决定时,稽查局报经所属税务局局长批准后,通知被执行人的主管税务机关对其收缴或停止供应发票。

(二)行使撤销权

我国《税收征管法》中明确规定,欠缴税款的纳税人因放弃到期债权,或者无偿转让财产,或者以明显不合理的低价转让财产而受让人知道该情形,对国家税收造成损害的,税务机关可以依照合同法的规定行使撤销权。

第一,稽查局在申请行使撤销权时,不免除被执行人尚未履行的义务,也不免除其应承担的法律责任。在申请法院行使撤销权的同时,稽查局可以采取相应的措施,包括对其财产采取税收保全和强制执行措施。

第二,在行使撤销权时,有些专属债权是不能行使撤销权的,主要是指抚养权。

第三,税务机关发现被执行人有放弃到期债权,或者无偿转让财产,或者以明显不合理的低价转让财产而受让人知道该情形的情况后,在 5 年内不行使撤销权的,撤销权消失。

(三)行使代位权

《税收征管法》第五十条规定,欠缴税款的纳税人因怠于行使到期债权,对国家税收造成损害的,税务机关可以依照合同法的规定行使代位权。

与行使撤销权一样,稽查局在申请行使代位权时,不免除被执行人尚未履行义务以及其应该承担的法律责任。在申请法院行使代位权的同时,稽查局可以采取相应的措施,包括对其财产采取税收保全和强制执行措施。

(四)阻止出境

阻止出境是指税务机关对欠缴税款又不提供纳税担保的纳税人及其法定代表人,依法通知出入境管理机关阻止其出境的工作总称。

1. 阻止出境的对象

我国针对税务稽查执行制定了《阻止欠税人出境实施办法》,其中明确规定税务机关阻止出境的对象包括以下主体。

(1)阻止出境的对象包括外国人、无国籍人和中国公民。

(2)欠税人为自然人的,阻止出境的对象为当事人本人。

(3)法人的法定代表人或其他经济组织的负责人变更时,以变更后的法定代表人或负责人为阻止出境对象;法定代表人不在中国境内的,以其在华的主要负责人为阻止出境对象。

(4)欠税人为法人的,阻止出境的对象为其法定代表人。

(5)欠税人为其他经济组织的,阻止出境的对象为其负责人。

2. 阻止出境的前置条件

《税收征管法》第四十四条规定,欠缴税款的纳税人或者其法定代表人需要出境的,应当在出境前向税务机关结清应纳税款、滞纳金或者提供担保。未结清税款、滞纳金,又不提供担保的,税务机关可以通知出境管理机关阻止其出境。

从本质上来说,针对欠缴税款的纳税人或其法定代表人(以下简称欠税人)实施阻止出境,就是限制其出境权的一种限制方式。被执行人在出境前未向稽查局结清应纳税款、滞纳金或者提供担保的,稽查局可依法采取阻止出境的执行措施。

3. 实施阻止出境措施的程序

(1)在欠税人准备出境前,税务机关应通知欠税人结清应纳税款、滞纳金或者提供担保。

(2)在对欠税人进行控制期间,税务机关应采取措施,尽快使欠税人结清欠缴的全部税款(包括滞纳金和罚款)。

(3)欠税人未按规定结清应纳税款又未提供纳税担保且准备出境的,税务机关应依法向欠税人申明不准出境。

(4)阻止欠税人出境由县级以上(含县级)税务机关填写《阻止欠税人出境布控申请表》,报省级税务机关审核批准,由省级税务机关填写《边控对象通知书》,函请省级公安厅(局)办理边控手续。同时,审批机关应签发《阻止出境决定书》,送达当事人。

已移送人民法院审理的欠税人由人民法院依照法律的规定处理。

(5)欠税人未按规定结清应纳税款又未提供纳税担保且已取得出境证件执意出境的,税务机关可按照法定的程序函请公安机关办理边控手续,阻止其出境。

(6)税务机关需要延长阻止欠税人出境期限的,应办理续控手续。

4. 阻止出境措施的解除

被阻止出境的欠税人有下列情形之一的,省级税务机关填写《阻止欠税人出境撤控通知书》,立即依照布控程序通知省级公安厅(局)撤控。

(1)欠税企业已依法宣告破产,并依《破产法》程序清偿终结者。

(2)已向税务机关提供相当于全部欠缴税款的担保。

(3)已结清阻止出境时欠缴的全部税款。

同时,省级税务机关签发《解除阻止出境决定书》,送达当事人。

六、稽查执行终结

(一)中止稽查执行

在稽查执行过程中,发现有下列情形之一的,执行部门应填制《税收违法案件中止执行审批表》,附有关证据材料,报经稽查局局长批准后,中止执行。

情形一:法律、行政法规和国家税务总局规定的其他可以中止执行的。

情形二:被执行人死亡或者被依法宣告死亡,尚未确定可执行财产的。

情形三:可执行财产被司法机关或者其他国家机关依法查封、扣押、冻结,致使执行暂时无法进行的。

情形四:被执行人进入破产清算程序尚未终结的。

中止执行情形消失后,应当及时填制《税收违法案件解除中止执行审批表》,经稽查局局长批准后,恢复执行。

(二)移交归档

在税务稽查执行程序完毕后,稽查执行部门需要根据相关材料填制移交清单,将《税务稽查执行报告》连同执行环节的其他税务文书、资料一并移交审理部门,由审理部门统一组卷归档。移交时,交接双方应按照规定办理交接手续。

(三)终结稽查执行

在稽查执行过程中,被执行人确实没有财产抵缴税款或者依照破产清算程序确实无法清缴税款,或者有其他法定终结执行情形的,稽查局可以填制《税收违法案件终结执行审批表》,依照国家税务总局规定的权限和程序,经税务局相关部门审核并报所属税务局局长批准后,终止执行。

(四)制作执行报告

被执行人在限期内缴清税款、滞纳金、罚款,或者稽查局依法采取强制执行措施追缴税款、滞纳金、罚款,或者依法批准终结执行后,执行人员应认真整理案件执行的有关资料,审核案件执行结果的正确性。

对执行无误的涉税案件,应及时制作《税务稽查执行报告》,载明执行过程、结果、采取的执行措施以及使用的税务文书等内容,并由执行人员签名并注明报告日期。

(五)涉嫌犯罪的处理

在稽查执行过程中,发现被执行人涉嫌犯罪的,执行部门应当及时将执行情况通知审理部门,并提出向公安机关移送的建议。

第三章 税务稽查的基本方法

税务稽查的基本方法,是指税务机关实施税务检查时,为发现税收违法问题,收集相关证据,依法采取的各种手段和措施的总称,主要包括账务检查方法、分析方法、调查方法和电子查账方法等。

第一节 查账法

查账法是指对稽查对象的会计报表、会计账簿、会计凭证等有关资料进行系统审查,据以确认稽查对象缴纳税款的真实性和准确性的方法。按照查账顺序的不同,可分为顺查法和逆查法;按照审查详细程度的差异,可分为详查法和抽查法;按照审查方法的不同,可分为审阅法和核对法。

一、顺查法

顺查法,又叫正查法,是指根据会计业务处理顺序,依次进行检查的方法。顺查法适用于业务规模不大或业务量较少的稽查对象,经营管理和财务管理混乱、存在严重问题的稽查对象和一些特别重要的项目的检查。按照会计处理的顺序,检查内容包括以下方面。

(一)审阅和分析原始凭证

审阅和分析原始凭证,即按照一定的方法和程序,对原始凭证及其内容的真实性、合法性、合理性进行分析和判断,以确定其是否真实有效,具体包括以下方面。

(1)审查原始凭证上的要素是否齐全,手续是否完备。

(2)将原始凭证反映的经济业务内容与经济活动的实际情况进行比较,分析原始凭证上记录的经济内容与实际经济活动是否相符。包括原始凭证所反映的用于经济活动的货物、劳务等数量和规模是否与企业真实经营状况一致;原始凭证记录货物或劳务的单位价值是否符合当时公允标准;货物或劳务的购入是否符合当时企业的经营需要等。

(3)对比分析不同时期同类原始凭证上相关事项,查找相同事项之间的差异。如果分析发现来自同一外来单位、反映同类经济业务的原始凭证上的有关要素变动较大，又无合理解释时，则存在问题的可能性较大。

（4）分析原始凭证上的有关要素。如反映的商品物资的数量及单价变动有无不合理现象、日期有无异常或涂改、出据单位的业务范围与凭证上所反映的业务内容是否相符、票据抬头与受票单位是否一致、笔迹和印章是否正常、经办人的签章是否正常等。

（5）分析和比较原始凭证本身的特性。如比较票据纸面的光泽、纸张的厚度、印刷的规范性、纸质、底纹（水印）及其他防伪标记等。

（6）复核原始凭证上的数量、金额合计，并对其结果进行分析比较。

（二）证证核对

证证核对，包括原始凭证与相关原始凭证、原始凭证与原始凭证汇总表的核对，还包括记账凭证与原始凭证、记账凭证与汇总凭证之间的核对。具体核对方法如下。

（1）将记账凭证注明的所附原始凭证的份数与实际所附的份数进行核对，以判明有无不相符的会计错弊。

（2）将记账凭证上会计科目所记录的经济内容与原始凭证上所反映的经济内容进行核对，判明有无会计科目适用错误或故意错用会计科目。

（3）将记账凭证所反映的数量与金额和所附原始凭证上的数量与金额合计数进行核对，以判明数量和金额是否相符。

（4）将记账凭证上的制证日期与原始凭证上的日期进行核对，以判明是否存在通过入账时间的变化人为调节会计收益和成本的现象。

（5）查看记账凭证附件的规范性。一般情况下，除了结账和更正错误的记账凭证外，其他所有的记账凭证都必须附有原始凭证。核对时应注意查看记账凭证有无应附而未附原始凭证的问题。

（6）核对记账凭证汇总表与记账凭证、科目汇总表与记账凭证。按照编制记账凭证汇总表和科目汇总表的方法，依据审阅无误的记账凭证由检查人员重新进行编制，将重新编制的记账凭证汇总表和科目汇总表与企业原有的记账凭证汇总表和科目汇总表进行对照分析，从中发现问题或线索。

需要注意的是，应用证证核对法的基本前提是检查人员在审阅账户或其他会计资料时发现了疑点或线索，或有证据证明企业在某些方面存在舞弊嫌疑，或是为了某些特定目的的检查（如为了查清某些问题），才对相关科目的账簿进行核对。

（三）账证核对

账证核对,即将会计凭证和有关明细账、日记账或总账进行核对。通过账证核对可以判断企业会计核算的真实性和可靠性,有助于发现并据以查证有无多记、少记或错记等会计错弊,帮助检查人员节约检查时间,简化检查过程,提高检查效率和正确性。值得注意的是,在进行账证核对之前,首先应确定会计凭证的正确性,如果发现存在错误,必须先纠正后才能进行核对。

进行账证核对时,一般采用逆查法,即在查阅有关账户记录时,如果发现某笔经济业务的发生或记录存在疑问,可以将其与记账凭证及原始凭证进行核对,以求证是否存在会计错弊问题。

（四）账账核对

账账核对,即将总账与相应的明细账、日记账进行核对,其目的在于查明各总账科目与其所属明细账、日记账是否一致。验算总账与所属明细账、日记账的一致性是进行总账检查不可缺少的步骤。值得注意的是,在账账核对前,必须进行账簿记录正确性的审查和分析,以发现有无不正常现象和差错舞弊行为。

通过账账核对,可以发现诸如利用存货账户直接转销的方式隐瞒销售收入的问题、在建工程耗用自产货物或外购货物未记销售或未作进项税额转出的问题、以物易物销售货物未记销售的问题等涉税问题。

进行账账核对,需要将存在对应关系账簿中的业务逐笔逐项进行核对,核对时不仅要核对金额、数量、日期、业务内容是否相符,还要核查分析所反映的经济业务是否合理、合法。

（五）账表核对

账表核对,即将报表与有关的账簿记录相核对,包括将总账和明细账的记录与报表进行相符性核对,也包括报表与明细账、日记账之间的核对。其目的在于查明账表记录是否一致,报表之间的勾稽关系是否正常。但是,账表相符不表明不存在问题。例如,资产负债表中的成品资金占用,从理论上讲应与存货类(如库存商品、原材料等)总账余额相等,然而,即使相等也不能完全排除存在差错或舞弊行为的可能性,如对增值税应税企业而言,如果存在存货的虚进(虚假的购入)、虚出(虚假的销售)或多转销成本等问题,都会造成成品资金占用不实,但是,这并不影响账表之间的相符性。值得注意的是,在账表核对之前,必须对报表本身进行正确性和真实性审查与判断。

(六)账实核对

账实核对,就是采用实物盘存与账面数量比较、金额计算核对的方法,核实存货的账面记录与实际库存是否一致,其目的在于查明实物是否安全,数量是否正确,实物的存在价值与账面记录是否一致或相符,各种债权、债务是否确实存在。

账实核对,既可以根据经审阅核对过的账簿记录与现存的实物进行核对,也可以根据检查人员实地盘点的结果与其账面记录进行核对。核对时,应将企业生产经营的主要和关键的财产物资作为盘点和核对的重点。核对发现的差异,还需作进一步的核实和审查,并对产生差异的原因及可能产生的后果进行客观分析和判断。

(七)对会计年末结转数进行审查

审查会计年末余额结转数,就是对企业年末过入新账的账户余额进行相符性审核,目的是防止企业利用年末过账隐瞒存在的问题,少缴税款。审查时,主要是将上年年末会计账户余额、会计报表相关项目金额和新开账户年初余额进行比较,看是否一致,如果出现不一致的情况,应查明原因。

二、逆查法

逆查法,亦称倒查法或溯源法,是指按照会计记账程序的相反方向,由报表、账簿查到凭证的一种检查方法。从检查技术上看,逆查法主要运用了审阅和分析的技术方法,在排疑的基础上根据重点和疑点,逐个进行追踪检查。逆查法主要适用于对大型企业以及内部控制制度健全、内部控制管理严格的企业的检查,但不适用于某些特别重要和危险项目的检查。

(一)审阅和分析会计报表

通过审阅和分析会计报表,掌握纳税人生产经营及变化情况,有利于从总体上把握纳税人在纳税上存在的问题,以便确定稽查对象或确定账证检查的重点。审查、分析会计报表时应注意以下几点。

(1)会计报表资料要齐全,以便进行纵向或横向比较。

(2)要搞清各种会计报表各个项目的具体核算内容,各项目数据来源如何进行核算,以及与哪些税有关系。否则,难以通过会计报表分析出在纳税方面存在的问题。

(3)要选择与税收有关的主要项目进行分析,以提高检查效率。会计报表的项目较多,但有些项目与税收无直接关系或关系不大,所以审查时应抓住重点。

(4)可与实际调查研究收集的相关纳税指标参数进行对比,以发现会计报表的各项指标有无异常。

(二)账表核对

方法同顺查法,此不赘述。

(三)账账核对

方法同顺查法,此不赘述。

(四)审查分析有关明细账、日记账及原始凭证

审查分析有关明细账、日记账,并在此基础上抽查核对记账凭证及其所附的原始凭证或者其他资料(如成本计算单、企业购销合同等),是运用逆查法的必经步骤。

(五)账实核对

方法同顺查法,此不赘述。

三、抽查法

抽查法,亦称抽样检查法,指从被查总体中抽取一部分资料进行审查,再依据抽查结果推断总体的一种方法。抽查法具体又分为两种:一是重点抽查法,即根据检查目的、要求或事先掌握的纳税人有关纳税情况,有目的地选择一部分会计资料或存货进行重点检查;二是随机抽查法,即以随机方法,选择纳税人某一特定时期或某一特定范围的会计资料或存货进行检查。抽查法的程序为以下几个步骤。

(一)制定抽查方案,确定抽查重点

制定抽查方案时要尽量考虑到各种因素的影响,从而使方案尽可能与实际情况相符合。抽查方案除要确定抽查的重点以外,还包括根据不同的抽查项目制定合理的抽查路线,确定抽查的时间、人员分工及复核等。

（二）确定抽查对象

抽查重点确定以后，要按照抽查的要求合理确定抽查的对象和内容。当某一抽查重点存在多个对象时，要按照重要性原则确定具体的抽查对象。

（三）实施抽查

在实施抽查时要把握好抽查时间，以免影响企业的生产经营。在抽查实物资产时，要选择资产流动量相对较小的时候进行，以免影响抽查结果的正确性。

（四）抽查结果分析

分析抽查结果，目的是根据抽查的情况判断对总体的影响程度。分析时要注意准确性、可靠性的分析。

（五）确定抽查结果对总体的重要程度

根据抽查结果对总体进行推断是抽查法的目的，但抽查结果只能作为对总体判断的参考，不能作为直接的定案依据。对于抽查结果与实际情况差异比较大的，要进一步查明原因，必要时可以扩大抽查范围，或者放弃抽查结果。

四、审阅法

审阅法，是指对稽查对象有关书面资料的内容和数据进行详细审查和研究，以发现疑点和线索，取得税务检查证据的一种检查方法。审阅法适用于对所有企业经济业务的检查，尤其适合对有数据逻辑关系和核对依据内容的检查。审阅法的审查内容主要包括两个方面：一是与会计核算组织有关的会计资料；二是除了会计资料以外的其他经济信息资料以及相关资料，如一定时期的内外部审计资料、购销和加工承揽合同、车间和运输管理等方面的信息资料。

（一）会计资料的审阅

1. 原始凭证的审阅

审阅原始凭证时可以从以下方面进行。

(1)审阅凭证格式是否规范、要素是否完整。

(2)审阅凭证上的文字、数字是否清晰,有无挖、擦、涂、改的痕迹。对于复写的凭证应该查看反面复写字迹的颜色是否一致、均匀;对于有更正内容的凭证,应该审查更正的方法是否符合规定、更正的内容是否反映了经济业务的真实情况、更正的说明是否符合逻辑等。

(3)审阅填制凭证日期与付款日期是否相近,付款与经济业务是否存在必然联系。

(4)审阅填制凭证的单位是否确实存在,以防止利用已经合并、撤销单位的作废凭证作为支付凭据,冒领、乱支成本、费用。

(5)审阅凭证的抬头是否为稽查对象。

(6)审阅凭证的审批传递是否符合规定,相关责任人员是否已按规定办理了必要的签章手续。

(7)审阅收款、付款原始凭证是否加盖财务公章或收讫、付讫印鉴。

(8)审阅凭证所反映的经济业务内容是否合法、合规、合理。对这一类内容的审阅主要表现在支付性费用上面。

(9)稽查对象自制的凭证如果已交其他单位,应审阅其存根是否连续编号,存根上的书写是否正常、流畅。

(10)自制凭证的印刷是否经过审批,保管、领用有无手续。对这一类内容的审阅重点应放在自制和外购收据的使用和保管上,必要时可以采用限定定额法、最低(平均)消耗(成本或费用)定额法等方法测算稽查对象的应税收入或收益。

2. 记账凭证的审阅

审阅记账凭证时,应重点审查企业的会计处理是否符合《企业会计准则》及国家统一会计制度的规定,将审阅过的原始凭证与记账凭证上的会计科目、明细科目、金额对照观察,分析其是否真实反映了实际情况,有无错弊、掩饰的情形,记账凭证上编制、复核、记账、审批等签字是否齐全。

3. 账簿的审阅

审阅会计账簿,包括审阅稽查对象据以入账的原始凭证是否齐全完备,账簿记载的有关内容与原始凭证的记载是否一致,会计分录的编制或账户的运用是否恰当,货币收支的金额是否正常,成本核算是否符合国家有关财务会计制度的规定、是否符合检查目标的其他要求(如税金核算的正确性要求、税金的增减与企业经营能力变化的关系)等。

对账簿的审阅除了审阅总账与明细账、账簿与凭证的记录是否相符以外,重点应审阅明细分类账,内容包括:明细分类账记载的经济业务的内容是否合法、合规,有无将不应列支的成本、费用采取弄虚作假、巧立名目的手段计入成本、费用类科目核算的情况;账簿记录的小计数和合计数是否与发生数相符,借贷方登记的方向是否有误,是否登错栏目或栏次;账簿摘要栏所记载的内容是否真实,有无例外情况;账簿启用、期初和期末余额的结转、承前页、转下页、月结和年结是否符合会计制度的规定,账簿应登记的内容是否已按要求登记,是否根据更正错账的方法更正错账等。

4. 会计报表的审阅

审阅会计报表时不能仅仅局限于对资料本身的评价,更主要的是对资料所反映的经济活动过程和结果作出正确判断或评价。具体审阅方法见逆查法。

(二)其他资料的审阅

对于会计资料以外的其他资料进行审阅,一般是为了进一步获取信息。在实际工作中到底要审阅哪些其他方面的资料,则应视检查时的具体情况而定。可以审查的资料包括以下方面。

(1)经济合同、加工收发记录、托运记录、产品或货物经营的计划资料,以及生产、经营的预算、统计资料等。

(2)计划和预算。除了审阅计划、预算本身的合法、合规、合理性外,还可以联系计划、预算执行情况和记录以及对会计资料进行审阅。

(3)企业一定时期的审计报告、资产评估报告、税务处理处罚决定等资料。

(4)有关法规文件,内部控制制度,各类与生产、经营有关的协议书和委托书,考勤记录,生产记录,各种消耗定额(包括产品的行业单位消耗定额),出车运输记录,税务机关的审批文件等。

五、详查法

详查法,又称精查法或详细审查法,是指对稽查对象在检查期内的所有经济活动、涉及经济业务和财务管理的部门及其经济信息资料,采取严密的审查程序,进行周详的审核检查。

详查法适用于规模较小、经济业务较少、会计核算简单、核算对象比较单一的企业,或者为了揭露重大问题而进行的专案检查,以及在整个检查过程中对某些(某类)特定项目、事项所进行的检查。因而,详查法对于管理混乱、业务复杂的企业,以及税务检查的重点项目和事项的检查十分适用,一般都能取得较为满意的效果。详查法也适用于对歇业、停业清算企业的检查。

第二节 分析法

分析法,是指运用不同的分析技术,对与企业会计资料有内在联系的财务和管理信息以及税收核算情况进行系统或有重点的审核和分析,以确定涉税线索和疑点,并进行追踪检查的一种方法。常用的分析法包括控制计算法、比较分析法、推理分析法、技术经济分析法、经济活动分析法、因素分析法和趋势分析法等。本节重点介绍控制计算法、比较分析法和相关分析法。

一、控制计算法

控制计算法,又称数学计算法或平衡分析法,是指运用可靠的或科学测定的数据,利用数学等式原理来推测、证实账面资料是否正确,从而发现问题的一种检查方法。常用方法有:以产控耗、以耗控产、以产控销、以支控销等。

(一)控制计算法的基本程序

1. 确定需要进行分析的事项或目标

需要进行分析的事项和目标,是指检查人员在检查过程中根据检查目的和要求,以求证某些事项是否客观存在并正确的实际事件。如分析税收负担率的实际情况时,必须将企业一定时期履行纳税义务的具体事项确定下来,而这一具体事项可以是企业全部经营的税收负担率,也可以是增值税税收负担率,或者是所得税税收负担率。

2. 确定参考数据和采集数据

需要进行分析的事项或目标一经确定,就必须根据被分析事项的特征,确定相应的参数,同时采集供分析实体用的相关数据。参考数据可以是企业同期比较值,也可以是行业平均值。如分析税收负担率时,必须获得企业同期比较值,或者行业平均值;同时,采集具有可比性的相关数据。

3. 建立数学模型

建立数学模型,是控制计算法的基本条件。对同一事项进行分析比较可以有多种不同的方法,也可以建立多种数学分析模型。如在分析企业增值税税收负担率时,为了求得销售对进项税额影响的足够支持,以一定时期企业实际缴纳的增值税和同期实现的销售收入为基本依据,考虑和分析同期存货购入、结存以及销售变动对进项税额的影响。这样建立的数学模型更能反映企业真实的增值税税收负担率,更易于发现问题。

4. 比较数据分析结果

根据控制计算法所得到的数据,与企业实际数据进行比较而出现的差异,需要通过进一步检查和核实才能确定是否对税收构成实际影响。

(二)运用控制计算法应注意的问题

(1)需要进行分析的事项或目标必须首先进行复核,确保其正确并符合会计核算原理。

(2)需要进行分析的事项或目标,必须是可以建立数学模型的事项,即关键在于确定分析事项或目标之间是否存在内在的依存关系,如果不存在相互依存关系,运用控制计算法进行审查不可能达到预期目标。

(3)运用控制计算法的目的,是检查和发现企业经济活动的不平衡状况,以帮助检查人员进一步发现涉税问题。因此,多数情况是对有关指标进行计算和测定,这就要求用于计算和测定的数学模型(关系公式)必须具有充分的科学性,计算过程也要进行认真演算和复核,以防结果有误,导致分析判断失误。

(4)为了提高运用的正确性和工作效率,在确定进行审查前,检查人员必须了解企业生产经营常识和被审查事项或目标的特点与内在关系,掌握企业会计核算过程和规律,否则很难达到预期目的。

二、比较分析法

比较分析法,是指将企业会计资料中的有关项目和数据,在相关的时期之间、指标之间、企业之间及地区或行业之间进行静态或动态对比分析,从中发现问题,获取检查线索的一种分析方法。比较分析法的种类较多,常用的有绝对数比较分析法、相关比率比较分析法、构成比率比较分析法。

(一)绝对数比较分析法

绝对数比较分析法,是指通过经济指标绝对数的直接比较分析来衡量企业经济活动的成果和差异的方法。例如,对企业各个不同时期的货物运输费用或销售收入进行对比,对各个不同时期的库存商品(存货)的购销存数量进行对比等。通过这种对比,可以揭示被查事项的增减变动是否正常,是否符合经营和核算常规,从而发现存在的问题。

在税务检查过程中,绝对数比较分析法适用于对资产负债表、损益表等会计报表中相关项目真实性的核查,以及成本计算表(单)、纳税申报表、有关账户余额和有关明细账户特定项目的检查。当这些项目的增减变动超出了正常的变化幅度和曲线值时,便可以认为这种变动存在某种涉税疑点或问题。

(二)相关比率比较分析法

相关比率比较分析法又称相对数比较分析法,是指利用会计资料中两个内容不同但又相关的经济指标求出新的指标比率,再与这种指标的计划比率或上期比率进行比较分析,以观察其性质和大小,从而发现异常情况的方法。

相关比率比较法,是通过被查项目的百分比、比率或比值结构等相对数指标的计算比较,揭示其中存在的差异,并对这些差异进行对比,以判断问题的性质和程度,例如应收账款周转率、存货结构、税收负担率、存货(运输)费用比率等指标的计算与对比等。在税务检查中,有时运用相关比率比较分析法比绝对数比较分析法更容易发现问题。

(三)构成比率比较分析法

构成比率比较分析法,指通过计算某项经济指标的各个组成部分占总体的比重,分析其构成内容的变化,从中发现异常变化和升降情况的方法。

构成比率比较分析法,是通过有关联关系的经济指标各组成部分所占比率的计算,确定各组成部分的重要性是否符合常规,从而发现企业的涉税问题。比如,通过对企业外购货物构成比率是否与销售货物和期末存货的构成比率具有同一性的计算分析,可以发现企业是否存在虚假进货或隐瞒销售收入的情况。

(四)运用比较分析法应注意的问题

(1)比较分析之前,应对用于对比分析的被查项目的有关资料所涉及内容的正确性予以确认,即企业提供和检查人员检查提取用于对比分析的数据资料在内容上是真实的,取数上是正确的。

(2)运用对比分析的各项目之间必须具有可比性。

(3)比较的内容是由比较的目的确定的,而且这种目的是预置的,不是随机的。也就是说，在进行比较之前，首先必须明确需要比较的项目、内容以及所要达到的目的。比较的目的不同，数据的采集方向和运用的比较分析方法是不同的。

（4）比较分析的差异，只是一种抽象的、相对的检查结果，要在检查结论中予以采纳，还必须经过分析、验证和核实。

三、相关分析法

相关分析法，是指将存在关联关系的被查项目进行对比，揭示其中的差异，并且判明经济业务可能存在问题的一种分析方法。对于稽查对象而言，一项经济业务的发生，必然会引起一连串相关活动的变动，这既是由经济活动的相关性所决定的，同时，也是由经济活动的规律所决定的。相关分析法的基本程序如下。

（一）分析判断经济活动是否涉及税务关系

企业的经济活动有些会涉及税收关系，有些不一定涉及税收关系；有些是在经济活动发生时就与税收相联系，而有些是在经济活动发生以后的一定时期内相联系。运用相关分析法进行检查时，首先必须分析企业的经济活动是否构成，或者将要构成税收关系。

（二）分析判断经济活动涉及的关联关系

主要是分析经济活动事项之间在哪些方面有关联，属于什么关联，关联的程度如何。税务检查重点关注的是直接与税收相联系的事项，但不能忽略或漠视间接与税收相联系的事项。

（三）找出经济活动事项之间的关联

一项经济业务，如果客观上肯定与税收相联系，而在会计处理上并不反映税收关系，那么必然存在税收问题。找出经济活动事项之间的关联，是运用相关分析法的关键，否则会导致分析后不能揭示出差异，或出现判断失误。

（四）从相关事项的异常现象中把握问题的本质

对经济活动事项分析的结果，只是提供了一个抽象的判断，是否确实存在税收问题，需要从异常现象中把握实质，并在检查中得到验证。因为并不是所有的异常现象都构成税收问题，有些异常现象是由无意中的笔误或疏忽造成的，可能并不构成税收问题。

第三节　调查法

调查方法,是指在税务检查过程中,采用观察、查询、外部调查等方法,对稽查对象与税收有关的经营情况、营销策略、财务管理等进行检查、核实的方法的总称。根据被调查对象和调查目的的不同,调查方法可分为查询法、观察法、外调法、盘存法。

一、查询法

查询法,是指对审查过程中发现的疑点和问题,通过调查和询问的方式,证实某些问题或取得必要的资料,以帮助进一步检查。根据方式的不同,查询法可以分为面询法、函询法。函询法指根据检查需要,按照既定的函件格式,提出需要询证的问题或事项并制作成函件,寄给有关单位或人员,根据对方的回答来获取有关资料,或者求证某些问题。在制作并发出询证函时,要注意函证过程的安全,保证函证的效果。

二、观察法

观察法,指检查人员通过深入检查现场,如车间、仓库(包括外部仓库)、营业场所以及基建工地等,对被查事项或需要核实的事项进行实地视察和了解,考察企业产、供、销、运各环节的内部管理状况,控制程序和各方面的实际情况,从中发现薄弱环节和存在的问题,获取相关证据的一种方法。

三、外调法

外调法,是指对有疑点的凭证、账项记录或者其他经济业务,通过派出检查人员到除稽查对象以外、与该项业务相联系的单位(或个人)进行实地调查,或者委托发生地税务机关协查,以取得问题证据的检查方法。外调法主要用于外部证据的核实或取证,具体包括函调和派人外调两种方式。

四、盘存法

盘存法,是指通过对货币资产和实物资产的盘点与清查来确定其形态、数量、价值、权属等是否与账簿记录相符的一种检查方法。根据盘存的目的、做法、范围的不同,盘存法可以分为实地盘存法和其他盘存法(包括数学盘存法、账面盘存法、委托盘存法、全面盘存法等)。

(一)实地盘存法实施程序

1. 制订盘点计划、落实盘点责任

根据需要,对稽查对象进行实物盘点前要制订严格的盘点计划,明确盘点的时间、重点、要求、组织、人员配备,以及盘点的方式等。由于参与盘点的人员较多,也可借助企业人员进行盘点。对不同对象同时进行的盘点,要求结束盘点的时间基本一致,而且要严格落实初盘和复盘时参与人员的责任。

2. 实施盘点前的准备

(1)确定需要盘点的实物。如果实物种类繁多,不能进行全面盘点,可以根据检查确定的重点,结合审查项目的具体情况,在盘点过程中作相应的调整。

(2)计算一定时期(如季度、月度)的毛利率,并同以前年度或在各季、各月之间按照不同的生产经营项目或产品进行比较,检查期末存货价值是否存在高估或低估的情形。

(3)计算季度或月度存货周转率,并同以前年度或在各季、各月之间按照不同的生产经营项目或产品进行比较,检查是否存在存货储备过多或存在过时、呆滞存货的情形。

(4)确定参加盘点的人员。在盘点成员中,至少要有两名税务检查人员、一名财务负责人和一名实物保管人,同时,还应有必要的工作人员。如果盘点的工作量大,可以分成几个盘点小组。

(5)取得或编制存货明细表,通过审阅、账内复核,表、单、簿(账簿)等的核对,确定盘点日的账面结存数,如果发现存在账面记录和计算错误,要进行账面调整,以保证盘点基准数的基本正确。

(6)准备连续编号的实物盘点标签和盘点记录表格、检查的度量衡具。用于盘点的度量衡具,一定要经过严格的检查,对于特殊的度量衡具在使用前可以请专门的机构或部门检查并校正,以防弄虚作假导致盘点结果失真。

(7)选择适当的盘点时间。盘点时间的选择,以不影响企业正常的生产经营为原则,一般选择在每天业务终了以后,或是业务开始以前。如果企业的生产经营是连续进行的,没有明显的开始或结束标志,可以选择在一次领料之后、下次领料之前进行盘点。

为保证存货数量的准确性,盘点时各处存货应停止流动,并分类存放。

(8)选择适当的盘点形式。根据检查的需要,可以采用直盘法(即直接由检查人员对存在疑点的重点货物进行盘点)、监盘法(即主要由企业人员进行盘点,但盘点的组织和盘点的重点由检查人员负责,同时盘点由检查人员监督进行)。

采用监盘形式的,税务检查人员要加强盘点现场和盘点过程的监督,盘点结果要按照随机的原则进行抽盘,抽盘相符后,税务监盘人员、企业盘点人员、财务负责人、实物保管人均要在盘点记录上签字或盖章。

3. 进行实地盘点

对于一般货物的盘点,如果采用直盘以外的其他形式,税务检查人员主要在现场进行监督,观察盘点的过程和有关物品的质量。对于特别重要的财物,检查人员除了监督、观察外,还要进行复点、复验,如现金的盘点、其他有价证券的盘点、贵重物品的盘点等。

某些存货,如化学制品、油品、水产品、冷冻产品、煤炭、原木等,由于其性质的特殊性,难以对其进行实际盘点,这要求检查人员运用一些非常规的创造性的方法验证存货的数量,如使用照相测量、单位面积数量推算、标尺测量、聘请专家等。

4. 确定盘点结果

盘点结束后,要对盘点明细表、汇总表进行复核,对尚未入账但已入库、发出的实物数量等进行调整,并与账面记录进行核对,对存在差异的向有关人员了解差异产生的原因,并作进一步的核实。

在具体盘存过程中应特别注意以下几点。

(1)盘点结果确定后,应由所有在场人员(包括实物保管员、企业财务负责人、检查人员)在盘点表上签字,以明确责任。

(2)采用监盘形式的,盘点工作结束后,检查人员应根据盘点情况,撰写盘点备忘录。备忘录的内容包括:企业偏离盘点计划的有关情况,抽查盘点的范围和发现的重要差异事项,有关盘点正确性和存货一般状态的结论,其他重大问题。

(3)注意任何性质的白条都不能用来冲抵库存实物。

5. 检查认定差异,提出处理建议

根据盘点结果,对存在差异以及差异较大的存货,详细分析形成差异的主要原因,针对稽查对象提供的说明,结合盘点过程中发现的疑点进行

检查和验证。

(二)采用盘存法应注意的问题

1. 注意盘点方式的运用

盘点时应尽量采用突击盘点的方式,特别是对稽查对象重要的实物资产,或是存在重大税收疑点的实物资产进行检查时。实施突击盘点能取得攻其不备的效果,为保证这一效果,对同类实物资产的盘点应同步实施,对不能同步盘点的,应采取封存等暂时的保全方法,事后再进行盘点和比较。

2. 使用临盘法时要加强监督

在实物资产的盘点中,由于工作量大,同时受到专业技术、管理责任和工作效率的影响,税务检查人员常常采用临盘法完成对稽查对象实物资产的检查。

税务检查人员要与稽查对象有关人员商议盘点的计划、组织准备和分工,由检查人员提出盘点清单,交稽查对象执行,同时观察其反应。对稽查对象反应强烈或冷淡的盘点对象(实物资产),检查人员要特别注意盘查和监督。在监督盘点中发现异常的实物资产,而稽查对象又有意回避或企图转移视线的,应及时改为检查人员亲自盘点。监督盘点应有所侧重,对重要的物资、容易出现问题的物资以及存在重大涉税嫌疑的物资,要严格监督盘点过程,盘点结束后要适当抽样复盘,对一般的实物资产可适当放宽盘点的要求或简化监督程序。

3. 充分考虑盘点资产的特点

盘点不仅要清点实物,而且还要检查与其相关的其他物件,如白条、票据、其他抵押物等,这些物品往往与实物资产的变动相关。因此,对实物资产的查证不仅要检查其数量、价值,还要判定其权属、质量和流动方向;对实物资产的权属要充分考虑其实物流、发票流、结算流、运输流和仓储流是否一致。

4. 选择适当的盘点时间

在选择盘点时间上,一是要考虑稽查对象的生产经营需要,以不影响正常的生产经营为基本点;二是要考虑盘点的正确性需要,以不影响有效盘点的连续性为基本点;三是要考虑盘点的效率需要,以结合企业正常盘点为基本点。因此,盘点的时间一般选择在上班前或下班后,或者选择在两次领料的中间进行。

5. 有效组合盘点人员

实物资产盘点必须由检查人员主导。参加盘点的人选最好要有两名以上的税务检查人员,至少要有一位稽查对象的财务人员、实物资产的保管人员,但是不宜让稽查对象安排过多人员介入。

6. 正确调整盘点结果

无论采用何种盘点方法,盘点结果只能反映盘点日当天的实物存在状态,而盘点日与被查所属日期大多数情况下是不一致的,因而,在被查账簿记录所属日期与盘点日不一致时,还应采用一定的方法进行调整,计算出被查账簿记录当日实际应有的实物数量,再与被查账簿记录进行核对,分析账实是否相符。调整时一般采用如下公式:

被查日账面应存数=盘点日账面应存数+被查日至盘点日发出数-被查日至盘点日收入数

被查日实存数=盘点日实存数+被查日至盘点日发出数-被查日至盘点日收入数

需要注意的是,"盘点日账面应存数",是在盘点准备阶段确定的,一般为无核算错误的账面结存数,而不是稽查对象提供的盘点日账面余额。两个公式中的两个调整项,数据相同,但无论是期间的发出数,还是收入数,如果要用来调整,都必须经过税务检查人员的审核,只有认为正确无误时,才能用来调整。

第四节　电子查账法

电子查账法是指利用会计电算化企业财务会计软件进行查账的一种方法。企业的会计电算化是指包括硬件、软件、数据、规程和人员在内构建起的会计信息系统。功能完备的财务会计软件是会计信息系统的核心,运用财务会计软件是稽查人员实行电子查账必须要具备的基本能力。

一、电子查账业务流程简介

无论企业购置、开发什么功能的财务软件,在新安装后都要进行建账设置,进而进行财务核算和业务管理。稽查人员对会计电算化资料进行检查,首先要了解会计电算化的基本业务流程。

（一）财务部分

1. 建立新账套和基础设置

由用户根据自己的需要建立财务应用环境,把账务处理变成适合本单位实际需要的专用财务管理系统。包括:确定使用者和账套名称、账套编号、企业信息、账套主管和操作员信息;设置各种操作权限;自由定义科目代码长度、科目级次、可定义凭证分类、可自由定义会计期间等最基本的建账定义设置。各种管理系统软件会根据其需要引进一些其他定义,建账的具体操作流程见图 3-1。

需要注意的是,正常情况下,每套系统软件都可设置多个账套,如一个单位分多个下属子单位和多个部门,或多个项目建立多个账套,有的企业往往利用这个条件,建立多个财务或业务账套,如一个账套对应董事会,一个账套对应税务机关,一个账套对应股民,等等,这就是所谓的"两套账、真假账"的由来。

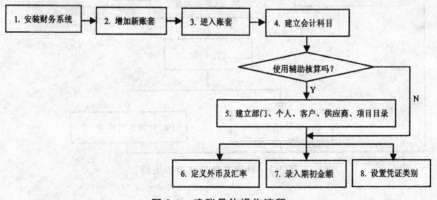

图 3-1 建账具体操作流程

2. 日常业务处理

日常业务处理包括填制凭证、出纳签字、审核凭证。记账,日常业务处理操作流程见图 3-2。

3. 月末处理

月末处理包括转账、对账、结账、编制报表(集团公司还需要做抵销分录、并账、合并会计报表等)。

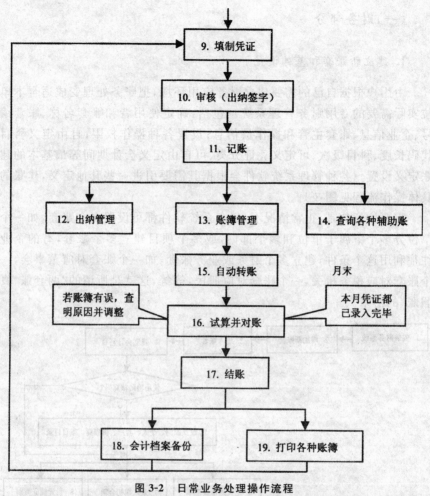

图 3-2　日常业务处理操作流程

4. 账簿查询

包括查询总账、明细账、科目余额表、多栏账及辅助明细账等。

(二)业务管理部分

在企业管理系统中,企业把进货、销售、库存和存货核算作为业务管理范畴,在业务管理系统中可详细地查询到企业进、销和库存的明细账,在财务总账中能查询到的只是科目余额账。

进销存业务处理的流程是,多数企业在日常工作中,采购部门、供应部门、仓库、销售部门、财务部门等各个部门都涉及购、销、存及其核算的相关业务处理,部门间单据的传递实现了业务的延续。各个功能系统之间的关联见图 3-3。

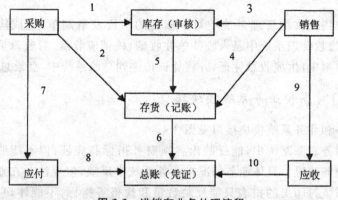

图 3-3 进销存业务处理流程

（1）在采购管理系统中录入采购入库单、受托代销入库单后，系统将这些单据自动传递到库存管理系统等待审核（有的是在采购中录入采购计划单，在库存录入或生成平均入库单）。

（2）在采购管理系统中录入采购入库单、受托代销入库单后，系统将这些单据自动传递到存货管理系统等待记账。

（3）在销售管理系统中录入发货单据、委托代销出库单并审核后，系统将这些单据自动生成销售出库单，传递到库存管理系统待审。

（4）在销售管理系统中录入发货单据、委托代销出库单并审核后，系统将这些单据自动生成销售出库单，传递到存货核算系统等待记账。

销售出库单中的余额是产品销售成本系统自动生成的出库单，出库单一般是无金额的。金额根据不同的计价方法生成，有全月平均法、移动平均法、先进先出法、后进先出法、个别计价法。其中移动平均法、个别计价法、先进先出法是在单据记账后根据不同计价方法公式生成金额，也就是成本；全月平均法和后进先出法是在处理单个会计期内所有业务记账后再进行期末处理方可形成成本。

（5）在库存管理系统中录入产成品入库单、其他入库单和材料出库单、其他出库单后，系统自动传递到存货核算系统等待记账。

（6）出、入库的各种单据在存货核算系统中记账，登录存货明细账，再把记账后的出、入库制单，并将相关凭证传递到总账系统中，登录总账。

（7）在采购管理系统中录入采购发票并审核，形成应付账款。

（8）在应付款管理系统中审核的采购发票制单，生成应付款凭证；在应付款管理系统中录入付款单并付款；核销应付款，对付款后所填制的付款单进行制单，生成付款凭证，并将凭证传递到总账系统中，登录总账。

(9)在销售管理系统中录入销售发票,审核后形成应收账款,并传递到应收系统。

(10)到应收款管理系统中对审核后的销售发票制单,生成应收款凭证,在应收款管理系统中录入收款单并收款,核销应收款,对收款后所填制的收款单制单,生成收款凭证,并将凭证传递到总账系统中,登录总账。

(三)财务和业务系统模块接口

财务和业务系统模块接口见图3-4。

在财务总账系统中,能反映出各项财务指标和凭证,但不能明细反映具体的业务情况。具体业务情况在业务系统中反映,但要注意在业务系统中库存系统打印出的报表只能反映数量和规格等指标,不能体现金额,但能反映明细的出、入库单;存货核算系统中,能反映数量、规格和金额等指标,但不能反映明细的出、入库单。

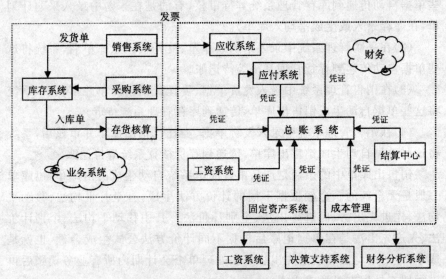

图3-4 财务和业务系统模块接口

二、电子查账软件功能介绍

电子化稽查查账系统是针对税务稽查程序中的稽查实施环节,以企业的财务账簿、税务征管和相关外部数据为基础,以税收政策法规为依据,将税务稽查经验、方法与计算机信息处理相结合,辅助税务稽查人员完成不同税种稽查实施的科学、先进的信息化工具。近年来,为应对会计电算化对传统手工稽查的影响,全国部分省市如江苏、山东、山西等省税务系统在电子化稽查查账应用方面做了大量工作,开发查账软件并在实际工作中加以推广应用。

电子化稽查查账系统的工作原理是:系统首先设定各种数据接口标准,通过计算机的自动采集和自由录入功能将与企业相关的涉税数据导入数据库,形成企业数据中心;其次通过设置各种数据关联,利用计算机的数据加工功能,将企业数据转换生成标准数据中心;通过数据检验和数据核对功能来判断企业数据的真实性;通过自由查账(抽样检查、模糊查询、自定义检查等)、数据比对、自动查账(分录比对、账户分析、指标分析、项目核对、项目检测等)和外部查账等方法,查找企业数据涉税疑点;通过查证落实,生成企业涉税问题数据;最后通过对稽查工作过程中所记录的疑点数据编制工作底稿,并根据对问题数据的调整处理生成稽查报告,自动完成稽查实施过程。

表 3-1　电子化稽查查账系统功能一览表

功能名称	功能描述	
数据采集功能	对主流财务软件,用专用的"数据接口采集然间"进行自动采集	
	对非主流财务软件,由企业按"标准接口"的方式进行采集,提供税务部门要求的财务数据,然后导入查账系统	
	征管数据采集,包括对征管系统、CTAIS 征管系统、金税开票及认定系统采取"标准格式"进行采集	
自动查账功能	通过设立四大类模型进行自动查账	会计分录比对模型:迅速、全面地对企业会计分录进行检测,提示异常和错误会计分录
		账户分析模型:检测出会计科目和发生额的异常情况,并提示疑点,提供检查方向
		指标分析模型:对企业数据进行关联性分析,以图表的形式反映分析结果,提供总体涉税疑点
		表表核对模型:将企业财务软件信息、征管系统信息、金税系统信息在一个平台进行比较核对,以迅速发现企业不实申报等情况
自主查账功能	系统提供模糊查询、频率抽样、电子表格和自定义检查四种稽查工具,方便稽查人员查询有关账目、随时添加经验模型	

功能名称		功能描述
辅助及指导查账功能	文档处理功能	疑点归集:自动将稽查人员采用税务稽查软件发现的涉税疑点归集到疑点平台,为稽查人员制作稽查工作底稿提供便利
		疑点确认:对归集的疑点进行分析查证
		问题汇总:通过稽查工作底稿模板,汇集和整理稽查记录,汇总稽查情况
		稽查报告:利用预设的稽查报告制作模块,自动将汇总项目的数据反映至稽查报告
	查账指南	系统提供:经验问题归类、查账方法应用、典型案例、政策法规、查账程序和查账文书等内容,为稽查人员提供在线帮助

三、电子查账的工作步骤与方法

(一)数据采集

数据采集是对企业电算化资料进行检查的第一步。

1. 数据采集前的准备工作

(1)拟订检查方案,包括稽查对象、检查时间、具体负责检查部门、税务文书的准备。

(2)稽查人员分组和分工,一般情况下,稽查小组应指派两名以上稽查人员负责电子数据采集工作,其中一名稽查人员负责电子采集笔录。

(3)取证设备的准备,稽查组应根据实际需要配备足够数量的笔记本电脑、移动存储设备、网络连接线、光盘刻录机、可刻录光盘、封存包装物等电子取证装备。具备条件的检查小组还应携带摄影机和相机,对现场状况以及现场检查、提取电子数据、封存物品文件的关键步骤进行录像和拍照,并将录像带和照片编号封存。

2. 采集的信息种类

需要采集的信息涉及三大类:一是财务核算信息,通过"标准接口"或

"财务数据转换系统"的形式采集不同版本财务软件的数据;二是征管信息,通过"标准格式"将征管信息采集到查账系统中来;三是金税系统信息,通过"标准格式"将金税系统开票及认证信息采集到查账系统中来。

3. 数据采集过程的控制重点

(1)控制计算机等设备。控制电脑设备就是控制企业的计算机(工作站)、服务器和有关设备如光盘、U盘类存贮介质。基于电子数据的易改动性,企业人员有可能对电脑中的数据进行删改,为稽查人员获取真实资料设置阻力和困难。到达企业后,应立即要求现场人员停止操作计算机,并立即切断各台计算机的网络连接;防止现场人员将笔记本电脑、移动硬盘、U盘、软盘等可作移动存储用途的设备带离现场;对有网络设备的,要尽快找到存放会计财务和业务数据的服务器,加以控制。

(2)控制财务电子数据。搜索会计、出纳和凭证录入员等人员的计算机,如是网络连接方式,要确定服务器的 IP 地址并向其了解存贮数据库的服务器存放位置;搜索其电脑工作站中的各种 Excel 电子报表和各部门之间往来的电子文件或个人记录企业日常经营运作的 Word 文件,进行拷贝。

(3)控制进、销、存等部门的电子数据。

(4)控制有关主管人员的电子数据。企业主管领导及关键部门负责人电脑中往往存储着非常重要的电子数据,如账外账、账外经营收入的数据,对检查工作起到至关重要的作用,应与财务电子数据同时、同样采取控制措施。

(二)电子数据的整理

电子资料的整理是指通过技术手段对提取的电子数据进行账套恢复和重建,以发现和提取与案件相关的线索和证据,最终形成检查分析报告并传送给相关的稽查人员。具体是指对后台业务数据库、财务数据库和前台 Office、WPS 等办公文档,通过计算机技术或其他相关技术,如数据库技术、解密、数据恢复或专业的查账软件系统等,对电子取证时备份的案件数据进行读取、筛选、归类、统计、分析等,将取得的企业财务数据恢复成账册、报表的形式,建立模拟企业账务处理系统和服务器后台数据库系统,供稽查人员使用。

电子数据的整理工作一般仅对未封签的备份数据进行。经过整理分析后,应制作数据分析报告,筛选获取数据中与企业涉税有关的电子数据,为下步检查工作开展做好准备。

（三）电子数据的疑点分析

对整理好的企业标准账套的检查，电子检查与手工检查在检查方法上并无太大的区别，但稽查人员可以利用电子化稽查查账系统提供的强大检索功能和在线指导功能，尽快发现和归集疑点，确定检查重点，并对疑点进行人工核查。

1. 稽查软件自动发现疑点

（1）会计科目及分录比对

根据查账软件设置的标准会计科目对采集来的电子数据进行科目自动比对，检查企业各种错误会计分录和异常情况，同时还可以根据实际需要进行科目调整和添加。在会计业务中，会计科目有正常的对应关系。在电子查账系统中，可以运用标准科目进行大量的标准化稽查模型的预先定制，有了这些预先定制好的稽查模型，稽查人员就可以方便地查看某些涉税科目的对应关系，发现存在的疑点。如银行存款贷方对应的一般是收入科目，如果对应的是成本费用类科目，就可能是应税收入直接冲减成本，从而造成少缴相关税款。

（2）表表核对

通过对企业财务数据、查账软件自动生成的财务报表、企业上报的财务报表、征管系统中企业纳税申报表及金税系统中企业开票数据、防伪认证数据进行核对，验证企业纳税申报和财务核算数据的一致性。

（3）指标分析

根据查账软件预设的分析模型，采取指标联动的办法，对企业的投入、产出、收益、税收等各方面的数据进行关联性分析，可直接以图表的形式反映分析结果，帮助稽查人员进一步分析税收负担的合理性，对企业财务、管理、税收等各方面的数据进行完整性分析，提供疑点和稽查重点。

（4）科目余额比对

按照正常会计核算要求，设置有关条件，对会计科目余额、发生额的异常情况进行分析，将会计科目和发生额的异常情况自动提示出来，提供检查走向。

（5）模糊查询及频率抽样

按记账凭证的关键字、种类、摘要、时间、操作符号、内容等进行模糊查询，可以查到每一张凭证的具体内容，然后可按照频率抽样审核办法，对会计凭证及会计科目按照一定比例进行抽样审核，对审核中发现的疑点，结合人工核查进行确认。

(6)经验模型提示

利用查账系统预先写入的疑点分析模型,如"应收账款"贷方有余额,企业的主要收入项目利润率、主要产品的单位利润率、单位销售成本率、单位销售费率在同行业、同类项目的合理水平范围之外等,可以获得疑点提示。经验模型是一个动态经验归集,稽查人员可以根据个人的稽查经验进行筛选和应用。

2. 人工核查确认疑点

目前开发研制的查账软件尚不能独自完成整个稽查过程,必须与人工的审核相结合。对于电子化稽查查账软件发现的疑点,要根据检查要求和企业的实际情况,采用疑点核对、发票稽查、账外调查、异地协查等必要手段进行疑点确认,取得相关证据,确认涉税违法过程、手段及性质,将确认的问题复制到稽查底稿。

四、电子查账有关注意事项

(一)采集数据的完整性

采集数据的完整性,将直接影响恢复账套数据的真实性和可用性。特别是对于设立多套账、实行服务器模式的网络记账的单位,更要注意全部账套的搜索和采集的完整性。

(二)采集数据的保密性

稽查人员有责任保守被查对象的商业秘密,如产品配方、人事、市场营销方案等。检查过程中必须做好采集电子数据的保密工作,防止其他人员擅自复制数据,检查结束后应及时做好数据的删除、销毁和存档工作,防止数据资料外流。

(三)采集数据的安全性

采集数据时,要询问企业相关人员财务软件特点和操作要求等注意事项,防止操作不当,给企业造成损害。

第四章 税务稽查的内容

　　税务稽查的内容是指完成税务稽查任务,实施税务稽查的具体项目,它是税务稽查任务在税务稽查实施中的具体表现形式。税务稽查的任务是多方面的,其具体的检查内容十分广泛,本章我们就企业主体身份、活动资格及享受减免优惠的稽查、货物和劳务税的综合稽查、企业所得税的综合稽查以及资源税、房产税、土地增值税等其他税种的综合稽查作一阐述。

第一节　企业主体身份、活动资格及享受减免优惠的稽查

一、税务登记稽查

(一)纳税人户籍登记管理的稽查

　　纳税人户籍管理,主要是指其税务登记管理,就是税务机关通过对纳税人办理税务登记、变更税务登记及注销税务登记的稽查审核,令所有负有纳税义务的自然人和法人都办理税务登记,在税务机关建立"户籍"。实行纳税人户籍管理,把所有纳税人都纳入税务机关管理范围。这对纳税人依法纳税、税务机关依法征税有重要意义。

　　对纳税人而言,税务机关进行户籍管理、稽查纳税人税务登记是确保纳税人正确履行纳税义务、接受税务机关监督的前提条件,也有利于增强纳税人依法纳税的观念,保证应缴税款及时、足额入库。对税务机关而言,户籍管理确认了税收征收对象,是执行各项税收制度的基础,通过对税务登记各项要素的稽查、核实,可以顺利开展经济税源调查,有利于税务机关全面了解纳税结构、税收总量分布及其构成状况,以便配置征管力量,有效地组织税收征收工作,减少税款"跑、冒、滴、漏"。从某种程度上说,这便是建立税收法律关系的主体的体现。

　　对纳税人的户籍管理,一方面,税务机关要加强与工商行政管理部门的联系、沟通,保证所有办理工商登记的纳税人及时办理税务登记;另一方面,税务机关通过对所管辖范围内新开业或重新开业户的管理,把漏管户

降低到最少,这是户籍管理的主要目标。

纳税人税务登记的范围主要涉及以下几个方面:纳税人、纳税人设在外地的分支机构和从事生产、经营场所的税务登记,企业特定税种、纳税事项的税务登记等。纳税人户籍管理的具体事务为办理税务登记、变更税务登记、注销税务登记过程中的日常稽查管理,包括纳税人应当在规定时间内向税务机关申报办理税务登记时,填写税务登记表,填写税务登记表时所提供的有关证明资料,变更、注销有关证明以及税务机关对税务登记实行定期验证、换证的审核等。通过这些稽查管理工作,使税务登记更趋于科学化、规范化,使税务登记更好地服务于税务机关的税收征管工作,更直接、有效地服务于纳税申报稽查。

(二)开业税务登记的稽查

1. 税务登记申办主体的稽查

(1)税务登记申办主体

①企业:国有企业、集体企业、私营企业、外商投资企业、外国企业以及各种联营、联合、股份企业等。

②个体工商户:经工商行政管理部门批准开业的城乡个体工商户。

③从事生产、经营的事业单位:经工商行政管理部门批准开业的,从事生产、经营的机关、团体、部队、学校和其他事业单位。

所有从事生产、经营的企事业单位和个体工商户,都必须严格按照《税收征管法》规定的期限,在领取营业执照之日起 30 日内,向当地主管税务机关及时申报办理税务登记手续,建立"户籍"。

(2)不进行税务登记的纳税人

《税务登记管理办法》第二条规定,国家机关、个人和无固定生产、经营场所的流动性农村小商贩,可以不办理税务登记。这几类纳税人是临时取得应税收入或发生应税行为,不具有经常性的纳税义务,在实际工作中有的可以办理税务登记,有的则没有必要办理,全国对此也没有作过统一规定,基本上是各地税务部门结合具体情况分别确定的。为此,征管法将此部门纳税人的税务登记事宜授权给国务院,由国务院具体划分哪些纳税人应办税务登记,哪些只登记不发证,哪些不需办税务登记。目的就是给国务院税务主管部门在管理上以灵活性。这样做既能简化管理程序、手续,又能保证税源的控管。需要强调的是,不办理税收登记,并不意味着不需要履行纳税义务,只是在税务管理的方式上有所区别而已。

2. 相关证件和资料的稽查

纳税人提交的证件和资料齐全且税务登记表的填写内容符合规定的,税务机关应及时发放税务登记证件。纳税人提交的证件和资料不齐全或税务登记表的填写内容不符合规定的,税务机关应当场通知其补正或重新填报。纳税人提交的证件和资料明显有疑点的,税务机关应进行实地调查。核实后予以发放税务登记证件。

税务机关对纳税人的申请登记报告、税务登记表、工商营业执照及有关证件进行严格的稽查、审核,符合标准、条件的予以登记,并发给纳税人税务登记证件。税务登记证件的主要内容包括纳税人名称、税务登记代码、法定代表人或负责人、生产经营地址、登记类型、核算方式、生产经营范围(主营、兼职),发证日期,证件有效期等。

3. 税务登记表的稽查

税务机关根据纳税人提供的有关证件与资料,对税务登记表作如下方面的稽查、审核。

(1)单位名称、法定代表人或者业主姓名及其居民身份证、护照或者其他合法证件的号码是否属实。

(2)是否按企业详细地址填写其住所和经营地点。企业、单位一般填写经营地点,业主为个人时需要填写住所和经营地点。

(3)经济性质是否属实。经济性质指生产资料所有制形式。由于我国现行税制中尚存在按不同经济性质规定不同的税收优惠的情况。因此,税务机关将严格稽查纳税人所填的企业经济性质,以确保税收的足额征收、国家政策的正确贯彻。纳税人应按国家统计局和国家工商行政管理局规定的不同经济成分对号入座、准确填写。

(4)企业形式、核算方式是否属实。企业形式一般划分为法人和非法人两种形式,而划分的目的在于区分不同形式的企业偿还税收、债务的有限责任或无限责任。法人企业以其注册资本承担有限责任,非法人企业以企业的所有财产连同投资者的所有财产承担无限清偿责任。核算方式不同,在税收管理上也会有所不同。因此,税务机关必须根据有关证件和资料认真审核,以防止纳税人逃避无限清偿责任,防止国家税收的流失。

(5)生产经营范围、经营方式是否据实填写。生产经营范围是指具体生产什么类型的产品或经营什么类型的商品、业务,纳税人应按工商行政管理部门批准的经营范围填写,不得有误。经营方式是指生产、销售、批发、加工等方式,也应按工商行政管理部门批准的自产自销、加工、修理、修配、委托收购、代销、批发、批零兼营、零售及服务项目等填写。

(6)注册资本(资本)、投资总额、开户银行及账号。其中,固定注册资金应按固定资产净值填写,流动资金按企业实有各项资金填写。企业必须拥有资金,才能登记开业经营,才能承担相应的税收和债务责任。税务机关要认真审核纳税人注册资金与投资总额的填写是否属实。注册资金是在进行税务登记时,登记者的银行账户上已显示的资金,即已到位的经工商管理部门注册登记的资金,而投资总额是企业与投资者签订的合同中确定的投入资金的总额,可分期到位。开户银行是指税务登记者是在哪一家银行或国家批准的金融机构开立结算账户的。

(7)生产经营期限、从业人数、营业执照号码及执照有效期限和发照日期是否属实。生产经营期限应按主管部门批准的期限登记;从业人数应是企业按其生产、经营规模雇用的长期从业人员数量,不含临时雇用者;工商登记营业执照按工商行政管理部门核发的营业执照填写,号码字号填写×字×号,并如实填上发证日期。

4. 税务登记证种类的稽查

税务登记证式样统一由国家税务总局制定。税务登记证分为3种,包括税务登记证(正、副本)、临时税务登记证(正、副本)和扣缴税款登记证(正、副本)。它们各有不同的适用范围。税务机关应对申办人提供的有关证件、资料以及填写的税务登记表逐项稽查、认真审核,在规定期限(自收到登记表、有关证件资料之日起30日内)办妥登记,发放税务登记证。

对办理税务登记的稽查,其主要目的是保证税务登记人的准确性和可靠性。税务登记档案作为整个纳税资料档案的一部分,同时也是建立整个纳税资料档案的基础,这一环节的好坏直接影响纳税申报档案资料乃至整个税收征管档案资料的建立和合理利用。当然对办理税务登记的稽查也可以防止有人通过非法手段办理税务登记,利用税务登记、税务登记证进行行骗,骗取出口退税等非法活动。

5. 使用税务登记证的稽查

税务机关对税务登记证件实行定期验证和更换制度,一年验证一次,三年更换一次。纳税人应当在规定的期限内,持有关证件到主管税务机关办理验证或更换手续。纳税人遗失税务登记证件的,应当在税务机关规定的期限内,向主管税务机关提交书面报告,及时申请补发,经税务机关审核后,予以补发。税务登记证件只限本纳税单位和个人使用,并亮证经营,不得转借、转让其他单位和个人,严禁涂改或私毁税务登记证件,更不得非法买卖或伪造。纳税人要妥善保管税务登记证件。

(1)税务登记证的使用

纳税人办理税务登记后,税务机关应对其使用进行审查。税务登记证正本应悬挂于纳税人管理机构的办公场所,副本是纳税人依照有关规定需要携带,办理以下事项时使用:①申请减税、免税和退税;②申请印、购发票;③申请办理外出经营活动税收管理证明;④申请办理其他有关税务事项。

(2)税务机关监督、检查纳税人应注意的事项

①税务登记证只限于纳税人自己使用,不得涂改、转借或转让。

②纳税人遗失税务登记证后,应及时向当地税务机关写出书面报告,说明原因,提供有关证据,申请补发。

由于从事生产、经营的纳税人,其税务登记的内容是经常发生变化的,为了使税务机关及时了解纳税人与纳税有关内容情况的变化,纳税人应当按规定及时办理变更税务登记。

(三)变更税务登记稽查

1. 对办理变更税务登记情况的稽查

从事生产、经营的纳税人在办理登记后,如其所登记的内容发生了以下变化,应主动向税务机关申报办理变更税务登记。

(1)纳税人改变单位名称或个人姓名。

(2)纳税人改变所有制形式或隶属关系、经营地址。

(3)纳税人改变经营方式、经营范围。

(4)纳税人增加注册资会。

(5)纳税人改变生产经营期限。

(6)纳税人改变核算方式。

(7)纳税人改变开户银行及账户。

(8)纳税人改变生产经营权限以及其他税务登记内容。

2. 对纳税人应提供变更登记资料的稽查

纳税人已在工商行政管理机关办理变更登记的,应当自工商行政管理机关变更登记之日起30日内,向原税务登记机关如实提供下列证件资料,申报办理变更税务登记。

(1)工商登记变更表及工商营业执照。

(2)纳税人变更登记内容的有关证明文件。

(3)税务机关发放的原税务登记证件(登记证正、副本和登记表等)。

(4)其他有关资料。

3. 对纳税人在办理变更税务登记前应履行事宜的稽查

税务机关应监督纳税人履行如下职责:办理转让、合并、分股、联营或营业地址迁出原登记税务机关管辖范围内的,在变更税务登记前,应在原登记税务机关及时注销税务登记,同时结清应纳的税款、滞纳金、罚款、清理使用的发票和纳税缴款书;对未使用的发票,由企业填列清单,将发票种类、名称、起止号码、册数如实填写清楚,一式两份,纳税人和税务机关各执一份,纳税人应将所有发票和纳税缴款书全部交回。

4. 对纳税人办理变更税务登记的稽查

(1)纳税人自向工商管理部门办理变更登记之日起30日内,应持有关证件向原税务登记机关申办变更税务登记,按照规定,不需要在工商行政管理部门办理登记的,纳税人应当自有关机关批准或者宣布变更之日起30日内,向原税务登记机关申办变更税务登记。

(2)税务机关对纳税人提出的书面报告和提供的工商行政管理部门变更工商登记的证明,有关部门批准文件以及其他有关证件、资料进行审核。

(3)税务机关稽查"停、转、歇、复、废业变更登记内容税务登记表",并按变更登记内容换发税务登记证。

(四)注销税务登记稽查

1. 对应当办理注销税务登记情况的稽查

纳税人发生下列三种情况时,应向原税务登记机关申报办理注销税务登记。

(1)当纳税人发生解散、破产、歇业以及撤销等情形,不再从事生产经营,应当在向工商行政管理部门办理注销登记之前,持申请注销税务登记报告,向原税务登记机关申报办理注销税务登记,并附送主管部门或审批机关的批准文件或清算组织负责清理债权债务的文件以及其他证明资料。按照规定不需要在工商行政管理部门办理注销登记的,应当自有关机关批准或者宣告终止之日起15日内,持主管部门或审批机关的批准文件、清算文件等材料,向原税务登记机关申报办理注销税务登记。

(2)纳税人被工商行政管理部门吊销营业执照的,应当自营业执照吊销之日起15日内,向原税务登记机关申报办理注销税务登记。

（3）纳税人因住所、经营地点变动而涉及改变税务登记机关的，应当在住所、经营地点变动前，向原税务登记机关申报办理注销税务登记，并向迁达地税务机关申请办理税务登记。

2. 对纳税人在办理注销税务登记前应办理事宜的稽查

纳税人歇业、破产、解散、撤销及依法应当终止履行纳税义务的，应在注销税务登记前结清应纳税款、滞纳金、罚款、清理使用的发票和纳税缴款书。

3. 对纳税人申办注销税务登记的稽查

（1）纳税人提出书面报告并提供有关证明和材料。税务机关应对书面报告中有关停业、转业、歇业、废业等注销税务登记的原因、时间和具体内容，以及相应的文件材料进行严格审核，发给停业、转业、歇业、复业、废业、变更登记内容税务登记表。

（2）税务机关稽查登记表与有关证件，对符合条件并缴清应纳税款、滞纳金、罚款且交回发票等有关税务证件的，予以办理注销税务登记。

（五）有关违法行为的处理及其他

按照《税收征管法》的有关规定，纳税人未按照规定的期限申报办理税务登记、变更或者注销登记的，税务机关责令限期改正，逾期不改正的，可处以 2 000 元以下的罚款；情节特别严重的，可处以 2 000 元以上 1 万元以下的罚款。纳税人未按照规定使用税务登记证件的，或者转借、涂改、损毁、买卖或伪造税务登记证件的，比照《税收征管法》的其他规定处理。税务机关除了对纳税人申办税务登记进行稽查外，还要对税务代理人代办税务登记，扣缴义务人中办代扣（收）税务登记予以稽查。

（六）多证合一制度对税务登记制度产生的影响

在全面实施企业、农民专业合作社工商营业执照、组织机构代码证、税务登记证、社会保险登记证、统计登记证"五证合一、一照一码"登记制度改革和个体工商户工商营业执照、税务登记证"两证整合"的基础上，将涉及企业（包括个体工商户、农民专业合作社，下同）登记、备案等有关事项和各类证照（以下统称涉企证照事项）进一步整合到营业执照上，实现"多证合一、一照一码"，使"一照一码"营业执照成为企业唯一"身份证"，使统一社会信用代码成为企业唯一身份代码。

申请人办理企业注册登记时只需填写"一张表格"，向"一个窗口"提交

"一套材料"。登记部门直接核发加载统一社会信用代码的营业执照,相关信息在国家企业信用信息公示系统公示,并及时归集至全国信用信息共享平台。企业不再另行办理"多证合一"涉及的被整合证照事项,相关部门通过信息共享满足管理需要。已按照"五证合一"登记模式领取加载统一社会信用代码营业执照的企业,不需要重新申请办理"多证合一"登记,由登记机关将相关登记信息通过全国信用信息共享平台共享给被整合证照涉及的相关部门。企业原证照有效期满、申请变更登记或者申请换发营业执照的,由登记机关换发加载统一社会信用代码的营业执照。

由于多证合一制度,使得原有税务登记证不复存在,但是税务登记的基本要求是没有发生变化的,纳税人仍然应该按照税务登记的要求进行税务登记管理。

二、普通发票稽查

发票是指一切单位和个人在购销商品、提供劳务或接受劳务、服务以及从事其他经营活动,开具、收取的收付款凭证。它是财务收支的法定凭证,是会计核算的原始依据,也是审计机关、税务机关执法检查的重要依据。

(一)发票印制环节的稽查

纳税人申请印制自用发票应当同时具备四个条件:(1)有固定的生产经营场所财务和发票管理制度健全;(2)发票用量大且通用发票不能满足纳税人的业务需要;(3)纳税人必须是单位组织,申请印制发票的内容包括发票名称、发票代码、发票号码、联次及用途、用户名称、开银行及账号、经营项目、计量单位、名称(个人)、单位(章)等;(4)发票印制环节的稽查。要严查私印、伪造、变造发票的行为,禁止非法制造发票的防伪专用品,禁止伪造发票监制章。

(二)发票领购环节的稽查

纳税人办理了税务登记后,就具有领购普通发票的资格,无须办理行政审批事项。纳税人可根据经营需要向主管税务机关提出领购普通发票申请。主管税务机关接到申请后,应根据纳税人生产经营等情况,确认纳税人使用发票的种类、联次、版面金额以及购票数量。确认期限为5个工作日,确认完毕,通知纳税人办理领购发票事宜。需要临时使用发票的单位和个人,可以直接向税务机关申请办理发票的开具。

纳税人首次申请领购发票时,应当持营业执照(副本)、税务登记证(副本)、经办人身份证明、财务印章或发票专用章,填写"纳税人领购发票票种核定申请表",向主管税务机关提出领购发票申请、纳税人再次领购发票时,应当持发票领购簿及已使用的发票填写"发票使用情况申报"向主管税务机关发票审验窗口审验已使用的发票。审验无问题的,纳税人可直接到发票发售窗口领购发票。审验有问题的,税务机关录入发票审验违章记录,纳税人接受处理后,税务机关对其发售发票。

在纳税人购领发票时,主要审核、检查其购领发票的资格和有关手续是否属实完备。检查过程应着重注意:(1)是否符合发票领购的适用范围;(2)发票领购手续是否完备;(3)发票使用保管情况是否遵守规定;(4)纳税人的经营规模、状况与其所需领购的发票数量是否相称;(5)领购增值税专用发票是否具备一般纳税人的资格;(6)具有多种经营方式的纳税人,在发票使用种类上是否严格按规定执行。

(三)发票开具环节的稽查

发票开具环节是发票稽查的核心,是关键所在。审查发票开具环节可以从以下三个方面进行。

(1)审查发票开具内容是否真实,所反映的业务是否为用票单位的真实情况。

(2)审查发票是否超出经济范围填开问题,是否有擅自扩大发票的使用范围,填开的方法是否符合规定要求。

(3)审查发票的取得是否符合发票管理制度的规定,是否有转借、代开或虚开发票的问题。

发票限于领购单位和个人在本省(直辖市、自治区)范围内开具,有些省级税务机关规定仅限于本县、市内开具,有些省级税务机关虽然在本省(直辖市、自治区)跨县、市开具,但附有限定条件。任何单位和个人未经批准不得跨规定的使用区域携带,邮寄或者运输发票,更不得携带、邮寄或者运输发票出入国境。

审查电子计算机开具发票的审批资料,有否不按税务机关统一开票软件进行开票,开具的发票是否是税务机关统一监制的机外发票,自己开票的有否在税务机关备案等。

(四)发票保管的稽查

发票库存管理稽查,主要是审核发票核销管理审批程序和执行情况;审核发票入库、发票出库、发票盘存、发票存储的相关手续和要求;审核发票收、发、存台账建立情况；审核支票相关表、证、单、书、卡的领取、印制、发放和保管情况；审核发票存储的硬件设施安全保管情况。

（五）发票缴销

纳税人发生以下情况时，可向主管税务机关申请常规缴销发票。

（1）纳税人发生改组、分设、合并、联营、破产、变更经营项目、注销税务登记等事项，需要废止原有发票时。

（2）纳税人因税务机关统一换版发票，需要废止原有发票时。

（3）纳税人使用的发票中有次版发票，需要废止发票时。

（4）纳税人发生发票丢失、被盗时。

（5）纳税人持有超过使用期限未使用完的发票时。

（6）超过保管期限的发票存根。

（7）霉变、水浸、鼠咬、火烧的发票。

因特殊原因，如纳税人的发票使用量大又无保管能力的，可向主管税务机关申请缴销未到保管期限的发票存根，即特殊缴销。

（六）代开发票的稽查

纳税人到主管税务机关办理代开发票时，除了应提供相关证件资料外，还应注意代开发票的适用范围。

（1）依法不需要办理税务登记，偶然发生经营行为的单位和个人。

（2）依法已办理税务登记，临时发生的经营业务超出税务登记证注明的经营项目或应税行为的单位或个人。

（3）不符合领购发票条件的单位和个人。

（4）被主管地方税务机关依法收缴或停止发售发票的纳税人或扣缴义务人。

（5）经主管税务机关认定需要代开发票的单位或个人。

三、增值税专用发票稽查

（一）增值税专用发票计算机稽查的基本程序

根据稽查工作的基本要求，稽查是严格按全面申报与检查审核，抽样录入，计算机审计、到户查和依法处理等程序进行，并贯穿于专用发票计算机稽查的整个过程。

1. 全面申报与检查审核

由于计算机稽查采用的是人工录入的办法,故对纳税人销项发票和进项发票申报情况的审核显得十分重要。对于销项发票首先要核实其是否已将所购领的专用发票且已使用的发票全部如实申报,与发票发售部门所掌握的资料进行复核;对进项发票抵扣联,不仅要审核其申报情况,还要审核其抵扣凭证原件。这是稽查工作的基础。

2. 抽样录入

抽样录入的原则和标准的确定对稽查质量有较明显的影响。根据实践,如果从销售税费来考虑抽样标准,销项发票应偏重于数额较小的发票;从进项发票看,应偏重于税额较大的发票,这些因素是确定随机或定向抽样标准时所必须考虑的。参照多种因素来确定抽样标准的科学性很强,因为这些标准对稽查的效果有着直接的影响。确定抽样方式和标准后,录入人员就要严格地按要求将有关数据进行录入。

3. 计算机审计

先进行本地(县一级)稽查,再进入局域异地(地区一级)稽查,然后进入区域间乃至全国范围的稽查。

4. 到户稽查

根据计算机稽查后提供的有问题和疑问发票的稽查情况,深入企业到户稽查。这是稽查的目的所在。

5. 依法处理

对于到户稽查中查出的利用专用发票违法犯罪的行为的当事人,应从重从快予以惩处对于稽查中查出的因填票不规范所造成的问题,应进行培训辅导。

计算机稽查作用的实现取决于多种因素,数据的全面、准确是至关重要的,而及时性也是不能忽视的一个要素。如果能将所有专用发票一份不落地输入计算机稽查,其作用将更加显著;尤其是那些已报遗失、失窃的专用发票,如被利用最终也难逃计算机这一关。因此全面的计算机稽查网络的形成和开通与稽查人员到户全面稽查,将使用专用发票的交叉稽查迈入一个全新的境界。

(二)增值税进项税额和销项税额的凭证稽查方法

增值税专用发票主要由增值税一般纳税人领购使用,符合条件的部分增值税小规模纳税人如住宿业、鉴证咨询业、建筑业、工业、信息传输、软件和信息技术服务业也可以领购使用。

1. 进项税额的凭证稽查方法

(1)对纳税人计算进项税额的专用发票的检查,主要检查其计算进项税额的专用发票是否符合国家税务总局统一规定的样式,填开内容是否符合规定,适用税率及税额填写是否准确,发票联和抵扣联的内容是否一致。

(2)检查纳税人是否有"假进货",以进项凭证或库存商品明细账相对照,核实"库存商品"科目,同时校查"银行存款"和"应付账款"等资金账户,是否有相对应的资金运作情况。

(3)是否有用于免税货物的外购货物或应税劳务的进项税额,首先检查收入明细,是否有免税货物销售的经营收入,对照纳税人"应交税费——应交增值税(进项税额转出)"科目,检查"主营业务成本"等科目是否有"进项税额转出"等内容。

(4)是否有购进免税农产品的进项税额,首先检查计算进项税额的免税农产品的原始凭证,其内容是否属实,并行检查有关资金在应付款科目上相应的资金运作或负债的核算内容。

(5)发生购进折让或退回,从销货方收回的增值税计算是否正确,检查销货方开具的红字专用发票的发票联、抵扣联,检查纳税人的"应交税费——应交增值税(进项税额转出)"科目,其退回的材料、商品的进项税额是否已及时地从进项税额中扣减。

(6)检查纳税人"待处理财产损溢"科目,在纳税期是否有毁损货物发生,然后检查对应"应交税费——应交增值税(进项税额转出)"科目,其进项税金是否已全额及时地从进项税额中扣减。

(7)对购进货物直接用于集体福利、个人消费的,其进项税金不予抵扣;对以生产经营购进货物后,再转为集体福利、个人消费的,这部分进项税额应从进项税额中扣减;因而检查"在建工程"科目或"应付职工薪酬——福利费"科目核算内容是否有与材料类或"库存商品"等科目相对应的内容,然后对照"应交税费——应交增值税(进项税额转出)"科目,其进项税额是否全额及时地从进项税额中转出,来检查是否有用集体福利、个人消费的外购货物。

2. 销项税额的凭证稽查方法

（1）经营收入不作销售记录的稽查方法：首先检查纳税人的期初存货，纳税期进货和期末存货，然后检查相应的资金账户，货、款是否相符，是否隐瞒销售额，不作销售处理。

（2）"以物易物"不作销售记录的稽查方法：首先对纳税人的有关材料或库存商品明细账和材料采购账户进行对应检查；其次检查"固定资产""在建工程"等项目，其增加的固定资产、工程物资是否有相应的资金，应付账款等科目的核算内容；最后对照"主营业务成本"科目，检查"库存商品"等科目，查看双方发生额是否一致。

（3）以旧换新计税销售额的稽查方法：首先检查纳税人的商品销售收入明细账，商品在不同时期的销售价格是否有明显的偏差；其次与"材料物资"科目对照，判定是否以旧换新销售行为；最后对照"银行存款""应付账款""其他应付款"科目，检查"材料物资"科目，增加材料物资与上述科目是否有对应关系。

（4）销售货物或应税劳务价外收费的稽查方法：首先检查纳税人的"其他应付款""其他业务收入""营业外收入"等科目明细账，是否有价外收费；其次对照"应交税费——应交增值税（销项税额）"科目，是否有反映这些价外收费销项税额内容；最后检查各项费用的明细账、对照凭证，逐笔检查，若对应科目"银行存款""现金""其他应收款"等项目，说明纳税人价外收费没有计算销项税额。

（5）用于集体福利和个人消费的自产或委托加工货物的计税销售额的稽查方法：首先检查纳税人"其他业务收入"科目；其次检查纳税人纳税期"库存商品"等科目的贷方发生额，对照纳税人的"其他业务成本""应付职工薪酬——福利费"等科目以及"应交税费——应交增值税（销项税额）"科目，查明纳税人情况；最后检查"委托加工物资"等科目，其对应科目是不是"库存商品"等科目。

（6）用于投资、分配的货物的计税销售额的稽查方法：首先检查纳税人的"长期股权投资""应付利润"等科目明细账，纳税期内是否有用货物对外投资和支付利润业务发生；其次检查纳税人收回的加工货物是否计入有关材料入库商品、自制半成品等科目；最后对照"应交税费——应交增值税（销项税额）"科目，是否已全额、及时地核算销项税额。

（7）虚报不同税率货物销售额的稽查方法：首先检查不同税率货物销售额占总销售额的比例是否和正常年度的比例相当；如果有明显的变化，应进一步检查不同税率货物的销售价格相对于正常年度的价格变化情况。

以确定纳税人是否有故意降低高税率货物销售额的行为。

（8）税务所代小规模企业开具的专用发票其存根联与记账联应与有关增值税完税凭证对照核实，并由上一级主管税务机关组织检查。

四、减税、免税业务稽查

（一）减税、免税业务稽查综述

减税、免税是国家根据产业政策及其他有关规定，鼓励或照顾纳税人的一项特殊规定包括少征或免征应纳税额、设定起征点、降低税率等措施。

1. 减免项目情况稽查

（1）对企业减免税申报情况的稽查

根据《税收征管法》规定，纳税人申请减税、免税，应当向主管税务机关提出书面报告，并按规定附送有关资料。经税务机关按规定权限审核批准后，才可享受减税、免税。减税、免税期满，应当自期满次日起恢复纳税。纳税人在向主管税务机关提交的减免税申请报告中，应当说明申请减免税的原因和减免税金的用途，提供可靠的数据资料，并提出减免税后可能达到的经济效益目标和可行的措施。

减免税有临时性减免和法定减免，所谓临时性减免税，就是人们常指的困难性减免税和特殊情况减免税。困难性减免主要包括：对因遭受风、水、火、震等不可抗拒的自然灾害的企业给予的减免；对因政策变动造成企业纳税有困难给予的减免；对因市场萎缩、贷款被拖欠导致资金周转困难、产品积压、纳税出现暂时困难的企业给予的减免；其他非经营管理不善造成的纳税有困难的企业给与的减免等。特殊性减免主要包括：为达到一定的政治、经济、文化、军事、外交等目的，对个别企业和单位给与的减免；为支持企业调整产业产品结构，进行技改法定减免，是指各税种的基本法规中所列举的减免税条款，它是各税种减免的基本原则，具有统一性和长期适用性的特点，适用于全国范围内的政策性减免税。法定减免包括两种情况：一是在税收的基本法规确定之后，随着某些政治经济情况的发展变化，作出新的免税补充规定；二是在税收基本法规中，不能或不宜全部列举，而采取专案规定的形式。

（2）对税务机关减免税审批情况的稽查

减免税的审批有一定的程序，减免税的审批程序是指主管税务机关对企业报送的减税申请逐级审核，并按减免税的审批原则进行审批，最终将审批结果通知减免税申请人的一整套规定程序。

减免税的审批程序是按管理权限逐级上报的。

通过对企业减免税报批情况的稽查检查,对照有关减免税的政策法规、减免税的批准文件和企业纳程中报表,检查企业减免税有关手续是否完备,是否有超越权限擅自减免税的现象以及企业的实际减免期限是否超过了申请和批准期限。

2. 生产经营情况稽查

检查完企业的减免税申请和审批情况之后,要对企业的生产经营情况,申请减免税的理由和依据与实际情况是否一致进行稽查;企业是否有弄虚作假谎报、骗取减免税款的情况。如企业是否真正安排了相应比例的残疾人员。税收减免的依据并不是企业的亏损,相反,对质量差、适销不对路的长线产品,还要从税收上加以限制,才能体现税收的经济杠杆作用。

(二)减税、免税业务稽查分税种解析

1. 增值税减税、免税业务稽查

我国现行增值税的减税、免税权限集中在国务院,除国务院规定的减税、免税项目外任何地区、部门不得擅自规定减税、免税项目。

(1)增值税减税、免税的稽查方法

①检查增值税减税、免税的执行情况。关键是检查征税项目与减税、免税项目界限的划分是否清楚。征与减、征与免、减与免的界限应当从三个方面划分清楚:一是从执行范围上划分,不能擅自扩大减税、免税的范围;二是从会计核算上划分,要将征税、减税、免税项目分别核算,不能相互混淆;三是从执行时间上划分,不能将非减免税期间的应交税金,人为地提前或推后到减税、免税期间享受减税、免税。

②检查是否扩大减税、免税范围。对减税、免税执行情况的检查,首先应核查纳税人享受减税、免税项目,是否有国务院批准下达的正式文件作为依据。如果发现不属于国务院规定的减税、免税项目而享受减税、免税的问题,则应立即补征税款,并要查明越权启减免税的问题,追究行政责任。

③检查减税、免税项目核算是否准确。纳税人兼营增值税征税、减税、免税项目的,应当分别单独核算其应税销售收入,并将税额准确划分。如果纳税人不能分别单独核算,则不能享受减税、免税。

④检查减税、免税期限。减税、免税的期限从开始执行的日期起,到停

止执行的日期止。检查时一是检查是否有擅自延长减免税期限的问题;二是检查纳税人是否人为地将非减免税期间的应税销售收入提前或推后作账务处理,计入减免税期间的销售收入中享受减税、免税;三是检查纳税人是否人为地将减免税期间发生的进项税额计入征税期间的进项税额中,减少征税期间应缴纳的增值税。

(2)检查增值税减税、免税权限的规定

增值税暂行条例规定,除条例所规定的增值税免征项目以外,增值税的免税、减税项目由国务院规定。任何地区、部门均不得规定免税、减税项目。

(3)检查增值税减税、免税的依据

增值税的税收优惠主要有税法关于减免项目的直接规定、先征后返、即征即退、起征点等。

2. 消费税减税、免税业务稽查

(1)消费税减税、免税业务稽查方法

①检查是否有越权减免消费税的问题。主要是稽查税务机关是否存在擅自减税、免税问题,包括:是否有自行规定减、免税政策的情况,是否自行批准对企业的减税、免税,是否沿用过去已失效的减免税规定,是否继续使用以前年度的减免税指标。

②检查是否有征免范围的界定错误。主要是检查自产自用应税消费品的征免税界定是否准确。

③生产出口免税的应税消费品,是否有未完全出口而留有自用的部分未交消费税的问题。生产出口免税的应税消费品,在改变用途时,如用于在建工程、集体福利捐赠、抵债等,应"视同销售",补交消费税。检查时应核对免税的消费品是否全部用于出口,是否有自用的部分未交消费税的情况。

④对于国家特别予以消费税减免税照顾的消费品,应注意检查是否有相应的报批手续,是否符合相应的法规规定。

(2)消费税减税,免税权限的规定

消费税税法规定:出口的应税消费品免征消费税。除此之外的国内销售,一般不得减税、免税。消费税税目、税率(税额)的调整,由国务院决定。

(3)消费税减税、免税稽查的依据

①《消费税暂行条例》规定:纳税人生产的应税消费品,用于销售时纳税。纳税人自产自用的应税消费品,用于连续生产应税消费品的,不纳税;用于其他方面的,于移送使用时纳税。

②委托加工的应税消费品,由受托方在向委托方交货时代收代缴税款。委托加工的应税消费品,委托方用于连续生产应税消费品的,所纳税款准予按规定抵扣。

3. 企业所得税减税、免税业务稽查

(1)企业所得税减税、免税稽查方法

①严格审查减免税的报批手续,看其是否违反规定,擅自减免所得税的情况除国家规定的可以减免的部分和旧税制中可以继续沿用的所得税减免优惠政策外,任何部门、任何地区都不得越权减免,任何企业都不得适用已经作废了的减免税政策。

②企业所得税的纳税人是实行独立经济核算的企业或者组织。稽查时,应特别注意享受减免税的纳税人是否符合相应的规定。如高新技术企业是不是真正的高新技术企业;福利企业是不是真正的福利企业,有没有假冒行为;校办企业是不是真正的校办企业,是否有弄虚作假行为等。

③检查企业所得税减免的期限、所得税征免的数量界限。企业所得税减免一般是有规定期限的,企业只能在规定的期限内,享受所得税减免待遇,期限到了以后,应恢复征税企业所得税有些规定有征免的数量界限,根据具体的界限规定来决定是征,是减还是免。稽查时,应审核企业的具体情况,看其是否符合相应的界限规定。

④对于享受减征待遇的企业,稽查时,应核实企业的应纳税所得额,看是否违反规定,享受减免税的金额计算是否准确。

(2)企业所得税减税、免税权限的规定

《企业所得税法》规定,税收优惠的具体办法,由国务院确定。根据国民经济和社会发展的需要,或者由于突发事件等对企业经营活动产生重大影响的,国务院可以制定企业所得税专项优惠政策,报全国人民代表大会常务委员会备案。

(3)企业所得税减税、免税稽查的依据

企业所得税减免直接反映国家运用税收经济杠杆,为鼓励和扶持企业或某些特殊行业的发展而采取的一项灵活调节措施。包括免税收入,不征税收入,减税收入,允扣除项目,加计扣除等。

4. 个人所得税减税、免税业务稽查

(1)个人所得税减税、免税稽查的方法

①对免纳个人所得税的项目,通过查看荣誉证书发放单位,确定是否属于省级人民政府、国务院部委和中国人民解放军以上单位发给的奖金。

②审查企业"其他应付款项""现金"支付给个人的股金、集资和其他借款利息股息分红所得,是否有不履行扣缴税款自行免税的情况。

③审查"管理费用""应付职工薪酬""现金"等科目,看其是否有主管部门或企业自行发放的补贴、津贴,误按国务院规定发给的政府特殊津贴、补贴擅自减免税。

(2)个人所得税减税、免税权限的规定

对于个人所得税减免税、开征、减征、停征及其具体办法,由国务院规定。

第二节　货物和劳务税的综合稽查

一、增值税的综合稽查

对增值税的稽查一般应遵循增值税的计税规律确定审查环节,重点稽查征税范围、销售额与销项税额、进项税额的结转与进项税额的转出、应纳税额与出口货物退(免)税。

(一)增值税一般纳税人的稽查

1. 增值税征税范围的稽查

由于一般纳税人和小规模纳税人在税额计算、税款缴纳等方面有较大的区别,对增值税进行稽查时应先对不同纳税人身份的划分进行检查。

(1)一般纳税人和小规模纳税人身份的稽查

①增值税一般纳税人的认定手续是否完备:重点检查纳税人认定手续是否完备、真实,包括申请报告、工商登记,纳税人成立及经营活动相关的章程、合同、协议书等资料,纳税人的税务登记,看有无伪造、涂改等问题。

②纳税人年应税销售额是否达到一般纳税人条件:对于新开业的增值税纳税人,如果已被认定为临时一般纳税人,应通过开业年度纳税人资产负债表和损益表的审核,核实纳税人的应税销售额是否达到规定标准;对于已开业的增值税一般纳税人,主要检查上一年度的年应税销售额是否达到规定标准。

③纳税人会计核算制度是否健全:稽查时应关注纳税人有无健全的会计工作组织机构,有无完善的财务核算规章制度,能否进行准确的会计核算,有无历年来的纳税申报,会计报表等税务资料,分析判断纳税人是否符

合一般纳税人的资格条件。

(2)增值税征税范围的稽查要点

①应税货物范围的稽查要点:一是检查企业所有应税货物的销售都是否申报并缴纳了增值税;二是检查征收消费税、资源税的货物销售是否没有申报增值税。

②应税劳务范围的稽查要点:一是检查企业有无将加工、修理修配同其他劳务相混淆不申报增值税;二是检查企业受托加工的货物是否符合受托加工的条件。

(3)进口货物范围的稽查要点:一是检查进口的应税货物是否全部申报了增值税;二是检查从境内保税地购进的应税货物是否申报了增值税。

(4)出口货物范围的稽查主要是检查纳税人出口不适用零税率的货物是否依法纳税。

2. 销项税额的稽查

销项税额的计算取决于销售额与适用税率。销项税额的稽查是增值税稽查的重点。

(1)销售额的稽查要点

①对销售收入的结算方式的检查,看有无结算期内的应税销售额未申报纳税的情况。

②对销售额的计算进行稽查,看有无计算错误或对政策理解错误,造成少缴税款现象。

(2)对适用税率的稽查要点

对税率的检查,主要从以下方面入手。

①检查是否存在销售属基本税率的货物,却采用低税率计算销项税额的。

②提供加工、修理修配应税劳务,是否存在按低税率或按小规模征收率计算销项税额的。

③是否有兼营不同税率的货物而不按规定分别进行核算货物的销售额,或虽然能提供销售额但是却按低税率计算销项税额的。

3. 销售自己使用过的固定资产的稽查要点

(1)检查"固定资产"明细账,审核已出售的固定资产是否为应税固定资产,是否按规定申报缴纳了增值税。

(2)检查"固定资产清理"账户的贷方发生额,并与"固定资产"明细账核对,看是否按规定申报缴纳了增值税。

4. 进项税额的稽查

（1）对进项税额抵扣凭证的稽查

对进项税额抵扣凭证应结合"应付职工薪酬""长期股权投资""应交税费——应交增值税"等账户进行，主要包括以下几个方面。

①购进货物或应税劳务是否按规定确定增值税扣税凭证，取得的增值税专用发票抵扣联是否合法有效。

②购进免税农产品准予按扣除率抵扣进项税额，其原始凭证是否符合规定。

③对进货退出或转让而收回的增值税额，是否在取得红字专用发票的当期，从进项税额中扣减。

（2）支付运输费用进项税额的稽查要点

对增值税一般纳税人外购货物或销售应税货物所支付的运输费用，取得的增值税专用发票，应将起运地、到达地、车种车号以及运输货物信息等内容填写在发票备注栏中，如内容较多可另附清单，若没有填写则为不合规发票，不予抵扣进项税额。

（3）不得从销项税额中抵扣进项税额的稽查要点

对不准抵扣进项税额的项目稽查时，应注意以下问题。

①用于免征增值税项目的购进货物、劳务和服务，是否结转了进项税额；

②用于集体福利或个人消费的购进货物、劳务和服务，是否结转了进项税额；

③用于简易计税项目的购进货物、劳务和服务，是否结转了进项税额购；

④购进货物发生的非正常损失，是否结转了进项税额；

⑤非正常损失的在产品、产成品所耗用的购进货物或者应税劳务，是否结转了进项税额；

⑥非正常损失的不动产，以及该不动产所耗用的购进货物、设计服务和建筑服务，是否结转了进项税额；

⑦非正常损失的不动产在建工程所耗用的购进货物、设计服务和建筑服务，是否结转了进项税额。

（4）对销售退回进项税额转出的稽查要点

纳税人在货物购销活动中，因货物质量、规格等原因常会发生销货退回或销售折让的情况。由于销货退回或折让不仅涉及销货价款或折让价款的退回，还涉及增值税的退回。这样，销货方和购货方应相应对当期的销项税额或进项税额进行调整。为此,税法规定,一般纳税人因销货退回或折让而退还购买方的增值税额,应从发生销货退回或折让当期销售税额中扣减;因进货退出或折让而收回的增值税额,应从发生进货退出或折让当期的进项税额中扣减。

对销售退回进项税额转出的稽查,主要看纳税人是否有因销货退回或折扣、折让,如果有,是否按照规定冲减进项税金。

(5)销售返还进项税额转出的稽查要点

对增值税一般纳税人,因购买货物而从销售方取得的各种形式的返还资金,均应依所购货物的增值税税率计算应冲减的进项税金,并从其取得返还资金当期的进项税金中予以冲减,计算公式如下:

当期应冲减的进项税额=当期取得的返还资金÷(1+所购货物的适用税率)×适用的增值税税率

增值税一般纳税人,因购货物而从销售方取得的返还资金一般有以下几种形式:

①购买方直接从销售方取得货币资金;

②购买方直接从应向销售方支付的货款中代扣;

③购买方向销售方索取或代扣有关销售费用或管理费用;

④购买方在销售方直接或间接列支或报销有关费用;

⑤购买方取得销售方支付的费用补偿。

对取得返还资金所涉及进项税额的稽查,应从经营主体、经营业务、经营形式、结算方式、购货方与销售方的合作方式及关联情况全面分析,并结合购货方的财务核算情况进行对照判别。在财务检查过程中主要关注"主营业务收入""其他业务收入""投资收益""本年利润""应付账款""银行存款""现金""营业费用""管理费用"等账户,看其账户的发生额的变化分析判别。

(6)兼营免税项目或简易计税项目未计或少计进项税额转出数

按照规定,纳税人兼营免税项目或简易计税项目,其购进货物应按含税成本单独核算,对无法准确划分不得抵扣的进项税额时,应按其销售额比例划分进项税额,并计算进项税额转出数。

不得抵扣的进项税额=当月全部进项税额×(当月免税项目销售额+简易计税项目销售额)÷当月全部销售额合计

检查时,首先应对公式中的各项要素逐项进行认真核实,然后计算确定不得抵扣的进项税额,并与"应交税费——应交增值税(进项税额转出)"专栏相核对,看是否一致。若有差异,其差异额应调整有关账户。借记"主营业务成本(或其他业务成本)",贷记"应交税费——增值税检查调整"。

5.增值税应纳税额的稽查

在销项税额和进项税额计算正确的前提下,应纳税额检查的重点包括以下内容。

(1)本期应纳税金是否根据增值税暂行条例规定,及时缴纳增值税。在检查中,可以从企业计算的当期应缴税金入手,采取逆查的方法,检查企业应交税费——应交增值税(已交税金)的正确性。

(2)进项税额不足抵扣的处理。由于增值税实行购进扣税法,有时企业当期购进的货物很多,在计算应纳税额时会出现当期销项税额小于当期进项税额不足抵扣的情况,根据税法规定,当期进项税额不足抵扣的部分可以结转下期继续抵扣。

(3)扣减发生期进项税额的规定。由于增值税实行以当期销项税额抵扣当期进项税的"购进扣税法",当期购进的货物或应税劳务如果事先并未确定将用于非生产经营项目,其进项税额会在当期销项税额中予以抵扣。但已抵扣进项税额的购进货物或应税劳务如果事后改变用途,发生用于简易计税项目、用于免税项目、用于集体福利或者个人消费事项、购进货物发生非正常损失、在产品或产成品发生非正常损失时,根据税法规定,应将该项购进货物或应税劳务的进项税额从当期发生的进项税额中扣减,无法准确确定该项进项税额的,按当期实际成本计算应扣减的进项税额。

(二)增值税小规模纳税人的稽查

增值税小规模纳税人销售货物或者应税劳务,实行简易征收办法计算应纳税额,计税方法简单。但是,由于小规模纳税人通常会计核算资料不健全,销售收入少入账或账外经营的问题比较普遍,所以,增值税小规模纳税人的纳税稽查,应根据小规模纳税人计税资料和会计核算的特点确定。

1.应税销售额的稽查要点

(1)检查纳税人经营资金的运转情况,重点审查纳税人的银行存款日记账和现金日记账,从纳税人的货币资金收支情况中发现问题。

(2)检查纳税人期初存货、本期进货和期末存货的情况,根据纳税人货物的购、销、存情况,查找隐瞒应税销售额的问题。

(3)通过调查的方法,从纳税人主要供货渠道中了解纳税人的进货情况,再结合纳入销售渠道的市场营销情况,核实会计期间内纳税人的销售收入。

2. 应纳税额的稽查要点

(1)检查小规模纳税人将含税的销售额换算成不含税销售额的计算是否正确,将本期含税的销售额换算成不含税销售额,与纳税人申报表中的销售额进行对比,检查是否一致。

(2)检查小规模纳税人计算应纳税额适用的征收率是否正确。

(3)检查应纳税额计算是否准确无误,纳税人是否按规定时限缴纳税款。

(三)出口货物退(免)税稽查

出口货物退税,是指有出口经营权的企业出口或代理出口的货物,在货物报关出口并在财务上做销售后,凭有关凭证按月报送税务机关批准退还或免征增值税和消费税。其目的是鼓励国内产品的出口。

1. 出口货物退(免)税稽查的方法

出口货物退(免)税稽查和征税稽查一样,其方法有很多,按检查的顺序划分有顺查法和逆查法;按对出口企业一定时期内有关经济内容检查面大小和深浅程度划分有全面检查和重点检查;按检查的组织形式划分有自查法、复查法和重点抽查法。根据出口退税检查自身的特点,在检查工作中常见的、实用的稽查方法主要有以下几种。

(1)日常稽查法

日常稽查法主要是对日常单证对审或计算机审核出来的错误、疑点信息,特别是稽审"E"和"W"("E"表示该条信息不严重错误,"W"表示该条信息为警告性错误)的疑点信息,通过与企业会计报表、账册和申报出口退税的其他有关资料核对,以检查出口退税申报是否正确。

(2)专项检查法

专项检查法是对出口企业某一时期内有关资料或对某一方面的经济业务进行的检查。通过事先分析资料发现疑点和线索,以及平时了解掌握的情况,有的放矢地进行检查的方法,通常用于对骗税案件检查,对某一类出口商品或某笔出口业务以及某种贸易方式出口退税业务进行专题检查。

(3)全面检查法

全面检查法是对出口企业的各项退税会计凭证、账、表、票据单证等项目进行全面系统的检查,是对一定时期内某一出口企业涉及出口退税的各种资料进行的一种全方位的检查能达到查清、查透的效果,但工作量大,较费人力和时间。一般在年度清算时选择一些重点企业进行。

2. 对出口退（免）税范围的稽查

出口退（免）税范围的稽查包括两个方面：一是企业的范围；二是出口货物的范围。

对出口退（免）税范围的检查，主要是检查哪些企业可以享受退（免）税待遇，哪些货物报关出口后，享受退（免）税税收优惠政策。

（1）出口退（免）税企业范围的稽查

对出口退（免）税企业的稽查，主要从以下几个方面入手。

①检查出口企业登记的代码库。利用"出口退（免）税审核系统"，查询其出口企业登记的代码库，检查其是否办理退税登记手续，是否具有进出口经营权或是否已准备进行备案登记的企业，凡未按规定办理出口退（免）税登记的企业，不具备退（免）税资格。

②检查登记档案资料。通过税务机关归案整理的资料，检查出口企业在向税务明关申请办理出口退（免）税登记手续时，提供的有关证件、资料。

③检查企业的有关账簿、资料。检查出口企业"库存商品""应交税费——应交增值税""自营出口销售收入""自营出口销售成本"等会计科目，并与出口企业的利润表核对，凡发现账表不一致的，检查出口企业是否存在独立核算的分公司的出口货物挂靠在本企业，存在借权、挂靠的现象。

（2）出口退（免）税重点稽查的货物

对出口退（免）税货物的稽查主要从以下几个方面入手。

①检查出口货物是否同时具备四个条件：一是增值税、消费税征收范围并已征收了增值税、消费税的货物；二是报关离境出口的货物；三是在财务上已做销售处理的货物；四是已结汇并核销的出口货物。稽查时，主要核对出口企业申报的退税凭证中是否提供增值税专用发票，出口货物税收专用缴款书，出口货物报关单，出口收汇核销单和出口销售明细账。经核对只要按规定提供的退税凭证是完整的，退税凭证开具是真实有效的，其报关出口货物就准予退税，否则不能退税。

②检查特准退（免）税货物是否符合特准退（免）税的条件：一是检查企业的资格是否具备，是否经有关部门特准；二是检查是否按规定完整提供退税凭证，提供的退税凭证是否真实有效。

③检查免税货物和不予退税的货物是否混入其他应退（免）税货物中，办理了出口退税。

④凡在出口退税预警、评估分析工作中发现出口数量、出口价格异常增长的，生产企业自营或委托出口的，主管税务机关应对生产企业的场地、设备、生产能力、生产规模及生产的品种、数量以及纳税情况等进行实地核

查,特别是对农产品收购发票的有关项目、入库单、资金流向、出材率等要素进行仔细检查;对外贸企业购进出口的,主管税务机关都有权按现行出口货物函调制度,向供货企业所在地县级以上税务机关发函调查,并依回函结果进行处理。

3. 出口货物退(免)税退税凭证、资料的稽查

出口货物退(免)税的退税凭证、资料,主要包括两个方面:一是申报表及其附表;二是退税原始凭证(增值税专用发票、专用缴款书、出口货物报关单、出口收汇核销单外销发票),对退税凭证、资料的检查,主要检查其申报资料的完整性,申报表及附表的逻辑性以及退税凭证的真实性、合法性、有效性和准确性。

4. 出口货物应退增值税税额计算的稽查要点

首先,检查企业应退税额计算的正确性。检查时,可把企业的产成品明细账与销售明细账,核对企业存货发出计价是否正确。对于采用加权平均计价法核算的企业,注意商品销售成本账户借方金额,看其是否与存货发出明细账的产成品结转成本相核对,以确定企业是否在同一计价基础上核算存贷成本,从而确定出口货物所适用计价方法的正确性。

其次,检查企业在出口商品明细账中是否有设境内销售专户记载收取外汇销售给国内的出口商品,而在计算退税时是否把这部分金额剔除。

二、消费税的综合稽查

(一)消费税适用税目、税率的稽查

由于消费税不是对所有产品征税,其征税范围具有选择性,而且实行多档税率,不同产品税负不同,因此在检查消费税时,要留意纳税人生产的产品是否应征收消费税,税目、税率是否按税法规定执行。

(1)检查纳税人生产消费税税率已发生变化的应税消费品其应纳消费税是否按税法规定执行。

(2)检查纳税人兼营不同税率的应税消费品是否分别核算不同税率应税消费品的销售额,销售数量,未分别核算销售额、销售数量,或者将不同税率应税消费品组成成套消费品销售的,是否从高适用税率。

(二)消费税计税依据的稽查

消费税实行从价定率或者从量定额的办法计算应纳税额,其计税依据

分别是应税消费品的销售额和销售数量。实行从量定额征税办法的应税消费品有黄酒、啤酒、成品油等,其余应税消费品均按从价定率办法征税。在稽查过程中,应针对自产和委托加工应税消费品的不同规定,选择其计税依据稽查的侧重点。

1. 销售自产应税消费品的稽查

(1)实行从价定率征收办法的应税消费品,其计税依据为纳税人销售应税消费品向购买方收取的全部价款和价外费用,但不包括应向购买方收取的增值税税款。

(2)实行从量定额征收办法的应税消费品,其计税依据是应税消费品的销售数量。对应纳消费税的稽查,主要是应税消费品数量的确定是否正确。

应税消费品数量根据情况的不同而有所不同,在稽查时应注意两个方面。

①通过"主营业务收入""税金及附加""库存商品""应交税费——应交消费税"等明细账,对照销货发票等原始凭证,看计量单位折算标准的使用及销售数量的确认是否正确,有无多计或少计销售数量的问题。

②检查纳税人的"营业费用""长期投资""营业外支出""管理费用""生产成本"等账户,检查纳税人是否有将自产的应税消费品用于其他方面而未在移送使用时申报缴纳消费税的情况。

2. 委托加工应税消费品的稽查要点

对于委托加工的应税消费品的稽查首先应检查是否符合税法中规定的委托加工方式,如不符合规定,是否按销售自制应税消费品缴纳了消费税。然后,应重点检查如下几个方面:

(1)检查"委托加工物资""应交税费——应交消费税"等明细账,对照委托加工合同等原始凭证,看纳税人委托加工的应税消费品是否按照受托方的同类消费品的销售价格计算纳税;没有同类消费品销售价格的,是否按照组成计税价格计算纳税,受托方代收代缴的消费税税额计算是否正确。

(2)检查"委托加工物资""生产成本""应交税费——应交消费税"等明细账,看纳税人用外购或委托加工收回的已税烟丝等9种应税消费品连续生产应税消费品,在计税时准予扣除外购或收回的应税消费品的已纳消费税税款,是否按当期生产领用数量计算,计算是否正确。

(3)检查"委托加工物资""应交税费——应交消费税"等明细账,看委托加工应税消费品直接出售的,有无重复征收消费税的问题。

3. 视同销售应税消费品的稽查要点

(1)检查"库存商品""原材料""应付账款"等明细账,看有无用应税消费品换取生产资料和消费资料,投资入股和抵偿债务等情况。如有,是否以纳税人同类应税消费品的最高销售价格为计税依据计征消费税。

(2)纳税人用于生产非应税消费品、在建工程、管理部门、非生产机构、提供劳务,以及用于馈赠、赞助、集资、广告、样品、职工福利、奖励等方面的应税消费品,应于移送使用时视同销售缴纳消费税。检查"库存商品""原材料""应付账款""应付福利费""管理费用"等明细账,看有无上述情况,如有,是否于移送使用时缴纳了消费税。

(三)出口货物退免税的稽查

在稽查企业的应退消费税时,应结合增值税出口货物退免税的稽查要点,针对生产企业和外贸企业的会计核算特点和不同的退免税办法进行稽查。

1. 生产企业出口应税消费品稽查要点

对生产企业直接出口应税消费品或通过外贸企业出口应税消费品,按规定直接予以免税的,可不计算应缴消费税。应审查"主营业务收入""税金及附加""应交税费——应交消费税""库存商品"等明细账,检查出口报送单等免税凭证是否齐全、合法、有效;对按从价定率办法的出口应税消费品,是否按人民币离岸价免征了消费税;对按从量定额办法的出口应税消费品,是否按实际出口数量予以免征消费税。

2. 外贸企业出口应税消费品稽查要点

对外贸企业自营出口的应税消费品,除检查出口发票、出口收汇核销单(出口退税专用)、出口报关单(出口退税专用)、购货发票等退税凭证外,还应检查"出口货物消费税专用缴款书"。通过检查"库存出口商品""出口销售收入""应交税费——应交消费税"等明细账,检查从价定率办法的出口应税消费品,是否按购进金额办理了退税;从量定额办法的出口应税消费品,是否按实际出口数量办理了退税。其适用退税率和单位退税额是否正确。同时,还应注意,纳税人出口按规定不予退税或免税的应税消费品,应视同国内销售处理。

三、"营改增"的综合稽查

2016 年 5 月 1 日,全面实施"营改增"试点,纳税人提供应税服务、转让无形资产和销售不动产纳入增值税范围。

(一)应税服务销售额的稽查

1. 运输企业营运收入的稽查

交通运输业计税依据是销售额,即提供交通运输服务收取的全部价款和价外费用。运输企业主要是检查运输企业的营运收入是否都已入账并计征了增值税,检查运输企业的主营业务收入和其他业务收入是否按规定的税率计征增值税。在稽查中应注意以下内容:检查"营运收入""税金及附加""装卸收入""港务管理收入"等账户,并结合营运收入明细账,核对营运收入乘以规定税率是否与本期"应交税费—应交增值税(销项税额)"相一致,是否有漏计或逃税的情况存在。

(1)将"运输收入"等收入明细账与增值税纳税申报表及有关发票、收据等原始凭证核对,审查已实现的营运收入是否及时足额申报了纳税,并考察营运收入是否已全部计入收入账户,是否存在收入不及时入账,漏报收入的情况。

(2)检查是否存在将应税营运收入计入"营业外收入""其他业务收入"账户,少计收入,少纳税款的。

(3)检查"运输支出""装卸支出"等支出类明细账,是否存在以收入直接冲减费用,少计收入的情况。

(4)审查"其他业务收入"时,应重点审查"堆存收入""代理业务收入""其他业务收入"等账户。查明各项其他业务收入以及营运收入相关的各种收入的入账是否及时、足额,是否按规定计算了增值税。

2. 电信企业的营业收入的稽查

电信企业主要检查其营业收入是否完整准确地入账,并及时、足额缴纳了增值税。电信企业营业收入由主营业务收入和其他业务收入构成。业务区分为基础电信服务和增值电信服务,由于两项服务适用的税率不同,因此,应结合有关营业收入明细账和记账凭证、原始凭证,核实其应缴的增值税税款的正确性。

3. 金融服务营业收入的稽查

对金融服务营业收入的稽查,应审查以下几个方面。

(1)以权责发生制为基础,核对企业应收未收利息是否及时计入利息收入。

(2)金融企业对逾期3年以上(含3年)的贷款不再计算应收未收利息,企业是否存在不按规定提前挂账停息,以达到少计利息收入的情况。

(3)企业的各项手续费收入,都应纳入账内核算,企业是否存在将手续费收入直接抵作支出或账外经营的情况。

(4)对企业的委托贷款业务收入,是否将已实现的手续费收入长期挂在"其他应付款"账户,是否存在将委托贷款未贷出之前所发生的利息支出直接冲减"其他应付款"的情况。

(5)保险服务营业收入的稽查,应审查以下方面的内容:

①发生的退保费和续保时的折扣和无赔款优待费,是否反映在"保费收入"的贷方,企业的纳税申报是否扣除了奖励和返还给投保人的无赔款优待费等项目。

②分期收取保户保费的,是否全额贷记"保费收入",企业是否存在将分期收取保费的收入长期挂在往来账上,而少计收入的情况。

③企业返还性两全保险业务的保户储金的利息收入和运用保户储金进行投资活动获得的收益,是否按规定从"利息收入"或"投资收入"科目转入"保费收入"科目,是否存在将应实现的保费收入不结转,直接结转利润的情况。

(二)销售不动产、转让无形资产的稽查

1. 销售不动产稽查要点

销售不动产的销售额是纳税人销售不动产收取的全部价款和价外费用。由于不同的企业会计核算不同,因此,对房地产开发企业和其他企业应根据其不同特点,结合有关账册,检查其营业收入额的确认是否正确。以下以房地产企业稽查为例。

房地产开发企业与施工企业的生产经营环节基本相同,不同之处是房地产开发企业是专门从事房地产开发经营活动的企业。房地产开发过程分为规划设计、征地拆迁、组织施工、竣工验收、产品销售五个阶段。

(1)房地产开发企业的营业收入

房地产开发企业的营业收入可分为三部分。

第一，开发产品的销售及结算收入，包括建设场地销售收入、商品房销售收入、配套设施销售收入、代建房、代建工程结算收入。除代建房及代建工程结算收入仅征收增值税外，其余收入还要计征土地增值税。

第二，房屋出租及多种经营业务收入，包括出租房租金收入、工业收入、饮食服务收入、商品房售后服务收入。这些收入计征增值税。

第三，其他销售收入，包括材料、物资销售收入、待处理积压物资取得收入、材料、物资销售收入计征增值税。

（2）房地产开发企业营业收入时间确定

由于房地产开发企业营业收入种类多，具体业务性质不尽相同的特点，决定了房地产开发企业业务的营业收入在确定时间上也不尽相同。

第一，销售开发产品营业收入的确定。开发产品在办妥移交手续、开具发票并收到价款或者取得了购买方的付款认可证明时，确认为营业收入实现。

第二，代建房及代建工程结算收入的确定。代建房、代建工程在竣工验收、办妥移交手续、开具结算账单并同时收到价款或者经委托方签证认可后，确认为营业收入实现。

第三，出租房租金收入的确定。按出租方式与承租方签订的合同或协议规定的承租方付租日期的金额，确认为出租方租金收入实现。

第四，以赊销或分期收款方式销售开发产品时，以本期收到的价款或按合同约定的本期应收价款，确认为营业收入的实现。

（3）房地产开发企业的稽查内容

房地产开发企业的稽查内容，应重点审查以下几个方面。

第一，将"主营业务收入""分期收款开发产品"等明细账与有关原始凭证、记账凭证、销售合同相核对，检查是否存在按合同规定应收取的销售款因实际未收到而转作"经营收入"的情况。

第二，将"主营业务收入"账与有关会计凭证相核对，同时核对纳税人开具的"商品房发票"和"动迁房发票"存根联，看有无分解收入，减少营业额的现象。

第三，将"应付账款""预收账款"等往来明细账与有关记账凭证、原始凭证、销售合同等相核对，看有无将收入挂往来账而不纳税的现象。

第四，纳税人以房换地时，其转让房屋的销售额是否为用来换取土地使用权的新建房屋的造价、旧房屋的评估价或旧房屋的买价。

第五，在稽查中应特别留意出租房、周转房的房地产开发企业。因为商品房、出租房和周转房三者之间用途是极不稳定的，如销售市场疲软，可将商品房对外出租；如销售市场看好，出租房可变为商品房对外销售；商品房暂未出售前,可临时用于安置动迁户,动迁户回迁或安置完毕,周转房可用作出租和商品房销售。所以稽查时要注意三者之间的增减变化,看其出租或销售收入是否计入"经营收入",有无将出租房、周转房销售后直接冲减出租房、周转房发生的摊销费用和改装修复费用等。

2. 转让无形资产稽查要点

纳税人转让无形资产收取的全部价款和价外费用为计税销售额,在会计核算中计入"营业外收入"等账户,在确认纳税人转让无形资产的行为是否属税法规定的本税目征税范围的同时,应重点检查其确认的收入额正确与否。

(1)将"营业外收入""无形资产"等账户与有关记账凭证、原始凭证相对照,看有无分解收入,或将收入直接冲减无形资产成本或其他支出的现象。

(2)将"应付账款""预收账款"等往来明细账与有关凭证相核对,看有无将已实现的销售额如预收定金等挂往来账而不及时纳税的现象。

(3)如果纳税人转让无形资产取得的是货物或其他经济利益,检查中应注意其货物价值在合同中有无明确规定,如果没有规定,是否按以下顺序确定其价值:

①受让人提供的货物的近期销售价格;

②其他纳税人同类货物的近期销售价格。

第三节　企业所得税的综合稽查

一、影响应纳税所得额增加类项目的稽查

(一)营业收入的稽查

1. 营业收入的稽查目标

营业收入的稽查目标一般包括:确定营业收入记录是否完整;确定与营业收入有关的金额及其他数据是否恰当记录,包括对销售退回、销售折扣与折让处理是否恰当;确定营业收入是否已记录于正确的会计期间;确定营业收入的内容是否正确;确定营业收入的披露是否恰当。

2. 营业收入的实质性程序

营业收入的实质性程序一般包括以下内容。

（1）取得或编制营业收入明细表，复核加计正确，并与总账数和明细账合计数核对相符；同时，与企业所得税年度纳税申报表核对相符。

（2）查明主营业务收入的确认原则、方法，注意是否符合企业会计准则和会计制度规定的收入实现条件，前后期是否一致。特别关注周期性、偶然性的收入是否符合既定的收入确认原则和方法。

（3）根据增值税发票申报表或普通发票，估算全年收入，与实际入账收入金额进行核对，并检查是否存在虚开发票或已销售但未开发票的情况。

（4）获取产品价格目录，抽查售价是否符合定价政策，并注意销售给关联方或关系密切的重要客户的产品价格是否合理，有无低价或高价结算以转移收入和利润的现象。

（5）抽取本期一定数量的销售发票，检查开票、记账、发货日期是否相符，品名、数量、单价、金额等是否与发运凭证、销售合同或协议、记账凭证等一致。

（6）抽取本期一定数量的记账凭证，检查入账日期、品名、数量、单价、金额等是否与销售发票、发运凭证、销售合同或协议等一致。

（7）实施销售的截止测试。对主营业务收入实施截止测试，其目的主要在于确定被稽查单位主营业务收入的会计记录归属期是否正确；应计入本期或下期的主营业务收入是否被推延至下期或提前至本期。

（8）结合对资产负债表日应收账款的函证程序，检查有无未经顾客认可的巨额销售。

（9）检查销售折扣、销售退回与折让业务是否真实，内容是否完整，相关手续是否符合规定，折扣与折让的计算和会计处理是否正确。

（10）调查集团内部销售的情况，记录其交易价格、数量和金额，并追查在编制合并财务报表时是否已予以抵消。

（11）调查向关联方销售的情况，记录其交易品种、数量、价格、金额以及占主营业务收入总额的比例。

（12）确定主营业务收入的列报是否恰当。

（二）公允价值变动收益稽查

1. 公允价值变动收益的稽查目标

公允价值变动收益包括交易性金融资产、交易性金融负债以及采用公允价值模式计量的投资性房地产、衍生金融工具、套期保值业务等公允价值变动形成的应计入当期损益的利得或损失。同样，公允价值变动收益稽查是与相关资产、负债的稽查一并进行的，作为测试相关资产、负债计价认定的一项重要内容。公允价值变动收益的稽查目标一般包括:确定公允价值变动收益记录是否完整;确定与公允价值变动收益有关的金额及其他数据是否恰当记录;确定公允价值变动收益是否已记录于正确的会计期间;确定公允价值变动收益的内容是否正确;确定公允价值变动收益的披露是否恰当。

2. 公允价值变动收益的实质性程序

(1)获取或编制公允价值变动收益明细表,复核加计正确,并与报表数、总账数及明细账合计数核对相符;同时,与企业所得税年度纳税申报表核对相符。

(2)根据公允价值变动收益明细账,对交易性金融资产(负债)、衍生工具、套期保值业务和投资性房地产等各明细发生额逐项进行检查。

①在资产负债表日,被稽查单位是否将交易性金融资产(负债)的公允价值与其账面价值的差额计入本科目;处置交易性金融资产(负债)时,是否将原已计入本科目的公允价值变动金额转入投资收益。

②在资产负债表日,被稽查单位是否将衍生金融工具的公允价值与其账面价值的差额计入本科目;终止确认衍生金融工具时,其会计处理是否正确。

③对于在资产负债表日,满足运用套期会计方法条件的现金流量套期和境外经营净投资套期产生的利得和损失,是否进行了正确的会计处理。

④以公允价值模式计量的投资性房地产的公允价值变动收益,应结合对应科目,检查其初始成本的确定是否正确,期末公允价值的确定是否合理;处置时原公允价值变动(含计入本科目和资本公积科目)是否正确结转至其他业务成本。

(3)确定公允价值变动收益的披露是否恰当。

(三)投资收益的稽查

1. 投资收益的稽查目标

投资收益的稽查目标一般包括:确定投资收益记录是否完整;确定与投资收益有关的金额及其他数据是否已恰当记录;确定投资收益是否已记录于正确的会计期间;确定投资收益的内容是否正确;确定投资收益的披露是否恰当。

2. 投资收益的实质性程序

投资收益的实质性程序一般包括以下内容。

（1）取得或编制投资收益明细表，复核加计正确，并与总账数和明细账合计数核对相符；同时，与企业所得税年度纳税申报表核对相符。

（2）与以前年度投资收益比较，结合本期投资的变动情况，分析本期投资收益是否存在异常情况。如有，应查明原因，并做出适当的调整。

（3）与长期股权投资、交易性金融资产、交易性金融负债、可供出售金融资产、持有至到期投资等相关项目的稽查结合，验证投资收益的记录是否正确，投资收益是否已记录于正确的会计期间。

（4）确定投资收益已恰当列报。检查投资协议等文件，确定国外的投资收益汇回是否存在重大限制，若存在重大限制，应说明原因，并做出恰当披露。

（四）营业外收入的稽查

1. 营业外收入的稽查目标

营业外收入的稽查目标一般包括：确定营业外收入记录是否完整；确定与营业外收入有关的金额及其他数据是否已恰当记录；确定营业外收入是否已记录于正确的会计期间；确定营业外收入的内容是否正确；确定营业外收入的披露是否恰当。

2. 营业外收入的实质性程序

营业外收入的实质性程序一般包括以下内容。

（1）取得或编制营业外收入明细表，复核加计正确，并与总账数和明细账合计数核对相符；同时，与企业所得税年度纳税申报表核对相符。

（2）检查营业外收入的核算内容是否符合会计准则的规定。

（3）抽查营业外收入中金额较大或性质特殊的项目，审核其内容的真实性和依据的充分性。

（4）对营业外收入中各项目，包括非流动资产处理利得、非货币性资产交换利得、债务重组利得、政府补助、盘盈利得、接受捐赠利得等的相关账户记录进行检查，并追查至相关原始凭证。

（5）检查营业外收入的披露是否恰当。

（五）纳税调整增加额的稽查

1. 纳税调整增加额的稽查目标

纳税调整增加额的稽查目标一般包括：确定纳税调整增加额记录是否

完整;确定与纳税调整增加额有关的金额及其他数据是否已恰当记录;确定纳税调整增加额是否已记录于正确的会计期间;确定纳税调整增加额的内容是否正确;确定纳税调整增加额的披露是否恰当。

2. 纳税调整增加额的实质性程序

纳税调整增加额的实质性程序一般包括以下内容。

(1)取得或编制纳税调整增加额明细表,复核加计正确,并与企业所得税年度纳税申报表核对相符。

(2)查明纳税调整增加额的各项目的确认原则、方法。具体来说,包括如下项目。

①收入类调整项目。视同销售收入;接受捐赠收入;不符合税收规定的销售折扣和折让;未按权责发生制原则确认的收入;按权益法核算的长期股权投资持有期间的投资损益;特殊重组;一般重组;公允价值变动净收益;确认为递延收益的政府补助;不允许扣除的境外投资损失以及其他。

②扣除类调整项目。工资薪金支出;职工福利支出;职工教育经费支出;工会经费支出;业务招待费支出;广告费和业务宣传费支出;捐赠支出;利息支出;住房公积金;罚金、罚款和被没收财物的损失;税收滞纳金;赞助支出;各类基本社会保障性缴款;补充养老保险、补充医疗保险;与未实现融资收益相关的在当期确认的财务费用;与取得收入无关的支出;不征税收入用于支出所形成的费用以及其他。

③资产类调整项目。财产损失;固定资产折旧;生产性生物资产折旧;长期待摊费用的摊销;无形资产摊销;投资转让、处置所得;油气勘探投资;油气开发投资以及其他。

④准备金调整项目。

⑤房地产企业按预售收入计算的预计利润。

⑥特别纳税调整应税所得。

⑦其他。

(3)对上述相关账户记录进行检查,并追查至相关原始凭证。

(4)检查上述项目的披露是否恰当。

二、影响应纳税所得额减少类项目的稽查

(一)营业成本的稽查

营业成本是指企业从事对外销售商品、提供劳务等主营业务活动和销

售材料、出租固定资产、出租无形资产、出租包装物等其他经营活动所发生的实际成本。以制造业的产成品销售为例,其营业成本是由期初库存产品成本加上本期入库产成品成本,再减去期末库存产品成本后求得的。

1. 营业成本的稽查目标

营业成本的稽查目标一般包括:确定记录的营业成本是否已发生,且与被稽查单位有关;确定与营业成本有关的金额及其他数据是否已恰当记录;确定营业成本是否已记录于正确的会计期间;确定营业成本的内容是否正确;确定营业成本与营业收入是否配比;确定营业成本的披露是否恰当。

2. 营业成本的实质性程序

营业成本的实质性程序一般包括以下内容。

(1)取得或编制营业成本明细表,复核加计正确,并与总账数和明细账合计数核对相符;同时,与企业所得税年度纳税申报表核对相符。

(2)复核主营业务成本汇总明细表的正确性,与库存商品等科目钩稽,并编制生产成本与主营业务成本倒轧表。

(3)检查主营业务成本的内容和计算方法是否符合有关规定,前后期是否一致,并做出记录。

(4)对主营业务成本执行实质性分析程序,检查本期内各月间及前期同一产品的单位成本是否存在异常波动,是否存在调节成本的现象。

(5)抽取若干月份的主营业务成本结转明细清单,结合生产成本的稽查,检查销售成本结转数额的正确性,比较计入主营业务成本的商品品种、规格、数量与计入主营业务收入的口径是否一致,是否符合配比原则。

(6)检查主营业务成本中重大调整事项(如销售退回)的会计处理是否正确。

(7)在采用计划成本、定额成本、标准成本或售价核算存货的情况下,检查产品成本差异或商品进销差价的计算、分配和会计处理是否正确。

(8)确定主营业务成本的披露是否恰当。

(二)税金及附加的稽查

1. 税金及附加的稽查目标

税金及附加的稽查目标一般包括:确定记录的税金及附加是否已发生,且与被稽查单位有关;确定与税金及附加有关的金额及其他数据是否已恰当记录;确定税金及附加是否已记录于正确的会计期间;确定税金及附加的内容是否正确;确定税金及附加与营业收入是否配比;确定税金及附加的披露是否恰当。

2. 税金及附加的实质性程序

税金及附加的实质性程序一般包括以下内容。

(1)取得或编制税金及附加明细表,复核加计正确,并与总账数和明细账合计数核对相符;同时,与企业所得税年度纳税申报表核对相符。

(2)根据审定的应税消费品销售额(或数量),按规定适用的税率,分项计算、复核本期应纳消费税税额。

(3)根据审定的应税资源税产品的课税数量,按规定适用的税率,计算、复核本期应纳资源税税额。

(4)检查城市维护建设税、教育费附加等项目的计算依据是否和本期应纳增值税、消费税合计数一致,并按规定适用的税率或费率计算、复核本期应纳城市维护建设税、教育费附加等。

(5)复核各项税费与应交税费等项目的钩稽关系。

(6)确定被查单位减免税的项目是否真实,理由是否充分,手续是否完备。

(7)确定税金及附加是否已在利润表上作了恰当披露。如果被查单位是上市公司,在其财务报表附注中应分项列示本期税金及附加的计缴标准及金额。

(三)销售费用的稽查

1. 销售费用的稽查目标

销售费用的稽查目标一般包括:确定记录的销售费用是否已发生,且与被稽查单位有关;确定与销售费用有关的金额及其他数据是否已恰当记录;确定销售费用是否已记录于正确的会计期间;确定销售费用的内容是否正确;确定销售费用与营业收入是否配比;确定销售费用的披露是否恰当。

2. 销售费用的实质性程序

销售费用的实质性程序一般包括以下内容。

(1)取得或编制销售费用明细表,复核加计正确,并与总账数和明细账合计数核对相符。

（2）将本期和上期销售费用各明细项目作比较分析，必要时，比较本期各月份的销售费用，如有重大波动和异常情况应查明原因。

（3）检查各明细项目是否与被稽查单位销售商品和材料、提供劳务以及销售机构的经营有关，是否合规、合理，计算是否正确。注意需经外汇管理部门审批的费用项目，是否经过批准。

（4）核对有关费用项目与累计折旧、应付职工薪酬等项目的钩稽关系，作交叉索引。

（5）针对销售费用各主要明细项目，选择重要或异常的凭证，检查原始凭证是否真实有效，会计处理是否正确。注意广告费用和业务宣传费的划分是否合理，是否符合税前列支条件。

（6）抽取资产负债表日前后一定数量的凭证，实施截止测试，对于重大跨期项目，应建议被稽查单位作必要调整。

（7）如被稽查单位是商品流通企业且已将管理费用科目的核算内容并入本科目核算，应同时实施管理费用稽查程序。

（8）确定销售费用的披露是否恰当。

（四）财务费用的稽查

1. 财务费用的稽查目标

财务费用的稽查目标一般包括：确定记录的财务费用是否已发生，且与被稽查单位有关；确定与财务费用有关的金额及其他数据是否已恰当记录；确定财务费用是否已记录于正确的会计期间；确定财务费用的内容是否正确；确定财务费用与营业收入是否配比；确定财务费用的披露是否恰当。

2. 财务费用的实质性程序

财务费用的实质性程序一般包括以下内容。

（1）取得或编制财务费用明细表，复核加计正确，并与总账数和明细账合计数核对相符；同时，与企业所得税年度纳税申报表核对相符。

（2）将本期、上期财务费用各明细项目作比较分析，必要时比较本期各月份的财务费用，如有重大波动和异常情况应追查原因，扩大稽查范围或增加测试量。

（3）检查利息支出明细账，确认利息收支的真实性及正确性。检查各项借款期末的应计利息有无预计入账。注意检查现金折扣的会计处理是否正确。

（4）检查汇兑损失明细账，检查汇兑损益的计算方法是否正确，核对所有汇兑率是否正确，前后期是否一致。

（5）检查"财务费用——其他"明细账，注意检查大额金融机构手续费的真实性与正确性。

（6）审阅下期期初的财务费用明细账，检查财务费用各项目有无跨期入账的现象，对于重大跨期项目，应作必要调整。

（7）检查从其他企业或非银行金融机构取得的利息收入是否按规定计缴营业税。

（五）管理费用的稽查

1. 管理费用的稽查目标

管理费用的稽查目标一般包括：确定记录的管理费用是否发生，且与被稽查单位有关；确定与管理费用有关的金额及其他数据是否已恰当记录；确定管理费用是否已记录于正确的会计期间；确定管理费用的内容是否正确；确定管理费用的披露是否恰当。

2. 管理费用的实质性程序

（1）取得或编制管理费用明细表，复核加计正确，与报表数、总账数及明细账数合计数核对相符；同时，与企业所得税年度纳税申报表核对相符。

（2）检查管理费用项目的核算内容与范围是否符合规定。

（3）将本期、上期管理费用各明细项目作比较分析，必要时比较各月份的管理费用，对有重大波动和异常情况的项目应查明原因，考虑是否提请被稽查单位调整。

（4）将管理费用中列支的职工薪酬、研究费用、折旧费以及无形资产、长期待摊费用、其他长期资产的摊销额等项目与相关科目进行交叉钩稽，并做出相应记录。

（5）选择管理费用中数额较大以及本期与上期相比变化异常的项目追查至原始凭证，并注意：董事会费是否已经实际支出并有合法依据；业务招待费的支出是否合理，如超过规定限额，应建议被稽查单位作纳税调整；差旅费支出是否符合企业开支的标准及报销手续；咨询费支出是否符合规定；有无诉讼费及赔偿款项支出，并关注是否符合规定；无形资产的摊销额和筹建期间内发生的开办费核算是否符合规定；支付外资机构的特许权使用费支出是否超过规定限额，必要时应建议被稽查单位作纳税调整；上交母公司或其他关联方的管理费用是否有合法的单据及证明文件；检查大额支出、不均匀支出和有疑问支出的内容和审批手续、权限是否符合有关规定;对被稽查单位行政管理部门等发生的大额固定资产修理费,关注其原因;检查库存现金、存货等流动资产的盘盈盘亏处理是否符合规定;复核本期发生的车船税、印花税等税费是否正确;对管理费用中的其他支出内容,关注有无不正常开支。

(6)抽取资产负债表日前后一定数量的凭证,实施截止测试,对于重大跨期项目,应建议作必要调整。

(7)检查管理费用的披露是否恰当。

(六)资产减值准备稽查

1. 资产减值准备的稽查目标

资产减值准备包括坏账准备、存货跌价准备、长期投资减值准备、可供出售金融资产减值准备、持有至到期减值准备、投资性房地产减值准备、固定资产减值准备、工程物资减值准备、在建工程减值准备、无形资产减值准备、商誉减值准备等项目。根据企业会计准则的规定,不同类别资产的减值,适用不同的准则。

对资产减值准备的稽查是与相关资产的稽查一并进行的,作为测试相关资产计价认定的一项重要内容。资产减值准备往往涉及会计估计。资产减值准备的稽查目标一般包括:确定记录的资产减值损失是否已发生,且与被稽查单位有关;确定与资产减值损失有关的金额及其他数据是否已恰当记录;确定资产减值损失是否已记录于正确的会计期间;确定资产减值损失的内容是否正确;确定资产减值损失的披露是否恰当。

2. 资产减值准备的实质性程序

(1)获取或编制资产减值准备明细表,复核加计正确,并与报表数、总账数及明细账合计数核对相符;同时,与企业所得税年度纳税申报表核对相符。

(2)检查资产减值准备的核算内容是否符合规定。

(3)对本期增减变动情况的检查包括以下内容:

①对本期增加及转回的资产减值损失,与坏账准备等科目进行交叉钩稽。

②对本期转销的资产减值损失,结合相关资产科目的稽查,检查会计处理是否正确。

(4)确定资产减值损失的披露是否恰当。

（七）纳税调整减少额的稽查

1. 纳税调整减少额的稽查目标

纳税调整减少额的稽查目标一般包括：确定记录的纳税调整减少额是否已发生，且与被稽查单位有关；确定与纳税调整减少额有关的金额及其他数据是否已恰当记录；确定纳税调整减少额是否已记录于正确的会计期间；确定纳税调整减少额的内容是否正确；确定纳税调整减少额的披露是否恰当。

2. 纳税调整减少额的实质性程序

纳税调整减少额的实质性程序一般包括以下内容。

（1）取得或编制纳税调整减少额明细表，复核加计正确，并与总账数和明细账合计数核对相符；同时，与企业所得税年度纳税申报表核对相符。

（2）查明纳税调整减少额的各项目的确认原则、方法。具体来说，包括如下项目。

①收入类调整项目。未按权责发生制原则确认的收入；按权益法核算长期股权投资对初始投资成本进行调整所确认的收益；按权益法核算的长期股权投资持有期间的投资损益；特殊重组；一般重组；公允价值变动净收益；确认为递延收益的政府补助；境外应税所得；不征税收入；免税收入；减计收入；减、免税项目所得；抵扣应纳税所得额以及其他。

②扣除类调整项目。视同销售成本；工资薪金支出；职工福利支出；职工教育经费支出；工会经费支出；广告费和业务宣传费支出；利息支出；各类基本社会保障性缴款；补充养老保险、补充医疗保险；与未实现融资收益相关的在当期确认的财务费用；加计扣除以及其他。

③资产类调整项目。财产损失；固定资产折旧；生产性生物资产折旧；长期待摊费用的摊销；无形资产摊销；投资转让、处置所得；油气勘探投资；油气开发投资以及其他。

④准备金调整项目。

⑤房地产企业预售收入计算的预计利润。

⑥其他。

（3）与上述相关账户记录核对相符，并追查至相关原始凭证。

（4）检查上述项目的披露是否恰当。

第四节　其他税种的综合稽查

一、资源税综合稽查

资源税是对开采或生产应税资源进行销售或自用的单位和个人，在出厂销售或移作自用时一次性征收，属于价内税。按照纳税人应税资源的销售量或自用量、收购量，依据所属税目及产品的等级、质量等适用的单位税额，计算缴纳的。

纳税人开采或者生产应税产品自用的，以自用数量为课税数量。如果纳税人不能准确提供应税产品销售数量或移送使用数量的，以应税产品的产量或主管税务机关确定的折算比，换算成的数量为课税数量。

纳税人开采或者生产不同税目应税产品的，应当分别核算，不能准确提供不同税目应税产品的课税数量的，从高适用税率。

纳税人的减税、免税项目，应当单独核算，未单独核算或不能准确提供课税数量的，不予减税或免税。

（一）对应税产品课税数量的稽查

资源税实行从价定率征税，计税依据为销售应税产品的取得的全部价款和价外费用。准确计算销售额，课税数量的确认是关键。

1. 销售应税产品课税数量的稽查要点

纳税人开采或者生产应税产品销售的，以销售数量为课税数量计算销售额。销售应税产品课税数量的审查，主要审查"税金及附加""应交税费——应交资源税"账户，对照销售发票等原始凭证，检查根据课税数量的确认销售额是否存在问题。对不能确认的应以应税产品产量或主管税务机关确定的折算比换算成的数量为课税数量计算销售额。

2. 自用应税产品的稽查要点

纳税人开采或者生产产品自用的，以自用数量为课税数量计算销售额。自产自用包括生产自用和非生产自用。自用应税产品数量的审查，主要审查"生产成本""制造费用""库存商品""应交税费——应交资源税"账户，对照领料单等原始凭证，检查对自产自用产品的数量的确认是否存在问题。对不能确认的,应以应税产品产量或主管税务机关确定的折算比换算成的数量为课税数量计算销售额。

3. 收购应税产品的稽查要点

收购应税产品稽查时应注意:

(1)独立矿山、联合企业收购的未税矿产品,是否按本单位适用的资源税税率,依据收购数量计算收购金额在收购地代扣代缴资源税。

(2)其他收购未税矿产品的单位,是否按收购地当地规定的税率,依据收购数量计算收购金额在收购地代扣代缴资源税。扣缴义务人属商品流通企业的,应审核"库存商品"明细账的借方发生额,并结合审核原始凭证,如"商品入库单""购货发票"等凭证,核实购进未税产品的数量及金额;扣缴义务人属工矿企业的,应审核其"材料采购""原材料"账户,结合"材料入库单""发货票"的审核,查实购进未税矿产品的数量及金额,再与企业申报纳税的计税数量及金额相核对,若申报数量及金额小于核实的数量及金额,说明企业少扣缴了税款,应及时补缴少扣税款。

(二)适用税目、税率的稽查

资源税的税目共有 6 个及若干子目,主要适用幅度比例税率,只有黏土、砂石适用幅度定额税率。因此适用税率(额)分为两个层次:一是原则性的幅度税率(额);二是具体的明细税率(额)。

资源税的税率由于考虑开采条件、质量等级而设置,因此,不同产地的税率(额)不同。稽查时一般根据资源税税目税率幅度明细表、对照审核企业的"生产成本""库存商品""主营业务收入""应交税费"明细账,以及资源税税金计算表,检查:

(1)企业有无混淆情况,故意将高税率的产品计入低税率产品的明细账中,使资源税税额降低的情况。

(2)企业在计算税金时有无错用税率,税金的计算缴纳是否正确,注意按核实的计税数量和单价计算应纳税额,与企业"应交税费——应交资源税"账户的贷方发生额以及纳税申报表上的应纳税额是否一致,如不一致则说明企业或适用税率有误,或申报缴纳不实。

(三)减免税项目的稽查

在稽查中应注意纳税人的减税免税项目,是否单独核算销售额、未单独核算或不能准确核算销售额的按规定不能享受减税和免税。

二、房产税综合稽查

(一)房产税稽查的内容和方法

1. 从价计征房产税的税务稽查

(1)检查纳税人的"固定资产"账户,审核"固定资产"账户中记载的房产余值,对纳税人未按财务会计制度规定记载,房产原值不实或没有原值的房产,应参考同时期的同类房产核定。

(2)税金的计算是否正确。一般来说,纳税人计算应纳税金时,比较容易出现的问题是把扣除房屋折旧额以后的房产净额作为房产原值计算应纳税额,稽查时应引起注意。

(3)注意纳税人对原有房屋改建、扩建的,是否按规定增加其房屋原值,有无将其改建、扩建支出列入大修理范围处理的情况,审查"在建工程"明细账,看有无已完工交付使用的房产继续挂账、未及时办理转账手续、少计房产原值的情况。必要时深入实地查看,看企业是否有账外房产。

2. 从租计征房产税的税务稽查

(1)检查纳税人"其他业务收入"等账户和房屋租赁合同及租赁费用结算凭证,核实房产租金收入,审核有无出租房屋不申报纳税的问题。

(2)租金的计算是否正确。对这部分房产税进行稽查时要注意是否存在部分出租的情况,如果存在这种情况则要按房产余值、租金收入两种方法分别计征房产税税额。

(3)审核有无签订经营合同隐瞒租金收入,或以物抵租少报租金收入,或将房租收入计入营业收入未缴房产税的问题。

(二)房产税清查应注意的问题

(1)产权出典的,是否由对房屋具有支配权的承典人缴纳房产税。

(2)房屋征免界限的划分。各免税单位的自用房产与生产、经营用房产、出租房产的划分,免税单位房产与下属单位房产的是否明确,其划分方法是否正确,以及免税房产在改变用途转为应税房产后是否按规定申报纳税。需要时,检查其申报的房产使用情况与其实际是否相符。

(3)审核房产税计算纳税的期限。对于新建、改造、翻建的房屋,已办理验收手续或未办理验收手续已经使用的,是否按规定期限申报纳税,有无拖延纳税期限而少计税额的问题。

(4)审核房产税纳税申报表,核实计税依据和适用税率的计算是否正确,对于固定资产户未记载的房产原值,或房产原值明显不合理的应提议纳税人按有关程序进行评估,以保证计税依据的准确完整。企业缴纳的房产税应在"管理费用"在列支。如果企业分期缴纳的税额较大,可以通过"待摊费用"科目,分摊到"管理费用"中,借记"管理费用",贷记"应交税费——应交房产税"。

三、土地增值税综合稽查

土地增值税是对纳税人转让房地产所取得的土地增值额征收的一种税。土地增值额是指转让国有土地使用权、地上建筑物及附着物取得的收入,扣减相关的成本、费用及税金后的余额。对土地增值税的稽查,关键是核实转让房地产所取得的收入和法定的扣除项目金额,以此确定增值额和适用税率,并核查应纳税额。

(一)转让房地产收入的稽查

房地产收入,包括建设场地销售收入、商品房销售收入、配套设施销售收入等,应包括转让房地产的全部价款及有关的经济收益。从收入形式来看,包括货币收入、实物收入和其收入。检查房地产收入,主要检查其确认收入的时间是否符合会计制度规定。根据规定,企业取得的房地产收入应于销售实现时及时入账。稽查时着重从以下几方面进行。

(1)审核收入明细账,如房地产开发企业"经营收入"的明细账及其所附的发票结算单等原始凭证,看其业务发生的时间是否符合销售成立的标准。同时,要注明企业少计、漏计或不计经营收入,用来逃避缴纳土地增值税情况。工商企业的"其他业务收入"(转让土地使用权)明细账等账户,并与房地产转让合同、记账凭证、原始凭证相核对,看企业有否分解房地产收入或隐瞒房地产收入的情况。

(2)审核往来账户,如"应付账款""预付账款""分期收款开发产品""其他应付款"等账户,并与有关转让房地产合同、会计凭证相核对,看有无将房地产收入长期挂账,不及时申报纳税的情况。

(3)审核房地产的成交价格,看其是否正常合理。对于转让房地产的成交价格明显低于评估价格,而又无正当理由的,应由评估部门进行评估,按房地产评估价格计算应纳的土地增值税。

(二)土地增值税增值额的扣除项目金额的稽查

由于土地增值税指对增值收益征税,因此,其扣除项目是否符合税法规定,是土地增值税检查的一项重要内容。

1. 取得土地使用权所支付的金额是否正确

在检查企业土地使用权时,应注意以下两种情况。

(1)房地产开发企业在经营、生产过程中,本身自用土地涉及的土地使用权。即房地产开发企业为自己建造办公用房、职工宿舍等涉及的土地使用。这部分土地使用权应列作企业的"无形资产"。

(2)房地产企业在从事开发项目的开发经营活动中涉及的土地使用权。由于房地产开发企业在销售产品时,开发产品使用范围内的土地使用权也随同转让。因此,只有这部分土地使用权才计入开发产品的成本,即作为土地增值税值的扣除项目。

稽查时,可检查"无形资产""开发成本"的借方发生额,对照支付费用的原始凭证,看其费用支出的合法性,是否有不属于取得土地使用权的费用而混进了费用支出,从而导致多计取得土地使用费。例如,分期、分批开发、分块转让,其取得土地使用权时所支付的金额就需要在已开发转让、未开发转让的项目中进行分配,仅就对外转让部分计入扣除,审查时应根据"开发产品""分期收款开发产品""经营成本"明细账进行。

2. 开发土地的房屋、配套设施的成本、费用的稽查

房地产开发成本通过"开发成本"账户核算,开发成本的种类应按"土地开发""房屋开发""配套设施开发""代建工程开发"等设置明细账,按成本项目进行核算。房地产开发企业发生的开发间接费用,先通过"开发间接费用"账户核算,期末按企业成本核算办法的规定,分摊计入"开发成本"各明细账户之中。

根据房地产企业会计制度规定,房地产开发企业开发产品成本包括土地征用及拆迁补偿费、前期工程费、建筑安装工程费、基础设施建设费、公共配套设施费以及开发间接费用。

土地征用及拆迁补偿费包括土地征用费、耕地占用费、劳动力安置费及有关地上、地下附着物拆迁补偿的净支出、安置动迁用房支出等。

前期工程费包括规划、设计、项目可行性研究、水文、地质、勘察、测绘等支出。

建筑安装工程费包括企业以出包方式支付给承包单位的建筑安装费和以自营方式发生的建筑安装工程费。

基础设施建设费包括开发小区内道路、供水、供电、供气、排污、排洪。通信、照明、环卫、绿化等工程发生的支出。

公共配套设施费包括不能有偿转让的开发小区内公共配套设施发生的支出。在检查公共配套设施费时,要注意企业是否按规定时间调整预提费用账户。房地产开发企业生产经营的特点决定了房地产开发企业直接的成本结转期,以开发小区的建设周期为准。在此期间发生的成本结转,经过主管财政部门审查批准后,可通过预提方式进行,待小区全部正式竣工结算时,调整预提费用。房地产开企业在开发进度的安排上,一般是先建住宅,后建配套工程。因此,对已出售的开发产品负担的配套设施的建设费用,无法按照配套设施的实际建设成本来进行成本结转和分摊。因此,房地产开发企业可按未完配套设施概算为基数,计算出已出售住宅应负担的数额,以预提方式计入出售住宅成本。

开发间接费用是指企业直接组织、管理开发项目发生的费用,包括工资、职工福利费、折旧费、修理费、办公费、水电费、劳动保护费、周转房摊销费。

稽查时应着重从以下几个方面进行。

(1)可检查企业"开发成本"明细账,并与有关会计凭证相核对,看企业成本核算是否真实、准确、有无将不属于开发房地产的成本、费用计入"开发成本"的情况。

(2)检查"开发间接费用"科目,并结合有关明细账和原始凭证,核对费用发生的真实性、准确性及其开支合法性;检查其是否符合权责发生制和收入与成本费用相配比的原则,有无多计应税项目费用少计非应税项目费用的情况。

(3)检查"开发产品""分期收款开发产品""主营业务成本"各有关明细,并与房地产转让合同、会计凭证相核对,看成本结转办法是否正确,有无虚列,多转房地产销售成本的情况。

(4)审核企业借款情况,看其借款利息支出能否按转让房地产项目计算分摊:一是利息的上浮幅度要按国家的有关规定执行,超过上浮幅度的部分不允许扣除;二是对于超过贷款期限的利息部分和加罚的利息不允许扣除。

(5)检查"税金及附加""应交税费""管理费用"账户,查看与项目有关的税金计缴是否正确。

3. 其他扣除项目的稽查

其他扣除项目,是由财政部规定的。因此,在检查其他扣除项目时,要分析其扣除内容的合法性,对照财政部颁发的有关规定进行核对。

(三)应纳税额的稽查

稽查应纳税额是否正确的程序是:

(1)核实增值额。

(2)以增值额除以扣除项目金额,核查增值额占扣除项目金额的比率,以此确定该增值额适用的级距、税率和速算扣除数。

(3)计算土地增值税应纳税额。

四、印花税综合稽查

印花税是对经济活动中因商事、产权转移、权利许可证照授受等行为而书立、领受的凭证征收的一种税。

纳税人在经济交往中书立的凭证种类很多,鉴别所书立的凭证是否具有合同性质,是判别征免的主要标准。应根据相关政策,对照纳税人的有关凭证从其内容、性质等方面进行审核。

(一)应税凭证的稽查

1. 应税合同的稽查要点

(1)检查征税范围。纳税人在经济交往中书立的凭证各类很多,鉴别所书立的凭证是否具有合同性质,是差别征免的主要标准。检查纳税人有无代划凭证性质,将应税凭证划为非应税凭证,或因对政策规定理解有误,而将应税凭证作为免税凭证,造成漏纳印花税的问题。

(2)检查应税合同的计税依据。主要检查合同所载金额有多项内容的,是否按规定计处纳税;已税合同修订后增加金额的,是否补贴印花;未注明金额或暂时无法确定金额的应税凭证,是否已按规定贴花;以外币计价的应税合同,是否按规定将计税金额折合成人民币金额后贴花;当合同中既有免税金额,又有应税金额时,纳税人是否正确计算纳税。

(3)检查应税合同的适用税率。主要检查纳税人是否将按比例税率和按定额税率计征的凭证相互混淆;有无将载有多项不同性质经济业务的经济合同误用税目税率;有无将性质相似的凭证误用科目税率;在签订合同时因无法确定计税金额而暂时按 5 元计税贴花的,有无在结算实际金额时按其实际适用的比例税率计算并补贴印花。

2. 其他凭证的稽查要点

(1)检查营业账簿的计税情况。首先检查企业有无错划核算形式,漏缴印花税的问题。例如,采用分级核算形式的纳税人,仅就财务部门本身设置的账簿计税贴花,对设置在二级核算单位和车间的明细账未按规定计税贴花的情况。其次,检查资金账簿计税情况是否正确。最后检查其他账簿是否按规定计税贴花,除总分类账簿以外的账簿,包括日记账簿和各明细分类账等,是否按件贴花。

(2)检查产权转移书据、权利许可证照的计税情况。首先了解和掌握纳税人在经济活动和经济交往中都书立、领受了哪些产权转移书据。其次检查产权转移书据的内容,并与"固定资产""无形资产"等账户发生额核对,核实其实际发生的计税金额;同时按规定的税率验算其应纳税额,并与产权转移书据上粘贴的印花税票核对,看是否存在错算或少缴印花税的问题。

(二)应纳税额的稽查

1. 减税免税稽查要点

稽查时,要注意纳税人已按免税处理的凭证是否为免税合同,有混淆免税界限、扩大减免税范围的情况。

2. 履行完税手续稽查要点

(1)检查纳税人是否按规定及时足额地履行完税手续,有无在应纳税凭证上未贴或少贴印花税票的情况;已贴印花税票有无未注销或者未划销的情况;有无将已贴用的印花税票撕下重用的问题。

(2)检查平时"以表代账"的纳税人,在按月、按季或按年装订成册后,有无未按规定贴花完税的问题。

五、个人所得税综合稽查

个人所得税是对居民和非居民取得的个人所得征收的一种税费。征税时对各项不同的所得采取了不同的计税方法。

(一)工资、薪金所得的稽查

工资、薪金所得,是指个人因任职或者受雇而取得的工资、薪金、奖金、年终加薪、劳动分红、津贴、补贴以及与任职或者受雇有关的其他所得。判定某项所得是属于工资、薪金所得还是属于劳务报酬所得,可从纳税人与任职单位所存在的雇佣或非雇佣关系方面,是否属于非独立劳务,如存在雇佣关系就属于非独立劳务,应按"工资、薪金所得"税目征税,否则应按"劳务报酬所得"税目征税。对个人工资、薪金所得的稽查主要注意以下几个方面。

(1)注意审查"应付职工薪酬——工资"账户。"应付职工薪酬——工资"账户核算应付给职工个人的各种工资、奖金、津贴等。审查时应根据会计记账凭证,核对各种津贴、补贴、奖金的发放是否正确。

(2)检查"应付职工薪酬——福利费"账户。审查是否有通过该账户发放现金和实物的情况。对发放的实物应折合为现金计入个人工资、现金所得。

(3)检查"管理费用""销售费用"账户,检查企业是否将管理部门、销售部门人员的奖金、补贴计入该账户,从而不计入"应付职工薪酬——工资"账户,偷逃个人所得税。

(4)检查企业往来账户,检查企业是否通过往来账户,私设"小金库"而乱发奖金和实物。

(5)检查"盈余公积""利润分配"账户,检查企业是否从该账户中提取奖金,不通过"应付职工薪酬——工资"科目。

(6)对外籍个人(包括港、澳、台同胞)的工资、薪金稽查,主要是在稽查前,了解外籍个人的工资、薪金构成、聘任期限、职务、福利待遇以及国籍、在华时间等情况。

(7)注意对个人工资、薪金所得与企业的工资费用支出的比对问题,防止将实际发放的工资性支出在企业所得税前金额列支,而在计算个人所得税时人为虚减的情况发生。

工资、薪金所得的稽查,主要是检查企业的工资费用,即人工费。在个人所得税工资、薪金的检查中,还要注意检查企业是否按规定时间代扣代缴了个人所得税,主要通过检查企业"应交税费——应交个人所得税"账户,借方累计发生额为实际缴纳的个人所得税,贷方累计发生额为本期实际扣缴的税额,贷方余额为已扣尚未缴纳的金额。

(二)个体工商户生产、经营所得的稽查

个体工商户生产、经营所得是指个体工商户、个人独资企业和合伙企业从事工业、手工业、建筑业、交通运输业、商业、饮食业、服务业、修理业及其他行业生产、经营取得的收入。

1. 对个体工商户的稽查

个体工商户的生产经营所得是以每一纳税年度的收入总额,扣除成本、费用以及损失后的余额。收入总额是指个体工商户从事生产、经营以及与生产经营有关的活动所取得的各项收入,包括主营业务收入、其他业务收入、投资收益和营业外收入。收入的确认原则按权责发生制原则处理。

允许扣除的成本、费用、损失和税金要严格按照《个体工商户个人所得税计税办法(试行)》的规定,确定税前扣除标准。

对个体工商户的稽查,应注意两个方面。

(1)税前扣除项目的审查

①个体工商户在生产经营中的借款利息支出,超过中国人民银行规定的同类、同期贷款利率计算的数额部分,不得扣除。

②个体工商户发生的与生产经营有关的修理费用,可以据实扣除;对修理费用发生不均衡或数额较大的,应分期扣除。

③个体工商户以经营租赁方式租入固定资产的租赁费,可以据实扣除;对以融资租赁方式租入固定资产的租赁费不得直接扣除,但可按规定提取折旧。

④个体工商户实际发生的与生产经营有关的业务招待费,在其收入总额比例以内据实扣除。

⑤个体工商户发生的公益性救济捐赠在应纳税所得额30%以内的部分允许据实扣除超过部分不得扣除,但对青少年活动场所以及中国红十字会的公益性捐赠允许全额扣除。个体工商户直接给受益人的捐赠不得扣除。

⑥资本性支出、被没收财物、支付的罚款、实收的滞纳金、各种赞助支出、分配给投资者的股利不得在税前扣除。

(2)应纳税额的审查

①企业在年度中间开业,或由于合并、关闭等原因,使该纳税年度的实际经营期不足12个月的,应当以其实际经营期为一个纳税年度。在计算应纳税所得额时,应换算为全年应纳税所得额进行计算;按月预缴所得税时,也应换算为全年应纳税所得额,计算当月应纳所得税额。

②投资者来源于境外的生产经营所得,已在境外缴纳所得税的,按照个人所得税法,可以扣除已在境外缴纳的所得税。

2. 对个人独资企业和合伙企业的稽查

税法规定,个人独资企业和合伙企业从2000年1月1日起不再征收企业所得税。对个人所得税的征收稽查,应注意以下几个方面。

(1)企业实际发生的工会经费、职工福利费、职工教育经费分别在工资总额 2％、14％、2.5％的标准内据实扣除。

（2）企业发生的与生产经营活动有关的业务招待费支出，按照发生额60％扣除，但最高不得超过当年销售（营业）收入的 50％。

（3）企业发生的符合条件的广告费和业务宣传费支出，除国务院财政、税务主管部门另有规定外，不超过当年销售（营业）收入 15％的部分，准予扣除，超过部分，准予在以后纳税年度结转扣除。

（4）各种准备金的计提不得扣除。

（5）个人独资企业和合伙企业对外投资取得的利息、股息或红利，不并入企业的收入总额，应作为投资者个人取得的利息、股息和红利所得，按"利息、股息和红利所得"计算缴纳个人所得税。

（三）利息、股息、红利所得的稽查

税法规定，利息、股息和红利所得以个人每次取得的收入额为应纳税所得额，不得从收入中扣除任何费用。这里每次收入是指支付单位或个人每次支付利息、股息和红利时，个人所取得的收入。对于股份制企业在分配股息、红利时，以股票形式向股东个人支付应得的股息、红利，应以派发红股的股票票面金额为收入额。

利息、股息、红利所得的稽查，应注意以下两个方面。

（1）根据"财务费用"明细账借方发生额、"其他应付款"明细账贷方发生额等有关凭证，了解企业是否有职工个人集资、核查企业支付集资利息费用，对于支付的集资是否按规定代扣代缴税款，企业为个人负担税款的是否将不含税的利息收入换算成含税的收入纳税，对职工个人出资缴纳的风险抵押金利息收入是否按利息所得处理。

（2）根据企业"利润分配——应付利润"明细账及有关原始凭证，审核支付对象有无个人，对于外国投资者从企业取得的股息（利润）、红利暂免征收个人所得税，对于中国公民取得的股息、红利应按规定纳税。

（四）劳务报酬所得的稽查

劳务报酬所得是指个人从事设计、装潢、安装、制图、化验、测试、医疗、法律、会计咨询、讲学、新闻、广播、审稿、书画、雕刻、影视、录音、录像、演出、表演、广告、展览、技术服务、介绍服务、经纪服务、代办服务以及其他劳务报酬取得的所得。

税法规定，凡属于一次性收入的，以取得该项收入为一次，按次确定应纳税所得额；凡属于同一项目取得连续性收入的，以一个月内取得的收入为一次，计算应纳税额。对劳务报酬所得一次收入偏高的，规定在适用

20％税率征税的基础上,实行加成征税办法。两人或两人以上的个人共同取得同一项目收入的,按照"先分、后扣、再税"的办法征收个人所得税。

对取得劳务报酬的稽查,应从分析个人纳税申报表开始,结合申报人的职业、专业进行核实,对代扣代缴单位的纳税申报,认真查核,是否存在漏缴的情况。稽查时就注意对劳动报酬所得,主要检查从事第二职业的个人;对稿酬所得,主要审查出版社、书刊杂志社的纳税申报;对特许权使用费所得,主要审查有特别专业和贡献的科技人员,审查专利局的纳税申报;对财产转入收入、财产租赁收入所得,专业审查土地管理局和房地产开发公司的纳税申报。

第五章　企业应对税务稽查的策略和账务调整

近年来,随着我国社会经济的高速发展,国家治理越来越完善,税制改革日渐深入,我国的增值税自 2016 年以来已经得到了全面扩围,营业税完全被取代,全面上线的金税工程三期实现了全国税务数据的共享与集中,以此促进了税务管理准确性和主动性的有效提高。同时,企业正面临着日新月异的税务环境,快速变化的税务政策,其中税务稽查是企业必须面对的一项棘手事情,应对不力会使企业面临极大的税务风险。本章探析企业应对税务稽查的可行性措施,帮助企业在税企博弈中最大限度地规避税收风险。

第一节　企业应对税务稽查的策略

税务稽查工作是税收征管体系的最后一道屏障,对于维护税法的尊严,创造公平、公正的税收环境,保证税收任务的较好完成起着至关重要的作用。依法纳税是每一纳税人的法定义务,配合税务机关做好税务稽查工作是纳税人应尽的责任。同时,与税务机关建立良好的征纳关系,对企业具有十分重要的意义。

一、提前准备,排除隐患

税务稽查是税收征收管理工作的重要环节,是税务机关代表国家依法对纳税人的纳税情况进行检查监督的一种形式。税务稽查部门在检查前,应当告知被查对象检查时间、需要准备的资料等,但预先通知有碍检查的除外。纳税人在接到税务稽查通知后不必惊慌失措,其实,税务稽查在多数情况下履行的是年度性或季度性巡回检查,属于一种常规性检查,并没有明确的针对性。由群众举报或者发现问题而进行的有针对性的稽查只是极少数情况。

(一)及时准备检查材料

绝大部分税务稽查都会预先告知纳税人检查时间、需要准备的资料。

财务人员接到通知后应及时将税务稽查事项告知相关领导,最好按照通知要求安排时间,如果在时间安排上有问题,要向税务机关的有关负责人说明原因,变更检查日期。

财务人员还应督促相关人员将涉税凭证及时交到财务部门,并做好会计凭证、会计账簿、会计报表、纳税申报资料的整理、装订、标识等准备工作,可以帮助税务稽查人员节约检查时间,有利于税务稽查工作的顺利进行。

(二)分析了解税务稽查的意图

税务稽查根据检查目的的不同,一般分为日常稽查、专项稽查和专案稽查三种。

1. 日常稽查

日常稽查是税务稽查局有计划地对税收管辖范围内纳税人及扣缴义务人,履行纳税义务和扣缴义务的情况进行检查和处理的执法行为。

日常稽查一般没有确定和实质性的目的,纳税人按照《税收征管法》的要求认真配合税务检查工作,一般不会带来较大的纳税风险。

2. 专项稽查

专项稽查是稽查局按照上级税务机关的统一部署或下达的任务,对管辖范围内的特定行业、或特定的纳税人、或特定的税务事宜所进行的专门稽查。

专项稽查能够集中有限的人力、物力和财力,解决带有普遍性的问题,收效快,反响大。国家税务总局经常会选择一些带有普遍性的问题,在全国范围内开展专项税务稽查,纳税人只要满足专项稽查的范围,就会受到稽查,专项稽查一般也不会带来较大的纳税风险。

3. 专案稽查

专案稽查是指稽查局依照税收法律法规及有关规定,以立案形式对纳税人、扣缴义务人履行纳税义务、扣缴义务的情况所进行的调查和处理。

专案稽查一般是针对较为严重的税务违法行为进行的,通常不会预先告知,主要采用突击检查的方法。适用于举报、上级交办、其他部门移交、转办以及其他所有涉嫌税收违法案件的查处,纳税人可能面临较大的纳税风险。

（三）做好稽查前的补救措施

1. 争取时间，开展自查

纳税人在收到《税务检查通知书》后，在分析了解税务稽查意图后，应争取时间，开展自查。自查的内容主要包括会计科目使用的正确性、外来发票的真实性、自制原始凭证的规范性、会计摘要的准确性，会计凭证的填制、会计账簿的登记是否存在错误，企业应纳税款的计算是否准确，存货是否做到账实相符，往来账是否存在问题，会计报表的编制是否符合要求等。

税务稽查前的纳税人自查，也可以视为一项内部审计工作，甚至可以将其常态化，这样企业就能够通过定期或不定期的自查来发现税额计算中有无漏洞和问题。这样，一方面能够确保企业财会资料及涉税数据的准确完整；另一方面，也能够为接受税务稽查做好前期准备，而且，通过自查也有助于健全企业的内部管理流程。企业要做到有序有效地自查，可按如下五个步骤进行。

第一，对照相关法律法规与企业财务制度，也就是将企业内部的各税财会处理制度与国家相关税收条例规定进行对照自查，看它们之间是否存在差异和矛盾，如果存在，是否会造成企业纳税上的违规。

第二，制度执行情况自查，即与税费缴纳情况相关的企业内部有关制度的执行情况的自查。主要是用来确定企业内部这些相关的制度、流程执行情况如何，是否存在影响税费计算准确性的因素。

第三，纳税申报的自查。即通过账证与纳税申报表的对照自查。自查的目的是从中发现是否存在足额申报税款的问题。

第四，账簿对应关系的自查。即通过账簿数据的勾稽关系自查是否存在税费计算上的错误。

第五，数据、指标分析，即对企业的一些财务数据按各税法规具体要求进行对比。自查的目的是从财务数据、指标角度看企业是否可能存在税务违规问题。

2. 完善手续，补充资料，更正错误

对自查中发现的问题，纳税人应及时完善相关手续，补充必要资料，作出合理的解释和说明。如果发现账簿记录有错误，应按规定的方法进行更正，不得涂改、挖补或用化学试剂消除字迹。企业自查发现的错账，主要是当期产生的会计差错，更正方法包括以下三种。

（1）划线更正法

划线更正又称红线更正。如果发现账簿记录有错误，而其所依据的记账凭证没有错误，即纯属记账时文字或数字的笔误，应采用划线更正的方法进行更正。更正的方法如下：

一是将错误的文字或数字划一条红色横线注销，但必须使原有字迹仍可辨认，以备查找。

二是在划线的上方用蓝字或黑字将正确的文字或数字填写在同一行的上方位置，并由更正人员在更正处盖章，以明确责任。

（2）红字更正法

红字更正又称红字冲销。在会计上，以红字记录表明对原记录的冲减。红字更正适用于以下两种情况。

①根据记账凭证所记录的内容记账以后，发现记账凭证中的应借、应贷会计科目或记账方向有错误，且记账凭证同账簿记录的金额相吻合，应采用红字更正。更正的方法如下：

一是先用红字填制一张与原错误记账凭证内容完全相同的记账凭证，并据以用红字登计入账，冲销原有错误的账簿记录。

二是再用蓝字或黑字填制一张正确的记账凭证，并据以用蓝字或黑字登计入账。

②根据记账凭证所记录的内容记账以后，发现记账凭证中应借、应贷的会计科目和记账方向都没有错误，记账凭证和账簿记录的金额也吻合，只是所记金额大于应记的正确金额，应采用红字更正。更正的方法是将多记的金额用红字填制一张与原错误记账凭证所记载的借贷方向、应借应贷会计科目相同的记账凭证，并据以登计入账，以冲销多记金额，求得正确金额。

（3）补充登记法

补充登记又称蓝字补记。根据记账凭证所记录的内容记账以后，发记账凭证中应借、应贷的会计科目和记账方向都没有错误，记账凭证和账簿记录的金额也吻合，只是所记金额小于应记的正确金额，应采用补充登记法。更正的方法是将少记的金额用蓝字或黑字填制一张与原错误记账凭证所记载的借贷方向、应借应贷会计科目相同的记账凭证，并据以登计入账，以补记少记金额，求得正确金额。

二、冷静接待，妥善沟通

企业应热情接待税务稽查人员，态度不卑不亢、实事求是，企业在接受税务稽查过程中,应与税务稽查人员保持愉快的沟通,建立与稽查人员相互信赖、相互尊重的关系,避免产生不必要的怀疑,使稽查工作顺利进行。

(一)针对不同稽查类型安排接待工作

1. 事先告知税务稽查的接待

由税务机关事前预告日期的税务稽查,最好是如约接受,确因临时有事不能按预定时间接待检查,要向税务机关的有关负责人说明原因,变更日期。纳税人不要频繁变更检查时间,否则会让税务机关产生稽查对象有意回避检查的结论。

税务机关通常会在一周前发出《税务检查通知书》,若企业有税务代理,多数会通过税务代理进行联络,纳税人应与税务代理进行沟通,听取税务代理的建议安排税务稽查接待工作。日常的税务稽查时间为两天到一周。在税务稽查开始时,最好请稽查人员说明大体的预定检查时间。一般来说,在税务稽查期间,纳税人没有必要为配合检查而停止工作。

对于事先告知的税务稽查,纳税人在检查之初,若能和税务稽查人员保持愉快沟通才是技高一筹的做法。在相互沟通和交流中,纳税人要创造与稽查人员之间的相互依赖、相互尊敬的关系,使税务稽查顺利进行。税务稽查之初的沟通具有双重意义:一是可以建立相互信赖的关系,使税务稽查顺利开展,不浪费时间;二是不让税务稽查人员产生怀疑,给后面的检查提供方便。

2. 突击税务稽查的接待

如果税务稽查人员突然到单位进行检查,首先应该让税务人员说明检查理由。在常规税务检查的情况下,若没有单位法人代表或主要负责人的同意,检查通常不可能进行,纳税人可以拒绝检查。

税务人员突然检查,通常情况下是已经掌握了偷税证据,通过突然"袭击",使纳税人无法掩盖事实真相。在这种情况下,税务人员在检查之前就已经确定了检查重点,如果检查一段时间没有发现问题,多数情况下检查就不会再继续下去。

纳税人在接受突击税务稽查时,应该有礼有节地对待税务稽查人员,避免和税务稽查人员发生正面冲突。

3. 强行税务稽查的接待

税务机关如果有确凿证据证明纳税人有偷漏税行为且金额较大,通会采取强行税务稽查行为,一般会有公安等执法部门配合,这种税务稽查无须纳税人同意。

在这种情况下,聘请税务代理提供帮助已经没有什么作用了。纳税人将被以刑事案件起诉的可能性极大,这时最好直接去找辩护律师,通过法律手段解决问题。

(二)积极主动与税务稽查人员进行沟通

1. 请求稽查人员表明身份

当检查人员进入企业进行税务检查时,企业有权要求检查人员出示税务检查证和税务检查通知书;未出示税务检查证和税务检查通知书的,纳税人有权拒绝检查。

对于税务人员检查证的使用,国家税务总局《税务检查证管理暂行办法》的规定:税务检查证是税务机关的法定专用检查凭证,由国家税务总局统一制定,采用全国统一编号,发放对象为各级税务机关专门从事税务检查工作的税务人员,只限于持证人本人使用,但各级税务机关聘用的从事税收工作的临时人员、协税员、助征员、代征员等不核发税务检查证。税务检查证须经发证机关加盖税务检查证专用印章后方为有效。税务检查证的使用期限为5年。

税务检查通知书是根据《中华人民共和国税收征收管理法实施细则》规定,由国家税务总局制定。

2. 可以向税务机关提出请求有关人员回避的要求

税务人员在核定应纳税额、调整税收定额、进行税务检查、实施税务行政处罚、办理税务行政复议时,与纳税人、扣缴义务人或者其法定代表人、直接责任人有下列关系之一的,应当回避:夫妻关系;直系血亲关系;三代以内旁系血亲关系;近姻亲关系;可能影响公正执法的其他利害关系。

3. 纳税人在税务稽查中要如实反映情况

企业在接受税务机关依法进行的税务检查中,要如实反映情况,提供账簿、记账凭证、报表等资料,接受稽查人员询问与纳税或者代扣代缴、代收代缴税款有关的问题和情况,接受稽查人员记录、录音、录像、照相和复制与案件有关的情况和资料,接受检查人员到企业的生产、经营场所和货物存放地检查应纳税的商品、货物或者其他财产。

4. 涉及企业的商业秘密要特别说明

税法规定纳税人、扣缴义务人有权要求税务机关为纳税人、扣缴义务人的情况保密。企业的商业秘密对企业来说至关重要。企业应该将税务检查中涉及的商业秘密进行特别说明,以防税务机关不了解情况而非故意泄密,避免引发不必要的税企争议。

5. 详细记录税务机关调取的有关资料的情况

税务机关调取账簿、记账凭证、报表和其他有关资料时,按照规定会履行一定的手续。当账簿、记账凭证、报表和其他有关资料调出时,企业认真核对后指定负责人签章确认,并记录应退还的日期;调出的账簿、记账凭证、报表和其他有关资料归还时,企业应认真审核,并履行相关签收手续。

6. 正确行使陈述权,积极与税务稽查人员进行沟通

税务机关在税务检查结束前,检查人员可以将发现的税收违法事实和依据告知被查对象;必要时,可以向被查对象发出《税务事项通知书》,要求其在限期内书面说明,并提供有关资料;被查对象口头说明的,检查人员应当制作笔录,由当事人签章。企业收到《税务事项通知书》时,应该积极准备陈述理由,并提供可靠的证据和依据,澄清事实。

三、认真执行税务稽查结论

审理部门接到检查部门移交的《税务稽查报告》及有关资料后,安排人员进行审理。审理部门区分情形分别做出不同的审理结论,交由执行部门实施执行。

(一)收到《税务处理决定书》后应做的工作

纳税人有税收违法行为,应当进行税务处理的,执行部门下达《税务处理决定书》,要求被检查企业补缴税款及滞纳金。被检查的企业收到税务处理决定书》后,如果对被查补税款没有争议,应该尽快缴纳税款及滞纳金。如果企业对查补税款的决定不服,应该自收到《税务处理决定书》后,按照规定缴纳税款及滞纳金或提供纳税担保,然后申请行政复议。

(二)收到《税务行政处罚事项告知书》后应做的工作

审理部门拟对被查对象或者其他涉税当事人作出税务行政处罚的,向其送达《税务行政处罚事项告知书》，告知其依法享有陈述、申辩及要求听证的权利。税务行政处罚的种类有：罚款、没收违法所得、停止办理出口退税、吊销税务行政许可证。

1. 纳税人对税务机关处以行政处罚的结论无争议

纳税人在收到税务机关送达的《税务行政处罚事项告知书》后，如果对处罚结果存在异议，可以进行陈述和申辩，必要时也可以要求听证。由于企业对税务机关拟进行的税务行政处罚没有争议，认为自己的违法情况属实，在与税务机关进行沟通与协调时，要保证态度端正。在收到《税务行政处罚决定书》后，应在行政处罚决定规定的期限内予以履行。

2. 纳税人对税务机关处以行政处罚的结论有争议

纳税人在收到税务机关送达的《税务行政处罚事项告知书》后，企业如果认为处罚不当或处罚程序存在瑕疵，应该积极地向税务机关进行陈述、申辩，提供可靠的证据。如果提供的是口头陈述、申辩意见，要在审理人员制作的《陈述申辩笔录》上签章。企业如果被处以1万元以上的罚款、被处以吊销税务行政许可证的，可以要求听证。听证的要求应该在收到《税务行政处罚事项告知书》后的3日内提出。企业行使陈述权、申辩权和听证的权利，有利于让税务机关全面了解企业情况，客观研究和处理问题。

如果企业在行使了陈述权、申辩权和听证的权利后，仍收到了《税务行政处罚决定书》，企业可以自收到《税务行政处罚决定书》之日起60日内，依法向上一级税务机关申请行政复议。

如果企业对税务机关处以行政处罚申请税务行政复议，要严格按照2010年国家税务总局发布的《税务行政复议规则》进行。企业在行政复议的过程中，应该注重和解与调解的运用。通过协调与和解可以化解纠纷、降低企业的纳税成本。《税务行政复议规则》规定：对税务机关行使自由裁量权作出的具体行政行为，如行政处罚、核定税额、确定应税所得率等具体行政行为行政复议事项，按照自愿、合法的原则，申请人和被申请人在行政复议机关作出行政复议决定以前可以达成和解，行政复议机关也可以调解。

申请人和被申请人达成和解的，应当向行政复议机构提交书面和解协议。和解内容不损害社会公共利益和他人合法权益的，行政复议机构应当准许。经行政复议机构准许和解终止行政复议的，申请人不得以同一事实和理由再次申请行政复议。

按照《税务行政复议规则》的规定，行政复议机关在征得申请人和被申请人同意后,可以对税务行政复议事项进行调解。听取申请人和被申请人的意见,提出调解方案,达成调解协议并制作行政复议调解书。行政复议调解书经双方当事人签字,即具有法律效力。企业如果同意调解书的内容,应该在行政复议调解书中签字,如果签字,意味调解书具有法律效力。

如果企业对税务机关作出行政处罚决定采取行政诉讼的,应该自收《税务行政处罚决定书》之日起3个月内依法向人民法院起诉。当事人应在行政处罚决定规定的期限内予以履行。当事人在法定期限内即不申请复议又不起诉的,并且在规定期限内又不履行的,税务机关可申请人民法院强制执行。

纳税人对税务稽查处理结果存在争议,应该按照规定要求履行税务稽查结论,再采取其他解决争议的手段。纳税人应避免发生在法定期限内即不申请复议又不起诉,也没有履行税务稽查结论,被人民法院强制执行的情况发生。

第二节　企业对稽查结果的处理策略

一、分析税务稽查结论

税务机关在对企业进行税务稽查后,会得出相应的稽查结论,通常会以税务稽查报告的形式呈现出来。

(一)解读税务稽查报告

接到税务机关的稽查报告后,企业应从以下几个方面对其进行分析解读。

1. 稽查人员是否完整准确地援引了相关法律条文

纳税人需要重点从税务稽查报告中识别是否有如下情况存在:

第一,税务机关在稽查报告中引用的是否只是省级、市级颁布的规范性文件,而没有国家级的法律法规作依据;

第二,相关税务文书是否有具体文号、名称;

第三,相关税务文书是否符合法律法规的规定。

这些问题将会成为纳税人日后维护自身合法权益的有力证据。

2. 报告中是否有当事人的申辩笔录

根据规定,在税务稽查执法中,税务机关应当将当事人的署名陈述、申辩整理在案,将申辩材料整理归档。并据此制作陈述申辩笔录,并让当事人签字或盖章。即使当事人放弃陈述或申辩权利,也应在报告中予以说明。另外,根据《中华人民共和国行政处罚法》的规定:"拒绝听取当事人的陈述、申辩,行政处罚决定不能成立。"

3. 是否制作了出示执法稽查证件的笔录

根据规定,税务人员在进行税务稽查的过程中要出示执法稽查证件,但很多人却没有制作相应的笔录。这种笔录一般包括稽查时间、地点、证件出示情况、稽查方法等事项在内,并由当事人签字后存入稽查档案。如果不存在这种笔录,那么日后纳税人一旦起诉,税务机关将可能因为执法程序不合法而败诉。

4. 处罚是否恰当、证据是否充足

在税务稽查执法中,税务机关对于纳税人偷税的处理措施通常是按定额进行处罚,但这同《中华人民共和国税收征收管理法》规定的"处不缴或少缴税款的百分之五十以上五倍以下的罚款"是不相符的。因此,纳税人一定要注意分析纳税机关给予的各项处罚措施是否合理、适当。

证据不足的问题主要表现在税务机关对纳税人违法事实认定的证据不足,其一是那些起主要证据作用的税务稽查底稿没有纳税人签字,所以起不到证据的作用;其二是纳税机关获取的证据不足以支持税务处理结论。

5. 税务机关是否按法定程序告知了当事人可以采取的法律救济途径

这种问题主要表现在,一些税务稽查人员在对纳税人实施相应的处罚措施前,没有按规定程序告知当事人享有的陈述申辩权、听证权、复议权、诉讼权。

(二)偷税认定的政策分析

《中华人民共和国税收征收管理法》第六十三条规定:"纳税人伪造、变造、隐匿、擅自销毁账簿、记账凭证,或者在账簿上多列支出或者不列、少列收入,或者经税务机关通知申报而拒不申报或者进行虚假的纳税申报,不缴或者少缴应纳税款的,是偷税。对纳税人偷税的,由税务机关追缴其不缴或者少缴的税款、滞纳金,并处不缴或者少缴的税款百分之五十以上五倍以下的罚款;构成犯罪的,依法追究刑事责任。"

上述法规对偷税问题作了详细规定,在现实中的税务稽查中,偷税也是最普遍的一个税收问题,而且,从上述规定也可以看出偷税具有很强的主观上的故意,对于税务机关而言,这种主观上的故意,也使得偷税的认定存在一定的主观性。这就需要纳税人也要对偷税及偷税认定的相关规定、政策予以了解,以维护自身的正当权益,降低税务风险。

1. 偷税行为的认定

税务机关对纳税人是否存在偷税行为,通常有以下两个认定条件。

①行为主体是纳税人,即根据法律和行政法规的规定负有纳税义务的单位和个人。

②行为主体实施了偷税行为。偷税行为人主要是通过以下三种手段进行偷税。

第一,伪造、变造、隐匿和擅自销毁账簿、记账凭证。

伪造。是指行为人依照真账簿、真凭证的式样制作虚假的账簿和记账凭证,以假充真的行为,俗称"造假账"、两本账。

变造。是指行为人对账簿、记账凭证进行挖补、涂改、拼接等方式,制作假账、假凭证,以假乱真的行为。

隐匿和擅自销毁。"隐匿"是指行为人将账簿、记账凭证故意隐藏起来,使税务机关难以查实计税依据的行为;"擅自销毁"是指在法定的保存期间内,未经税务主管机关批准而擅自将正在使用中或尚未过期的账簿、记账凭证销毁处理的行为。

第二,在账簿上多列支出或者不列、少列收入。

多列支出。是指在账簿上大量填写超出实际支出的数额以冲抵或者减少实际收入的数额,虚增成本,乱摊费用,缩小利润数额等行为。

不列、少列收入。是指纳税入账外经营、取得应税收入不通过销售账户,直接转为利润或者专项基金,或者挂在往来账户不结转等行为。

第三,经税务机关通知申报而拒不申报或进行虚假的纳税申报。

经税务机关通知而拒不申报。是指应依法办理纳税申报的纳税人,不按照法律、行政法规的规定办理纳税申报,经税务机关通知后,仍拒不申报的行为。

进行虚假的纳税申报。是指在纳税人进行纳税申报过程中,制造虚假情况,如不如实填写或者提供纳税申报表、财务会计报表以及其他的纳税资料等,少报、隐瞒应税项目、销售收入和经营利润等行为。

上述所列的几种手段,纳税人可能单独使用某种手段,也可能同时使用几种偷税手段,只要具备上述手段之一,就可能构成偷税。

(3)造成了少缴未缴税款的结果,纳税人采用各种手段,给国家税收造成了损失。偷税既是行为违法,也是结果违法,根据纳税人的行为,可以判定是否能构成偷税,根据结果,可以判定纳税人偷税的事实。

2. 偷税数额的确认

所谓偷税数额,是指在某个特定的纳税期间,纳税人不缴或者少缴各税种税款的总额。一是纳税人超过了税务机关依照法律确定的纳税期限不缴或少缴其应纳税款;二是偷税数额包括按纳税期间所有各税种偷税额的总和。

(1)增值税偷税数额确认

①纳税人有偷税行为,存在不报、少报销项税款或者多报的进项税额即为偷税数额。

②如果纳税人采取购销活动均不入账即以账外经营的方法偷税,其偷税数额为账外经营部分的销项税额减去账外经营部分已销货物的进项税额后的余额。

(2)企业所得税偷税数额确认

企业虚报亏损是指企业年度申报表中所报亏损数额多于主管税务机关在纳税检查中按税法规定计算出的亏损数额。企业多报亏损会造成以后年度不缴或少缴所得税款,主管税务机关依据《中华人民共和国税收征收管理法》的规定认定其为偷税而应处以罚款。

第一,企业编造虚假的所得税计税依据,在行为当年或相关年度已实际造成不缴或少缴应纳税款的,主管税务机关可认定其为偷税行为,依照《中华人民共和国税收征收管理法》第六十三条第一款规定处罚。

第二,如果企业依法处于享受免征企业所得税的优惠年度或者处于亏损年度,企业编造虚假的所得税计税依据未在行为当年或相关年度实际造成不缴或少缴应纳税款的,主管税务机关可按《中华人民共和国税收征收管理法》第六十四条第一款规定处罚。

3. 对偷税行为的处罚

根据《中华人民共和国税收征收管理法》的规定,对纳税人偷税的,由税务机关追缴其不缴或者少缴的税款、滞纳金并处不缴或少缴的税款50%以上5倍以下的罚款。另外根据国家税务总局的规定,为规范偷税案件行政处罚,对偷税的处罚设定了标准。

(1)纳税人采取擅自销毁或者隐匿账簿、会计凭证的手段进行偷税的,处以偷税数额2倍以上5倍以下的罚款。

(2)纳税人偷税有下列情形之一的,处以偷税数额1倍以上3倍以下的罚款:

一是伪造、变造账簿、会计凭证的；

二是不按照规定取得、开具发票的；

三是账外经营或者利用虚假合同、协议隐瞒应税收入、项目的。

（3）纳税人偷税有下列情形之一的，处以偷税数额50%以上2.5倍以下的罚款：

一是虚列成本费用减少应纳税所得额的；

二是骗取减免税款或者先征后退税款等税收优惠的。

（4）纳税人偷税有下列情形之一的，处以偷税数额50%以上1.5倍以下的罚款：

一是实现应税收入、项目不按照规定正确入账且不如实进行纳税申报的；

二是销售收入或者视同销售的收入不按照规定计提销项税金的；

三是将规定不得抵扣的进项税额申报抵扣或者不按照规定从进项税额中转出的；

四是超标准列支或者不能税前列支的项目不按照规定申报调增应纳税所得额的；

五是境内外投资收益不按照规定申报补税的；

六是应税收入、项目擅自从低适用税率的；

七是减免、返还的流转税款不按照规定并入应纳税所得额的。

（5）纳税人偷税有未列举的其他情形的，处以偷税数额50%以下的罚款。

（6）纳税人实施两种以上偷税行为的，应当根据各偷税数额依照本规定的相应档次分别确定处罚数额。纳税人同一偷税行为涉及本规定两种以上情形的，依照较高档次确定处罚。

（7）纳税人、扣缴义务人偷税有下列情形之一的，应当在本规定的相应档次以内从重处罚：

一是因偷税被处罚又采取同样的手段进行偷税的；

二是妨碍追查，干扰检查，拒绝提供情况，或者故意提供虚假情况，或者阻挠他人提供情况的；

三是为逃避追缴税款、滞纳金而转移、隐匿资金、货物及其他财产的。

（三）企业陈述机会的运用

所谓陈述权，是指纳税人、扣缴义务人对税务机关作出的决定享有陈述自己意见的权利；申辩权，则是指纳税人、扣缴义务人对税务机关作出的决定所主张的事实、理由和依据享有申诉和解释说明的权利。

通常,税务机关做出的税务行政处罚,分为简易程序和一般程序,相应地,纳税人的陈述与申辩权也分为两种。

1. 简易程序的陈述与申辩权

简易程序的税务行政处罚,是指纳税人的违法事实确凿并有法定依据,需对公民处以 50 元以下、对法人或者其他组织处以 1 000 元以下罚款或者警告的行政处罚,而且税务机关可以当场作出行政处罚决定。

税务机关在对纳税人、扣缴义务人实施简易程序的税务行政处罚时,应于作出行政处罚决定之前,当场告知纳税人、扣缴义务人作出行政处罚决定的事实、理由及依据,还要告知纳税人、扣缴义务人依法享有的权利。纳税人、扣缴义务人对税务机关提出的事实、理由及依据可以当场提出质疑,阐明意见。税务机关将听取纳税人、扣缴义务人的陈述、申辩,并进行复核。纳税人、扣缴义务人提出的事实、理由及证据成立的,应当采纳。

2. 一般程序的陈述与申辩权

一般程序的税务行政处罚是指除简易程序以外的税务行政处罚。

如果税务机关对纳税人、扣缴义务人实施一般程序的税务行政处罚,在作出行政处罚决定之前,应当告知纳税人、扣缴义务人作出行政处罚决定的事实、理由及依据,并告知纳税人、扣缴义务人享有陈述、申辩的权利。如果税务行政处罚的罚款数额达到一定金额(对公民罚款 2 000 元以上、对法人或其他组织罚款 1 万元以上),纳税人、扣缴义务人有权要求举行听证。

纳税人、扣缴义务人要求陈述、申辩的,应在税务机关作出税务行政处罚决定之前向税务机关陈述、申辩,进行陈述、申辩可以采取口头形式或书面形式。采取口头形式进行陈述、申辩的,税务机关应当记录。纳税人、扣缴义务人对陈述、申辩笔录审核无误后应签字或者盖章。

税务机关将对纳税人、扣缴义务人提出的事实、理由和证据进行复核;纳税人、扣缴义务人提出的事实、理由或者证据成立的,应当采纳。

在听取纳税人、扣缴义务人的陈述、申辩并复核后,或纳税人、扣缴义务人表示放弃陈述、申辩权后,税务机关才可以作出税务行政处罚决定,并送达纳税人、扣缴义务人签收。

二、正确处理税务稽查纠纷

有管理必然有矛盾,在税务稽查过程中,纳税人经常会与税务稽查人员就税收问题意见相左,产生税务稽查纠纷。在税务管理过程中,纳税人往往处于从属于被动地位,随时需要接受税务机关的检查、监督和管理。纳税人在对税务纠纷的解决上,经常会采取委曲求全的态度,不敢用法律武器来保护自己的合法权益。本章编写的内容可以帮助纳税人正确分析税务稽查纠纷产生的原因,合理解决税务稽查纠纷,以有效维护自身合法权益。

(一)分析税务稽查纠纷产生的原因

1. 税务稽查纠纷的界定

(1)税务稽查纠纷的概念

税务稽查纠纷是指税务稽查部门,因实施税务稽查,采取税务行政措施,作出税务行政处理,与纳税人、代扣代缴义务人以及其他纳税直接责任人之间,在适用税法、核定税款、确定税率、计算应纳税额以及对违反税法行为进行处罚等方面发生的异议,是税务行政管理相对人对税务机关具体的税务行政行为不服而产生的争执。

(2)税务稽查纠纷的构成要件

第一,税务稽查纠纷是税务稽查部门与纳税人、代扣代缴义务人以及其他纳税直接责任人之间发生的争议。税务稽查部门与其他单位或个人发生的争议,或纳税人与其他行政机关发生的争议都不属于税务稽查纠纷。

第二,税务稽查纠纷是因税务稽查部门实施具体税务稽查行为引起的,纳税人认为国家税法规定不合理而与税务稽查部门发生争议,不属于税务稽查纠纷。

第三,税务稽查是因课税而产生的纠纷。产生税务稽查纠纷的原因不外乎以下两个方面:一是纳税人存在偷逃税款等违反税法方面的问题,或者存在对税法理解错误的情况,不能接受检查人员要求补缴税款的处理;二是税务稽查人员在查处税收违法案件过程中,存在违法乱纪等行为,或者存在对税收法律、法规把握不够妥当的情况,或者存在处罚失当的问题,纳税人对处理结果存在异议。

2. 分析税务稽查纠纷产生的原因

在税务稽查活动中,一旦出现税务稽查纠纷,作为接受税务机关检查的纳税人一定要思路清晰,静下心来认真分析产生税务稽查纠纷的原因,以及征纳双方的主要分歧,紧紧围绕税收法律、法规进行思考,妥善处理税务稽查纠纷。对于税务稽查人员执法态度恶劣,纳税人一定要保持头脑冷静,保护自身的合法权益。纳税人在分析税务稽查纠纷产生的原因时,主要从以下方面分析税务稽查人员的执法行为是否存在问题。

(1)分析稽查人员是否存在越权行为

《中华人民共和国税收征收管理法》赋予税务稽查人员六项权利,纳税人要留意在税务稽查过程中检查人员是否存在越权行为,如果发生越权行为可能会形成执法不当,纳税人完全可以不予理睬。税务稽查人员主要拥有查账权、场地检查权、责成提供资料权、询问权、在交通要道和邮电企业的查证权、查核存款账户权六项权利。

(2)分析税务稽查人员掌握的证据是否充分

实际工作中,有些税务稽查人员在查处税收违法案件过程中,往往捕风捉影、牵强附会、生拉硬扯,强行定案。诸如此类的问题,在目前的税务纠纷案件中,所占的比例较高。取证不足,是目前基层税务稽查工作的通病,许多税务稽查人员的工作底稿取证明显不足,财务逻辑性不强。此外,对有关事实尚未查清就定案的情况也屡见不鲜。因此,一旦发生税务稽查纠纷,纳税人完全可以利用稽查环节的这些问题进行申述,依法维护纳税人自身的合法权益。

(3)分析税务稽查人员的执法程序是否合法

税收执法和其他法律部门一样,在具体的执法过程中,要依照法律程序办事,一旦执法程序存在错误,即使其他方面没有问题,最终的案件认定通常也是不能成立。因此,纳税人应合理利用税收法律、法规的相关规定,分析税务稽查人员的执法程序是否合法,以有效维护纳税人自身的正当权益。

(4)分析税务稽查纠纷的性质

在处理税务稽查纠纷过程中,纳税人必须认真分析研究每一税务稽查纠纷的情况,正确界定税务稽查纠纷的性质。明确是属于逃避缴纳税款还是非主观过失(核算错误);是属于违法行为还是犯罪行为。税法对不同性质的涉税问题处理方法截然不同,纳税人偷税与由于核算错误而造成的过失,所要承担的法律责任完全不同,纳税人一旦被确认为犯罪,就要承担相应的法律后果。

(二)合理解决税务稽查纠纷

当纳税人遇到税务稽查纠纷时,要认真了解税务稽查纠纷的具体情况,选择合理的解决纠纷方法,既要维护自身的合法权益,又要避免与税务机关发生不必要的冲突,营造良好的税企工作环境。

1. 了解具体情况

《中华人民共和国行政处罚法》第三十一条规定,行政机关在作出行政处罚决定之前,应当告知当事人作出处罚决定的事实、理由及依据,并告知当事人依法享有的权利。《税务案件调查取证与处罚决定分开制度实施办法》第四条规定,税务机关的调查机构对税务案件进行调查取证后,对依法应当给予税务行政处罚的,应及时提出处罚建议,制作《税务行政处罚事项告知书》,并送达当事人。即当税务机关对纳税人实施检查并对有关问题进行违法认定及处罚决定之前,纳税人对作出决定的事实、理由和依据有事先知悉的权利。

纳税人在掌握有关违法行为的事实、理由和依据之后,就可以采取相应的措施维护自身的合法权益。纳税人了解税务案件的查处情况以后,如果发现事实不符,证据不足,依据不充分以及理由不得当等损害自身合法权益的现象存在,可以向税务稽查人员及时提出,建议其纠正或调整,纳税人还可以充分利用各种法定权利解决税务稽查纠纷。

2. 双方和解

随着纳税人维权意识的不断增强,税务稽查纠纷呈多元化发展趋势。单纯采用税务行政复议和税务行政诉讼的方式解决税务稽查纠纷,已不能完全适应我国当期社会发展及建设和谐社会的要求。税务稽查纠纷的和解在解决税务纠纷中具有较大的灵活性和高效性,充分体现了以人为本和民主平等的法制理念,在解决税务稽查纠纷中发挥着重要作用。

(1)税务稽查纠纷和解的概念

税务稽查纠纷和解是指税务稽查部门与税务行政管理相对人在税务稽查过程中产生争议时,在法律允许的范围内,通过平等对话、沟通协商的方式达成合意,化解税务稽查纠纷的一种机制。

税务稽查纠纷和解意味着,征纳双方共同参与并使意见在某种程度上达成一致,避免税务机关和税务行政管理相对人之间争议的进一步激化,使两者关系由对立状态逐渐转变为彼此合作、相互信赖和良性互动的征纳关系。

(2)税务稽查纠纷和解的原则

①合法性原则

税务稽查纠纷和解的合法性原则要求如下:一是税务稽查纠纷和解内容不得违反国家法律、法规,不得损害国家权益和税务行政管理相对人的权益;二是税务稽查纠纷和解不得以税务机关任意处分或放弃税务行政管理权为前提,更不能超越法定职权;三是税务稽查纠纷和解的权利应在法律规定的范围之内;四是违反税法相关规定进行和解的行为,必须予以纠正并将承担相应的法律责任。

②自愿原则

税务稽查纠纷和解的自愿原则主要反映在两个方面:一是当事人自主决定是否采用和解方式解决税务稽查纠纷;二是当事人只对表达自己真实意愿的行为负责。

税务稽查纠纷和解,是税务机关和税务行政管理相对人自愿协商,在相互沟通的基础上达成共识,任何一方当事人或第一方都不得强行主持、干涉税务稽查纠纷和解,以欺诈、强迫、威胁等违背当事人双方意志的和解行为都是法律禁止的。

③平等原则

税务稽查纠纷和解的平等原则具体表现为:一是争议主体的法律地位平等,无上下高低之分;二是争议主体依法平等地享受权利和承担义务,当事人双方可以通过平等协商来设定、变更、终止相互间的权利义务;三是争议主体的合法权益受法律平等保护,任何主体的合法权益受到侵害时,当事人各方都可请求予以法律救济。

④有限和解原则

有限和解原则是指和解的适用范围是有限的。税务稽查纠纷和解并非否认税务行政复议和税务行政诉讼在解决税务纠纷中的主导地位,当可以不用税务行政复议、税务行政诉讼方式解决税务纠纷时,可以选择税务纠纷的和解方式。税务纠纷和解必须符合法治原则和依法行政的原则,只能在法定范围内和解。

(3)税务稽查纠纷和解的运用

税务稽查纠纷和解是税务机关与纳税人相互让步达成和解的结果,可以在纠纷解决的各环节中采用。税务机关运用和解、调解等手段妥善解决税务行政纠纷,可以将税务行政纠纷化解在基层、化解在初发阶段,化解在税务行政程序中,可以切实保护纳税人合法权益,构建和谐的征纳关系。

税务稽查纠纷和解在具体运用时,一是加强行政复议调解工作,努力把行政纠纷化解在行政程序中;二是努力将行政纠纷化解在行政诉讼案件受理之前。对于税务稽查纠纷,纳税人通过陈述、申辩或者听证后,积极与税务机关进行协调、沟通,税务机关通过改变原来具体行政行为达成和解,纳税人放弃税务行政复议或税务行政诉讼。当事人双方在相互理解和信任的基础上达成的和解协议,不仅有效地维护了纳税人的合法权益,而且最大限度地降低了税务稽查纠纷的负面影响,对促进税务机关依法行政,构建和谐征纳关系起到了积极的促进作用。

3. 听证权

《中华人民共和国行政处罚法》第四十一条规定:行政机关拒绝听取当事人的陈述、申辩,税务行政处罚决定是不能成立的。第四十二条规定:当事人不承担行政机关组织听证费用。第三十二条规定:行政机关不得因当事人申辩而加重处罚。从以上规定可以看出,国家鼓励纳税人正确使用听证权利,这有利于保护纳税人的合法权益,也利于税务机关作出正确的行政处罚。

(1)税务行政处罚听证的内容

听证是税务机关在对当事人某些违法行为作出处罚决定之前,按照一定形式听取调查人员和当事人意见的程序。听证是针对税务行政处罚争议的一种解决途径。

税务行政处罚是指公民、法人或者其他组织有违反税收征收管理秩序的违法行为,尚未构成犯罪,依法应当承担行政责任的,由税务机关给予的处罚。现行的税务行政处罚的种类主要包括责令限期改正、罚款、没收非法所得、收缴或停止发售发票、停止出口退税以及税收法律法规等规定的其他行政处罚。

(2)税务行政处罚听证的具体规定

①听证的条件

税务机关对公民作出 2 000 元以上(含本数)罚款或者对法人或者其他组织作出 1 万元以上(含本数)罚款的行政处罚之前,应当向当事人送达《税务行政处罚事项告知书》,告知当事人已经查明的违法事实、证据、行政处罚的法律依据和拟将给予的行政处罚,并告知有要求举行听证的权利。纳税人在规定期限内提出听证申请的,主管税务机关受理听证申请,在规定时间内组织听证。

②听证的受理

要求听证的当事人,应当在《税务行政处罚事项告知书》送达后 3 日内向税务机关书面提出听证;逾期不提出的,视为放弃听证权利。当事人要求听证的,税务机关应当组织听证。当事人提出听证后,税务机关发现自己拟作的行政处罚决定对事实认定有错误或者偏差,应当予以改变,并及时向当事人说明。

③听证的参加人

税务行政处罚的听证,由税务机关负责人指定的非本案调查人员主持,当事人、本案调查人员及其他有关人员参加。听证主持人应当依法行使职权,不受任何组织和个人的干涉。当事人可以亲自参加听证,也可以委托一人或二人代理。

④听证的其他规定

税务行政处罚听证应当公开进行。但是涉及国家秘密、商业秘密或者个人隐私的,听证不公开进行。当事人或者其代理人应当按照税务机关的通知参加听证,无正当理由不参加的,视为放弃听证权利。听证程序应当予以终止。

(3)正确运用听证权解决税务稽查纠纷

如果纳税人与税务稽查人员的具体交涉失败,征纳双方不能取得一致的意见,纳税人应运用自己的听证权和申辩权,进一步了解情况,陈述自己的观点,这是纳税人参与税务稽查纠纷解决的有效途径之一。纳税人运用听证权与税务机关面对面的交换意见,尽可能地运用法律武器保护自己的合法权益。

《中华人民共和国行政处罚法》第四十条规定:行政机关作出较大数额罚款之前,应当告知当事人依法享有听证的权利。是在税务行政处罚决定未正式作出之前,给当事人一个申辩的机会。在听证会上,纳税人有申辩的权利、质证的权利、最后陈述的权利以及申请对有关证据重新核实的权利。如果纳税人申辩的事实、理由和证据,经过税务机关复核后认为成立的,将对原拟定的税务行政处罚意见进行变更。

4. 税务行政复议

税务行政复议是指当事人(纳税人、扣缴义务人、纳税担保人及其他税务当事人)认为税务机关作出的具体行政行为侵害其合法权益,依法向有复议权的税务机关申请复议,受理申请的税务机关依照法定程序对引起争议的具体行政行为进行审查并作出裁决的活动。

(1)税务行政复议范围

①行政复议机关受理申请人对税务机关下列具体行政行为不服提出的行政复议申请:征税行为;行政许可、行政审批行为;发票管理行为;税收保全措施、强制执行措施;行政处罚行为;不依法履行规定职责的行为;资格认定行为;不依法确认纳税担保行为;政府信息公开工作中的具体行政行为;纳税信用等级评定行为;通知出入境管理机关阻止出境行为;其他具体行政行为。

②申请人认为税务机关的具体行政行为所依据的相关规定不合法,对具体行政行为申请行政复议时,可以一并向行政复议机关提出对有关规定

的审查申请;申请人对具体行政行为提出行政复议申请时不知道该具体行政行为所依据的规定的,可以在行政复议机关作出行政复议决定以前提出对该规定的审查申请。

(2)税务行政复议申请

①申请人与被申请人

税务行政复议的申请人是依法提起行政复议的纳税人及其他当事人,包括纳税人、扣缴义务人、纳税担保人和其他当事人。税务行政复议的被申请人是纳税人及其他当事人对税务机关的具体行政行为不服申请行政复议的,作出具体行政行为的税务机关。

②申请的期限

申请人可以在知道税务机关作出具体行政行为之日起60日内提出行政复议申请。

③申请的法定要求

申请人对税务机关作出的征税行为不服的,应当先向复议机关申请行政复议;对复议决定不服的,再向人民法院提起行政诉讼。

申请人要申请复议,必须先依照税务机关根据法律、行政法规确定的税额、期限,先行缴纳或者解缴税款及滞纳金或者提供相应的担保,只有在缴清税款和滞纳金后或者所提供的担保得到作出具体行政行为的税务机关确认之日起60日内提出行政复议申请。

申请人对税务机关作出的征税行为以外的其他具体行政行为不服,可以申请行政复议,也可以直接向人民法院提起行政诉讼。

申请人对税务机关作出逾期不缴纳罚款加处罚款的决定不服的,应当先缴纳罚款和加处罚款,再申请行政复议。

④申请的方式

申请人申请行政复议,既可以书面申请,也可以口头申请;口头申请的,复议机关要当场记录申请人的基本情况、行政复议请求、申请行政复议的主要事实、理由和时间。

⑤有下列情形之一的,申请人应当提供证明材料

一是认为被申请人不履行法定职责的,提供要求被申请人履行法定职责而被申请人未履行的证明材料;二是申请行政复议时一并提出行政赔偿请求的,提供受具体行政行为侵害而造成损害的证明材料;三是法律、法规规定需要申请人提供证据材料的其他情形。

(3)税务行政复议受理与审查

第一,行政复议机关收到行政复议申请以后,应当在5日内审查,决定是否受理。对不符合规定的行政复议申请,决定不予受理,书面告知申请人。

第二,行政复议机构应当自受理行政复议申请之日起 7 日内,将行政复议申请书副本或者行政复议申请笔录复印件发送被申请人。被申请人应当自收到申请书副本或者申请笔录复印件之日起 10 日内提出书面答复。

(4)税务行政复议决定

1)行政复议决定的类型

税务行政复议机关,应当对被申请人作出的具体行政行为进行合法性与适当性审查,提出意见,经复议机关负责人同意,按照下列规定作出行政复议决定。

①具体行政行为认定事实清楚,证据确凿,适用依据正确,程序合法,内容适当的,决定维持。

②被申请人不履行法定职责的,决定其在一定期限内履行。

③具体行政行为有下列情形之一的,决定撤销、变更或者确认该具体行政行为违法;决定撤销或者确认该具体行政行为违法的,可以责令被申请人在一定期限内重新作出具体行政行为。主要事实不清、证据不足的;适用依据错误的;违反法定程序的;超越职权或者滥用职权的;具体行政行为明显不当的。

④被申请人不按照相关规定提出书面答复,提交当初作出具体行政行为的证据、依据和其他有关材料的,视为该具体行政行为没有证据、依据,决定撤销该具体行政行为。

⑤有下列情形之一的,行政复议机关可以决定变更。认定事实清楚,证据确凿,程序合法,但是明显不当或者适用依据错误的;认定事实不清,证据不足,但是经行政复议机关审理查明事实清楚,证据确凿的。

⑥有下列情形之一的,行政复议机关应当决定驳回行政复议申请:申请人认为税务机关不履行法定职责申请行政复议,复议机关受理以后发现该税务机关没有相应法定职责或者在受理以前已经履行法定职责的;受理行政复议申请后,发现该行政复议申请不符合规定的受理条件的。

2)关于行政赔偿

申请人在申请行政复议时可以一并提出行政赔偿请求,复议机关对符合国家赔偿法的规定应当赔偿的,在决定撤销、变更具体行政行为或者确认具体行政行为违法时,应当同时决定被申请人依法赔偿。

3)行政复议申请的决定时限

复议机关应当自受理复议申请之日起 60 日内作出复议决定。情况复杂,不能在规定期限内作出行政复议决定的,经复议机关负责人批准,可以适当延期,并告知申请人和被申请人;但延长期限最多不超过 30 日。

4)行政复议决定书

复议机关作出行政复议决定,应当制作行政复议决定书,并加盖印章。行政复议决定书一经送达,即发生法律效力。

(5)税务行政复议执行

①被申请人应当履行行政复议决定。被申请人不履行或者无正当理由拖延履行行政复议决定的,复议机关或者有关上级行政机关应当责令其限期履行。

②申请人、第三人逾期不起诉又不履行行政复议决定的,或者不履行最终裁决的行政复议决定的,按照下列规定分别处理。一是维持具体行政行为的行政复议决定,由作出具体行政行为的税务机关依法强制执行,或者申请人民法院强制执行;二是变更具体行政行为的行政复议决定,由行政复议机关依法强制执行,或者申请人民法院强制执行。

(6)正确运用税务行政复议解决税务稽查纠纷

第一,在选择申请行政复议时,首先要明确涉税纠纷事项,必须属于法律、法规规定的行政复议范围,超出法定复议范围的事项,行政复议机关不予受理。

第二,一般情况下,纳税人应先申请行政复议,但遇到税务机关相互推诿等情况,也可以不申请行政复议,直接选择行政诉讼,但法律另有规定的除外。

第三,在涉税行政复议过程中,纳税人应该对税务机关行政行为的合法性进行审议。行政机关实施行政行为必须遵守法律、法规,每一个行政机关既要依法管理行政相对人,又要在行政行为中遵守法律、法规。行政机关的行政行为必须合法,违法的行政行为不具有法律效力。

5. 税务行政诉讼

税务行政诉讼是指公民、法人和其他组织认为税务机关及其工作人员的具体税务行政行为违法或者不当,侵犯了其合法权益,依法向人民法院提起行政诉讼,由人民法院对具体税务行政行为的合法性进行审查并作出裁决的司法活动。

(1)税务行政诉讼的受案范围、管辖及时间规定

①税务行政诉讼的受案范围:一是对税务行政复议决定不服的;二是对除税务机关作出的征税行为外的其他税务具体行政行为不服的;三是对税务复议机关决定不予受理或受理后超过复议期限不作答复的。

②税务行政诉讼的管辖:税务行政诉讼管辖是指人民法院之间受理第一审税务行政诉讼案件的职权分工。具体分为级别管辖、地域管辖和裁定管辖。

③税务行政诉讼的时间规定:一是申请人不服税务行政复议决定,可

以自收到复议决定书之日起 15 日内向人民法院提起诉讼;二是申请人直接起诉的,应当在知道作出具体行政行为之日起 3 个月内提出;三是复议机关决定不予受理或受理后超过复议期限不作答复的,申请人可以自收到不予受理决定书之日起或行政复议期限期满之日起 15 日内,依法向人民法院提起行政诉讼。

(2)税务行政诉讼的程序

第一,起诉。

纳税人及其他当事人在提起税务行政诉讼时,必须符合下列条件:一是原告是认为具体行政行为侵犯其合法权益的公民、法人或其他组织;二是有明确的被告;三是有具体的诉讼请求和事实、法律根据;四是属于法院的受案范围和受诉法院管辖。

第二,受理。

受理是诉讼程序的正式开始,人民法院接到诉状,应当在 7 日内作出审查结果,裁定立案受理或者不予受理。原告对不予受理的裁定不服的,可以提起上诉。

第三,审理。

人民法院受理的税务行政诉讼案件,一般实行两审终审制度。如果原告、被告对一审判决均表示服从,诉讼即告结束,在这种情况下,就不需要通过二审程序。人民法院审理税务行政诉讼案件,不适用调解。

第四,判决。

人民法院对税务行政诉讼案件审理之后,根据不同的情况,分别作出以下判决。一是维持判决,适用于具体行政行为证据确凿,适用法律、法规正确,符合法定程序的案件。二是撤销判决。被诉的具体行政行为有下列情形之一的,判决撤销或者部分撤销其行为,并可以判决重新做出具体行政行为:主要证据不足;适用法律、法规错误;违反法定程序;超越职权;滥用职权的。三是履行判决。被告不履行或者拖延履行法定职责的,判决其在一定期限内履行法定职责。四是变更判决。税务行政处罚显失公正的,可以判决变更。

对人民法院一审判决不服的,当事人均有权在判决书送达之日起 15 日内向上一级人民法院提起上诉。逾期不上诉的,一审判决、裁定即发生法律效力。

第五,执行与赔偿。

税务当事人必须履行人民法院发生法律效力的判决、裁定。税务当事人拒绝履行判决、裁定的,另一方当事人可以向第一审人民法院申请强制执行,或者依法强制执行。

被撤销的税务具体行政行为给原告造成损害的,致害税务机关应负赔偿责任。

(3)正确运用税务行政诉讼解决税务稽查纠纷

第一,在选择申请行政诉讼时,应注意行政诉讼事项应有具体的诉讼请求和事实根据。行政诉讼主要涉及两种情形:行政处罚合理性诉讼和行政复议合法性诉讼。

第二,注意行政诉讼与行政复议这两个法律制度的衔接。

其一,《行政复议法》第五条规定,公民、法人或者其他组织对行政复议决定不服的,可以依照行政诉讼法的规定向人民法院提起行政诉讼,但是法律规定行政复议决定为最终裁决的除外。

其二,一是根据司法最终解决原则,行政复议并非终局裁决,行政相对人对行政复议决定不服的,仍然可以提起行政诉讼,由司法机关决定对所争议的行政行为作出最终裁决;二是行政复议并非必经阶段,行政复议的存在主要是考虑效率,而行政诉讼则是更具有公正性的裁决。

其三,公民、法人或者其他组织申请行政复议,行政复议机关已经依法受理的,或者法律、法规规定应当先向行政复议机关申请复议,对行政复议决定不服再向人民法院提起行政诉讼的,在法定行政复议期限内不得向人民法院提起行政诉讼;公民、法人或者其他组织向人民法院提起行政诉讼,人民法院已经依法受理的,不得申请行政复议;法律、法规规定应当先向行政复议机关申请行政复议、对行政复议决定不服再向人民法院提起行政诉讼的,行政复议机关决定不予受理或者受理后超过行政复议期限不作答复的,公民、法人或者其他组织可以自收到不予受理决定书之日起或者行政复议期满之日起 15 日内,依法向人民法院提起行政诉讼。

第三,正确选择行政诉讼机关。

《行政诉讼法》第十七条规定,行政案件由最初做出具体行政行为的行政机关所在地人民法院管辖。经行政复议的案件,复议机关改变原具体行政行为的,也可以由复议机关所在地人民法院管辖。

第三节 企业对税务稽查中的账务调整

一、涉税账务调整的基本原则

税务稽查中发现的涉税问题,多数是由纳税人账务处理不当引起的,在接到税务机关的税务稽查报告后,纳税人除了要接受相应的处罚事项,办理补税、缴纳罚款手续外。还有一项重要的工作需要做,那就是将涉税账务调整过来。将之恢复到正确的轨道上来,错在哪里,就在哪里进行纠正,消除一切账面上虚假和不实信息,真实地反映会计核算的情况,使调整账务后账面反映的应纳税额与实际的应纳税额相一致。从而也可以避免今后再出现同类错误和涉税风险,使账务处理及纳税错误得以彻底纠正。

纳税人应该清楚,涉税账务调整是一项严肃的工作,为了保证其科学性、严肃性和准确性,纳税人在进行涉税账务调整时,需要遵循以下几条规则。

(一)涉税账务调整需符合现行财税法规的相关规定

也就是说,企业在涉税账务调整中所做的各项成本、费用的列支,以及收入的实现,必须按照会计制度、财务制度及税收法规的相关规定进行核算。因为,只有按照有关法规、制度要求进行涉税账务调整,才能真正纠正其错误,才能反映企业的真实财务状况,进而保证税收法规的贯彻执行。

(二)涉税账务调整要符合基本的会计原理

会计核算是一套严密的、科学的方法体系,运用科目、编制分录都有具体规则,纳税人不仅要在日常核算中按照其基本原理进行,在纠正错误、做出新的财务处理时也必须符合基本的会计核算原理。如此,才能使账户之间的勾稽关系得到正确反映,保持上下期之间核算的连续、完整性,确保账务调整的科学性、正确性。

(三)涉税账务调整要从实际出发,讲求实效

税务机关在税务稽查中发现的企业纳税问题,可能会涉及不同时期、不同类型、不同性质的账簿错误。因此,纳税人在调账中要从实际问题出发,讲求实效。另外,对于不同时间、不同性质的涉税问题,其调账的具体方法及繁简程度也不尽相同。具体是采取直接调账法,还是在经计算分摊后进行调账,是只做一笔会计分录,还是需要做几笔会计分录,都要具体问题具体分析,如此,才能使涉税账务调整更具针对性,也更行之有效。

二、涉税账务调整的主要方法

企业进行涉税账务调整,不可盲目进行,有一定的方法可循,主要有以下几种:

（一）年终结账前被查出错误的调整方法

如果是在年终结账前查处错账，那么对于查出的错误问题要根据具体情况直接在当期有关账户中进行调整。对于涉及实现利润数额的，可以直接调整"本年利润"账户的数额，以便使错误得以纠正。

（二）年终结账后被查出错漏账的账务调整方法

由于税务稽查主要是对纳税人以前年度的纳税情况进行检查，发现的错漏账问题，主要属于资产负债表日后调整事项，企业应根据具体情况，采用不同的账务调整方法。

（1）涉及损益的事项，通过"以前年度损益调整"科目核算。调整增加以前年度利润或调整减少以前年度亏损的事项，计入"以前年度损益调整"科目的贷方；调整减少以前年度利润或调整增加以前年度亏损的事项，计入"以前年度损益调整"科目的借方。

涉及损益的调整事项，如果发生在该企业资产负债表日所属年度（即报告年度）所得税汇算清缴前的，应调整报告年度应纳税所得额、应纳所得税税额；发生在该企业报告年度所得税汇算清缴后的，应调整本年度（即报告年度的次年）应纳所得税税额。

由于以前年度损益调整增加的所得税费用，计入"以前年度损益调整"科目的借方，同时贷记"应交税费——应交所得税"等科目；由于以前年度损益调整减少的所得税费用，计入"以前年度损益调整"科目的贷方，同时借记"应交税费——应交所得税"等科目。

调整完成后，将"以前年度损益调整"科目的贷方或借方余额，转入"利润分配——未分配利润"科目。

（2）涉及利润分配调整的事项，直接在"利润分配——未分配利润科目核算。

（3）不涉及损益及利润分配的事项，调整相关科目。

（4）通过上述账务处理后，还应同时调整财务报表相关项目的数字，包括：①资产负债表日编制的财务报表相关项目的期末数或本年度发生数；②当期编制的财务报表相关项目的期初数或上年数。

（5）企业因错漏账造成未缴或少缴流转税，根据《税收征管法》的规定，将追缴其未缴或者少缴的流转税及相关的城市维护建设税和教育费附加、并加收税收滞纳金或处以罚款，涉及其他税种的应同时要求补缴。企业对查补的增值税应通过"应交税费——增值税检查调整"进行明细核算，并对会计核算错误进行改正。

(三)以前年度影响损益项目的调账处理

税务机关在年度中间的稽查中,发现纳税人以前年度会计事项影响损益的调整,涉及补退所得税的,应对以前年度的利润总额(或亏损总额)进行调整,通过"以前年度损益调整"科目进行账务处理。

另外,纳税人对上年度一些属消耗性费用的开支,应该就其应补退的所得税数额做"以前年度损益调整"账务调整。而且,这类费用不会直接影响企业产品成本核算,即支即耗,账户无延续性,也不可以在相关科目中调整冲转。因此对这类消耗性费用的支出,属于上年的应调整补税,并就应补税款通过"以前年度损益调整"科目处理。

三、应缴税费的账务处理

所谓应缴税费,是指根据现行税法的相关规定,以企业在一定时期内取得的营业收入、实现的利润等为基准,采用一定的计税方法计提的应缴纳的各种税费。

(一)企业应缴税费及其账务处理

一般情况下,企业的应缴税费包括应该依法缴纳的增值税、消费税、所得税、资源税、土地增值税、城市维护建设税、房产税、土地使用税、车船税、教育费附加、矿产资源补偿费等税费,此外,还包括那些在上缴国家之前由企业代收代缴的个人所得税等。这些税费的账务处理情况如下。

1. 增值税

(1)对于企业采购的物资,按可抵扣的增值税额,借记应交增值税——进项税额,按应计入采购成本的金额,借记"材料采购""在途物资"或"原材料""库存商品"等科目,按应付或实际支付的金额,贷记"应付账款""应付票据""银行存款"等科目。购入物资发生的退货,做相反的会计分录。

(2)企业销售的物资或提供的应税劳务,按收入和应收取的增值税额,借记"应收账款""应收票据""银行存款"等科目,按专用发票上注明的增值税额,贷记应交增值税——销项税额,按实现的收入,贷记"主营业务收入""其他业务收入"科目。发生的销售退回,做相反的会计分录。

(3)享受相关"免、抵、退"政策的企业,按应收的出口退税额,借记"其他应收款"科目,贷记应交增值税——出口退税。

(4)企业纳税人交纳的增值税,借记应交增值税——已交税金,贷记

"银行存款"科目。

(5)对于小规模纳税人以及购入材料不能取得增值税专用发票的,发生的增值税计入材料采购成本,借记"材料采购""在途物资"等科目,贷记"银行存款"等科目。

2. 消费税、资源税和城建税

(1)对于企业应该缴纳的消费税、资源税、城市维护建设税,借记"税金及附加"等科目,贷记应交税费——应交消费税、资源税、城市维护建设税。

(2)企业交纳的消费税、资源税、城市维护建设税,借记应交税费——应交消费税、营业税、资源税、城市维护建设税,贷记"银行存款"等科目。

3. 所得税

(1)根据税法规定应缴的所得税额,借记"所得税"等科目,贷记应交税费——应交所得税。

(2)企业交纳的所得税,借记应交税费——应交所得税,贷记"银行存款"等科目。

4. 土地增值税

(1)对于企业转让的国有土地使用权连同地上建筑物及其附着物,且需要在"固定资产"或"在建工程"等科目核算的,那么转让时应交的土地增值税,借记"固定资产清理"科目,贷记应交税费——应交土地增值税。

(2)企业交纳的土地增值税,借记应交税费——应交土地增值税,贷记"银行存款"等科目。

5. 房产税、土地使用税和车船使用税

(1)对于企业按税法规定应交的房产税、土地使用税、车船税,借记"税金及附加"科目,贷记应交税费——应交房产税、应交土地使用税、应交车船税。

(2)企业交纳的房产税、土地使用税、车船使用税,借记应交税费——应交房产税、应交土地使用税、应交车船税,贷记"银行存款"等科目。

6. 教育费附加、地方教育费附加

(1)企业根据税法规定应缴的教育费附加、地方教育费附加,借记"税金及附加""其他业务支出""管理费用"等科目,贷记应交税费——应交教育费附加、地方教育费附加。

（2）企业交纳的教育费附加、地方教育费附加，借记应交税费——应交教育费附加、地方教育费附加，贷记"银行存款"等科目。

7．个人所得税

（1）企业根据税法规定应缴的应代扣代交的职工个人所得税，借记"应付职工薪酬"科目，贷记应交税费——应交个人所得税。

（2）企业交纳的个人所得税，借记应交税费——应交个人所得税，贷记"银行存款"等科目。

（二）应缴税费的账务处理技巧

1．预交和应交的增值税应分别通过两个明细账户进行核算

在实际操作中，一般纳税人对当月预交的增值税同上月上交的增值税账务处理措施是不尽相同的，一般而言，在当月预交增值税时，可通过"应交税费——应交增值税（已交税金）"账户进行核算。而对于当月缴纳上期增值税则应该通过"应交税费——未交增值税"账户核算。

2．有些税费不必通过"应交税费"账户核算

我们知道，企业缴纳的税费有很多，但是，这些应缴的税费并不一定都要通过"应交税费"账户核算。比如说，印花税、耕地占用税等都可以不通过"应交税费"账户核算，而是直接缴纳并计入相关费用或资产账户。

3．对于那些企业代扣代缴的税费应通过"应交税费"账户进行核算

一般情况下，对于企业应交而未缴纳的税费是通过"应交税费"账户来核算的。需要注意的是，对于那些本不属于企业应交未缴而应由企业代扣代缴的税费也应通过"应交税费"账户核算。比如，应从员工个人工资收入中代扣代缴的个人所得税、来料加工代受托单位缴纳的增值税、消费税等，就应该这样操作。

所谓代扣代缴，是指按照税法规定负有扣缴义务的单位或个人，在向个人支付应税所得时，应计算应纳税额，从其所得中扣出并代为交入国库。企业作为职工薪酬所得的支付者，是个人所得税的扣缴义务人之一。按照规定在向职工支付薪酬时，应代扣代缴职工个人所得税。

第六章　企业税务风险基础理论

税务风险管理是伴随着西方风险管理理论在税收领域的运用而兴起的。所谓税务风险管理，就是将现代遵从风险管理的原理，即识别和应对遵从风险的一般原理运用到税收管理中，加强对纳税人的登记、申报、报告和缴纳税款等行为的管理，旨在通过风险管理流程对纳税人的税务风险进行识别和处理，以达到不断提高纳税遵从度的目标。目前，税务风险管理已成为绝大多数国家控制税收流失的重要管理手段。本章从企业角度分析税务风险的管理及应对策略，帮助企业正确应对税务风险，切实维护自身权益。

第一节　企业涉税风险的概念和主要类型

企业在经营过程中，会遇到各种各样的风险和问题，比如经营风险、管理风险、市场风险、政策风险等，而经营管理风险中包含的一项重要风险就是涉税风险。

一、涉税风险的概念

涉税风险，简单来说就是指纳税人在计算和缴纳税款方面承担的各种风险，进一步讲则是纳税人由于负担税款、违反税收法律规定等原因而可能导致利益受损的可能性。具体表现是，企业的涉税行为成为影响纳税准确性的不确定因素，结果导致企业多交了税或者少交了税。

企业涉税风险主要表现在：第一，未按照税法规定承担纳税义务而导致的现存或潜在的税务处罚风险；第二，因未主动利用税法安排业务流程导致的应享受税收利益的丧失。

通常，企业的涉税行为大致可分为三类：第一，税收政策遵从，就是企业需要缴纳何种税的问题；第二，纳税金额核算，就是需要缴纳多少税款的问题；第三，纳税筹划，就是想方设法最大限度地少缴税的问题。

以上三类行为中和企业关系最密切的是税收政策遵从和纳税金额核算，它们是企业涉税行为的主体内容。因为企业每天的日常行为首先要解决的就是经营问题以及到底该纳什么税和纳多少税的问题,企业因纳税风险而带来的利益损失更多是和税收政策遵从和纳税金额核算有关。而企业实际生产经营中的纳税筹划行为涉及的则比较少,相关的纳税风险发生的概率也较小。

确切地说,企业涉税风险更多的是一种利益受损的可能性,也就是说,企业的这种风险虽然是客观存在的,但也只是有可能出现这种风险,并不等于说一定会承担这种涉税上的风险。

二、企业涉税风险的类型

(一)交易风险

1. 交易风险定义

所谓交易风险,是指由于企业各种商业交易行为和交易模式本身的特点,可能会影响到纳税准确性而导致未来交易收益损失的不确定因素。

(1)重要交易的过程没有企业税务部门的参与,企业税务部门只是交易完成后进行纳税核算。

(2)企业缺乏适当的程序去评估和监控交易过程中的纳税影响。

(3)除继续对企业提供的财务账簿进行纳税检查外,税务机关越来越多地关注记录企业交易过程的资料。

2. 交易风险的影响

交易风险的发生可能会造成以下影响。

(1)企业在对外兼并的过程中,由于未对被兼并对象的纳税情况进行充分的尽职审查,等兼并活动完成后,才发现被兼并企业存在以前年度大额偷税问题,企业不得不额外承担被兼并企业的补税和罚款。

(2)企业在采购原材料的过程中,由于未能对供货方的纳税人资格有效控管,导致后来从供货方取得大量虚开增值税专用发票,企业不得不额外承担不能抵扣的进项税额和上升的原材料成本。

(3)企业在重新改组销售模式过程中,因未能有效评估纳税的影响,导致后来销售模式改变后增值税税负大幅度上升,企业销售毛利润率下降。

(4)企业采购汽油、办公用品未能取得增值税专用发票,导致少抵扣进项税。

对企业来讲,越不经常发生的交易行为,纳税风险就越大,如兼并、资产重组等事项；而像原材料采购、商品销售、融资等日常交易行为的纳税风险相对就会小。

（二）遵从风险

1. 遵从风险的定义

所谓遵从风险，是指企业的经营行为未能有效适用税收政策而导致未来利益损失的不确定性因素。

（1）企业未能及时更新最新可适用税收政策系统。

（2）企业未能对自身内部发生的新变化做出适用税收政策判断。

（3）企业缺乏外部机构对自身纳税义务的指导性重新检讨制度。

2. 遵从风险的影响

遵从风险发生可能会对企业产生以下影响。

（1）企业经过数年生产经营后，发现自己应该享受到的低税率优惠而未享受，导致多年按照高税率交纳企业所得税。

（2）企业对外提供应该缴纳营业税的劳务，却错误交纳了增值税，导致需要补交营业税和罚款，并且需要和税务机关协调解决多交增值税问题。

（3）企业对外支付专家费用，未代扣个人所得税，导致补交罚款。

遵从风险是所有企业纳税风险中最大的一种风险。

（三）其他风险

除了交易风险和遵从风险，企业还有几种涉税风险类型需要注意，见表6-1。

表6-1　其他几种企业涉税风险

组织机构和业务流程设计所致涉税风险	（1）投资架构、股东成分。 （2）营业范围。 （3）销售、采购的业务流程（或经营方式）。
收入、成本、费用的处理方式上所导致的涉税风险	（1）收入的确认。 （2）成本费用的确认。 （3）特殊收入和成本项目的确认。

关联交易的转让定价风险	(1)有形资产的销售和采购。 (2)无形资产的提供和取得。 (3)劳务的提供和接受。 (4)内部融资。 (5)通过税收政策比较灵活的国家进行业务往来。 (6)向总机构支付管理费。 (7)转化子公司资本,然后以债务形式投入子公司。
发票管理方面的风险	(1)增值税发票使用保管方面的风险。 (2)增值税虚开、代开方面的风险。 (3)取得虚开、代开发票及假发票的风险。 (4)其他发票使用的风险。
增值税,营业税及其他税务处理上的涉税风险	比如:特殊经营行为、印花税的税务处理。
合规风险	这种税务风险与企业税务遵从义务相关。例如,纳税申报义务、税源扣缴义务等。
运营风险	这种税务风险与将税收法律、规章和税收决定运用于企业的日常经营相关。当企业没有税务意识、企业交易文件的缺失、财务和税务报告系统的控制不足时,税务风险随之产生。
财务会计风险	财务会计系统和政策变化所导致的涉税风险。
名誉风险	如税务机关的调查、不利的媒体报道或市场反应、股东或投资者的不信任、税务机关之外的国家行政机关负面看法、法律诉讼。
组合风险	指各种涉税风险的组合。

第二节　企业纳税风险的主要来源

　　企业在经营过程中,会面临各种各样的税务风险,只有先去了解这些纳税风险的来源,才能做到"知己知彼,百战不殆",才能更好地给出应对之策。通常情况下,企业纳税风险的来源不外乎以下三个方面。

一、源于立法层面的纳税风险

（一）公法为主体的事实

我国是以公法为主体的国家,这种体制决定了我们的整个税法体系,首先是建立在保障国家行政利益的基础上的,这一点通过税收法律法规条文就可以看出,其对于国家行政权力的保护远远大于对纳税人利益的保护。

这样一来,由于税收征纳关系的不平等与适用同一法律时事实上地位的不平等及在法律、法规、规章中赋予行政机关过多的自由裁量权,就会导致纳税人即使在拥有较为充分理由的情况下,税务机关也可以利用"税法解释权归税务机关"轻易加以否定,从而使纳税人的纳税风险大大增加。

（二）成文法为主体的事实

我国是以成文法为主体的国家,而成文法的特点之一是对法律责任的判定基于执法者对法律法规表述的理解。

税收行政法规、行政规章内容及定义不确切,条文规定空间太大、合法与非法界限不明,极易形成税收陷阱。由此决定了纳税人即使经历相同的纳税行为,可能因此接受不同的税务解释,除了引起纳税人税收负担的不公平,由此也造成纳税人的纳税风险的增加。

（三）税法体系不够完善

我国目前并未建立起完整的税法体系,这也是造成纳税人的纳税风险增加的重要原因之一。我国税收正式立法少,行政法规多,一些主体税种还没有立法,税收基本法尚未出台。现行工商税收税种有 20 个,只有两个上升到正式法律,即《企业所得税法》和《个人所得税法》,其他的还是暂行条例、暂行办法或规定。

（四）税法本身的缺陷

这主要是由于法律法规本身在立法阶段不够严密,导致在执行过程中产生一些争议,而补充规定尚未出台,或出台不及时,也有可能即使出台了,补充规定自身也有漏洞,这就会使企业产生涉税风险。

（五）未经充分调研的税务法律法规

我国很多税务法规在出台前,大多未经详细调查研究,更未进行全面统筹,因此往往引起税法规定与纳税人实际情况相背离,使纳税人无所适从;有些税务法规与更高级次的法规发生冲突,基于某种方面的考虑,往往不能及时纠正;税务法规变化过快,加之信息传输渠道不畅通,难以让纳税人及时准确掌握。

（六）各地所得税核定情形不同

2000年,国家税务总局印发了《核定征收企业所得税暂行办法》(国税发[2000]38号),规定了对不符合查账征收条件的企业所得税纳税人应采取核定征收方式征收企业所得税的六种情形,但是各省市在根据国税发[2000]38号文件制定企业所得税核定征收的地方性文件时,为保证完成税收任务,往往趁机层层加码,增加各地的适用情形,使核定征收所得税的企业名单越列越大。

可以这样说,企业的涉税处理的所作所为如果不被征税机关认可,一旦被圈定到核定征收企业所得税的范围,谈判地位就会下降,所得税税负成本肯定会提高,包袱沉重,对企业的长远发展严重不利,这种涉税风险产生的后果是相当严重的,使企业始终不能轻装前进。

二、源于税收行政方面的纳税风险

行政因素带给企业的纳税风险,是不容忽视的,而且由于存在更多的人为性因素,会让企业纳税人更加防不胜防。

（一）税收机关与纳税人之间信息严重不对称

现实中,有很大一部分具有适用性、比照性的政策却处于非公开的状态,也就是说企业根本不知道它们的存在,这种信息不对称除了会影响到法律的公正性之外,而且要求纳税人遵从并不可能知道的法律及政策规定,本身也有悖"法律面前人人平等"的基本原则。

税务机关对于政策法规的宣传力度不够,一般仅限于有效范围的解释,而非采用广而告之的方式,使广大纳税人广为接受。针对新出台的政策法规,就其立法意图及提请纳税人关注的重点缺乏必要的说明,因此很容易误导纳税人,使其跌入税收"陷阱"。

好在,现在政府已经开始采用政府公告的方式积极开展法律普及工作,新法规在出台前后,政府通过网站、电台、电视台、报纸等各种媒体进行深入宣传。税务总局网站甚至对经过修改的条文逐条做出解释,其明智之举令所有纳税人耳目一新。

（二）税务机关下达"税收任务"

很多地方的税务部门，为了保证财政预算的顺利实施，保证财政收入及时足额到位，都会形成一些公开不公开的"税收任务"。事实上分配税收任务，古来有之。现在税收任务的分配仍沿用了以往计划经济体制时的做法，基数再递增和收入任务的指令性特质，使"收入决定一切"成为各地税收工作的最高准则。按理说，真正依法征税、纳税，税收就不应该是税务部门以下达任务的形式进行。我们看到的现实情况却是，地方政府给地方税务机关下任务、上级税务机关给下级税务机关下任务，最后税务机关为了完成税收任务，税务机关又给企业下任务。

（三）地方政府干预

地方政府为地方利益而实施的税收干预，导致税收过头或擅自变通国家税收政策，特事特办为个别企业搞税收优惠，或者直接干预税务机关的具体征管查活动。

（四）税务机关的权限不受约束

由于在现行法律、法规、规章中没有对税务行政机关使用税法解释权和自由裁量权做出相应的约束，这就有可能造成税务机关及税务官员行使自由裁量权不当，从而构成对纳税人权益的侵害，使纳税人承担巨大的纳税风险。

在实际生活中，除了纳税人自身原因（如纳税人自身的法制观念、对于专业知识的正确认识、建立与税务机关及税务官员进行正确的沟通方式等）之外，基于传统的行政管理观念，一些税务官员往往以"税收政策的解释权归税务机关"为由，随意解释成为习惯，从而影响了税法的严肃性，同时造成纳税人纳税风险的上升。

在针对纳税人具体经济行为适用政策界限行使解释权时，往往只做原则答复，对于解释意见本身是否符合政策规定条文立法本意，是否具有适用性、合理性等考虑不足，因此极易产生误导纳税人的严重后果。

在行使自由裁量权时往往基于主观的判断，个别情况甚至基于私人的人际关系。由于行使自由裁量权不当，难免造成税负不公及处罚失当的现象，从而造成纳税人纳税风险的上升。

（五）税务机关和税务官员的不当执法观念

从原则上说，虽然税收征纳关系决定了征纳双方关系的不平等，但是并不意味着双方在适用具体法律法规时地位的不平等。在这一法律关系中,双方当事人地位平等,均依法享有权利主体的法律地位与身份、资格,平等地建立起法律关系,通过各自权利的行使和义务的承担,分别负担起各自主体的职责:征税人可依法查处纳税人的偷税、逃税、抗税等违反税法的行为;纳税人也有权依法提出申诉、上诉、控告、检举揭发等,同税务机关及其工作人员的渎职、侵权、贪污受贿、营私舞弊等不法、违法犯罪行为进行斗争,依法维护自己的合法权益。

但是现实生活中,纳税人"官不和民斗"的传统思维模式助长了某些税务官员和税务机关的权力意识,淡化了税务官员和税务机关的服务意识,一些税务官员往往因为纳税人在提出了不同意见时使用了激烈的言论,觉得失面子,便不能持平常心正确工作,便要好好惩罚敢于动摇他权威的人。这会在很大程度上侵害纳税人的权益,增加纳税人的纳税风险。

(六)税务工作人员的政治思想素质、职业道德和业务素质问题

个别税务人员在行使税收执法权过程中以权谋私、索贿受贿,有法不依,擅自变通,存在权力税、关系税、人情税,导致企业有可能多缴税、提前缴税或推迟缴税、少缴税。当然,这里面也可能有地方政府干预的问题。

还有个别税务人员的业务素质,一言以蔽之,就是"不学无术"(当然企业当中也存在这样的会计人员),对有关税收法律法规规章不了解,或者理解错误造成执法失误,有时对最新的税收政策掌握不够及时,适用旧的规定会导致错征税款。

三、源于企业内部的纳税风险

(一)企业法制观念淡薄

企业依法纳税意识不强,存在侥幸心理,铤而走险,进行偷税、骗税、抗税。这其中会计人员都扮演了重要的角色。比如,在一些税务机关公布的涉税违法案件中,大部分都是涉及虚开和接受虚开增值税专用发票、假发票、骗取出口退税、做假账等情况,几乎全部是因造假而违法。

(二)企业对税务机关存在惧怕心理,即使合法利益受侵害也不敢去维护

企业受传统观念影响,惧怕税务机关,依法维护自身合法权益意识不强,在涉税事宜上盲目服从税务机关,发现问题不敢提出异议,在某种程度

上纵容了税务违法行为。

另外,在执行具体法律法规时,纳税人没有完全树立与征税机关的平等地位,因此往往以税务官员个人的意见作为确定税务责任的界限。即使意见相左,也往往采取息事宁人、得过且过的方式放弃正确的权利主张。

尽管国家已经通过立法方式赋予纳税人主张合法权益的外因,但纳税人由于自身的陈旧观念和浅薄的法律意识,不去积极主张自身合法权益,不充分发挥内因的决定性作用,在执行具体法律法规时,纳税人要树立与征税机关的平等地位,积极主张合法权益,也是不行的。

(三)业务素质不高

企业纳税业务素质不高主要表现在以下几个方面。

(1)企业领导人对会计业务、涉税业务不了解,不尊重会计人员,指手画脚,外行指导内行,造成涉税风险。

(2)会计人员对税收政策理解不透,对税收信息了解不够,对税收优惠政策尤其是对新出台的税收优惠政策不了解,对一些税法公式理解不透,不清楚税法与会计的差异。有些会计人员自己没有主见,易受同行从业人士的影响和误导;有些人不懂装懂,指导同行错误操作。

(3)企业和税务机关,双方信息都不对称,税务机关掌握政策,而企业掌握实际情况尤其是特殊经济事项,如果企业对税法和会计都很精通,则企业就占了上风,但是很多企业财税工作人员对这些业务并不熟练,导致企业处于非常被动的地位。

(四)发票管理不当

比如,有的企业采购部门的业务员,为了满足企业"报账发票必须是增值税专用发票"的内部规定,购货时明知对方无法取得增值税专用发票,明知是其他企业代开发票还要接受,至此埋下隐患。因为"明知故收"属于恶意取得非税务机关代开的增值税专用发票,况且即使是善意取得非税务机关代开的增值税专用发票抵扣税款,按照有关规定也要补税、罚款。

企业还应注意,供货人、发票开具人、收款人三者户名应一致,否则应由发票开具人出具证明使购货企业免责。

(五)不注意自查工作

在税务检查前做好自查工作,能有效防止涉税事项处理失误带来的风险,但是很多企业都忽视了这一点。

（六）观念问题

很多纳税人往往会有这样一种错觉：和税务官员处理好私人关系远甚于双方面对面就政策而进行开诚布公的讨论。因此，现实中不少企业总是在遇到税务检查问题想到送礼、托关系。其实企业的花费不应只用到这些地方。比如，可以多聘一位会计人员或聘请一位真正的内行做主管，人工成本增加，但涉税和其他经损失可能大幅减少。实践证明好的会计人员确实会给企业带来很多好处；还可以委托中介机构进行纳税咨询和纳税筹划。

第三节　企业纳税风险管理策略

一、企业纳税风险管理现状

企业是我国国民经济的重要支柱，是国家税收收入的主要来源，在我国经济和社会生活中起着十分重要的作用。企业税收工作的好坏，直接关系到整个税收工作和经济社会发展的大局。我国大企业（集团）规模庞大，涉及的税收基数大，通常跨行业、跨区域甚至跨国经营，内部组织架构和核算体系复杂，生产经营分散而内部决策集中，涉税事项比较复杂，牵涉的利益方多。因而，企业面临的税务风险也较大，对企业的正常生产经营和发展有着重要影响。加强大企业的税务风险防控，提高其自觉遵从意愿和能力，避免企业因为税务问题造成经营、声誉上的重大损失成为企业内部控制建设的重要内容。2008年，我国财政部、证监会、审计署、银监会、保监会五部委共同发布了《企业内部控制基本规范》，要求上市公司制定内部控制制度并实施有效的内部控制，并应委托从事内部控制审计的会计师事务所对企业内部控制的有效性进行审计，出具审计报告。同年，这五个部委台了18个相关指引，包括组织架构、发展战略、人力资源、企业文化、资金活动等18项应用指引。但遗憾的是，五部委联合出台的有关内控的相关指引缺乏税务风险管理。国家税务总局适时在2009年颁发了《大企业税务风险管理指引（试行）》（以下简称《指引》），弥补了这重要的一环。《指引》要求税务机关将管理环节前移，变事后管理为事前管理，变被动管理为主动管理，辅导企业实施自我管理。

二、企业纳税风险管理机制

由于纳税风险的客观存在，企业应全面、系统、持续地收集内部和外部相关信息,结合企业实际情况,通过风险识别,查找企业经营活动及其业务流程中的纳税风险,分析和描述风险发生的可能性和条件,评价风险对企业实现税务管理目标的影响程度,从而确定风险管理的优先顺序和策略。纳税人通过建立科学合理的纳税风险管理机制,可以有效地规避纳税风险。

(一)树立纳税风险防范意识

企业应倡导遵纪守法、诚信纳税的纳税风险管理理念,增强员工的纳税风险管理意识,并将其作为企业文化建设的一个重要组成部分,贯穿于纳税管理工作的全过程。

树立企业纳税风险防范意识,主要体现在以下方面:企业的税务规划应具有合理的商业目的,并符合税法规定;经营决策和日常经营活动应考虑税收因素的影响,符合税法规定;对税务事项的会计处理应符合相关会计制度或企业会计准则以及相关法律法规;纳税申报和税款缴纳应符合税法规定;税务登记、账簿凭证管理、税务档案管理以及税务资料的准备和报备等涉税事项应符合税法规定。

(二)确定纳税风险管理机构的职责

企业的纳税风险管理应由企业董事会负责督导并参与决策。董事会和管理层应将防范和控制纳税风险作为企业经营的一项重要内容,促进企业内部管理与外部监管的有效互动。企业应建立有效的激励约束机制,将纳税风险管理的工作成效与相关人员的业绩考核相结合。企业应把纳税风险管理制度与企业的其他内部风险控制和管理制度结合起来,形成全面有效的内部风险管理体系。

1. 设立企业纳税风险管理机构

企业可结合生产经营特点和内部纳税风险管理的要求,结合企业的经营规模,设立纳税管理机构和岗位,明确岗位的职责和权限。组织结构复杂的企业,可根据需要设立纳税管理部门或岗位,组织结构比较简单的企业,可以只设专人进行纳税风险管理。

2. 明确企业纳税管理机构的职责

企业纳税管理机构主要履行以下职责:制定和完善企业纳税风险管理制度和其他涉税规章制度;参与企业战略规划和重大经营决策的纳税影响分析,提供纳税风险管理建议;组织实施企业纳税风险的识别、报告,监测日常纳税风险并采取应对措施;指导和监督有关职能部门、各业务单位以及全资、控股企业开展纳税风险管理工作;建立纳税风险管理的信息和沟通机制;组织税务培训,并向本企业其他部门提供税务咨询;承担或协助相关职能部门开展纳税申报、税款缴纳、账簿凭证和其他涉税资料的准备和保管工作等。

3. 建立科学的职责分工和制衡机制

企业应建立科学有效的职责分工和制衡机制,确保纳税管理的不相容岗位相互分离、制约和监督。纳税管理的不相容职责包括:纳税规划的起草与审批;税务资料的准备与审查;纳税申报表的填报与审批;税款缴纳划拨凭证的填报与审批;发票购买、保管与财务印章保管;纳税风险事项的处置与事后检查;其他应分离的税务管理职责。

(三)设立纳税风险识别与报告制度

通过对企业纳税风险的识别,可以了解纳税风险产生的原因,将纳税风险报告给相关责任人,可以有效规避纳税风险给企业带来的危害。

1. 纳税风险的识别

(1)影响纳税风险的因素

企业应结合自身纳税风险管理机制和实际经营情况,重点识别下列纳税风险因素:董事会、监事会等企业治理层以及管理层的税收遵从意识和对待纳税风险的态度;涉税员工的职业操守和专业胜任能力;组织机构、经营方式和业务流程;技术投入和信息技术的运用;财务状况、经营成果及现金流情况;相关内部控制制度的设计和执行;经济形势、产业政策、市场竞争及行业惯例;法律法规和监管要求;其他有关风险因素。

(2)纳税风险识别的方法

企业纳税风险识别方法主要包括以下两种。

①日常的纳税风险自查。纳税自查有两种:一种是经常性的自查;另一种是税务专项检查前的自查。企业进行自查时,要重点关注以下内容:核查会计核算内容的真实性、完整性和准确性,重点关注企业对涉税事项是否及时进行了会计处理;在正确进行会计核算的基础上是否进行了正确的纳税申报。

②结合企业所得税汇算清缴进行纳税风险识别。企业所得税的汇算清缴工作对于企业的纳税风险识别度很高,企业应该结合汇算清缴进行纳税风险识别。一年一度的企业所得税汇算清缴是在年度结束后开始的,是

由纳税人自行计算年度应纳税所得额和应缴所得税额,根据预缴税款情况,计算全年应缴应退税额,并填写纳税申报表,在税法规定的申报期内向税务机关进行年度纳税申报,办理税款结清手续。企业在进行年度企业所得税汇算清缴工作中,会对全年发生的经济业务进行归纳、梳理,可以有效发现纳税风险。

2. 企业纳税风险的报告

通过对企业具体经营行为的涉税风险进行识别和明确责任人,并将纳税风险及时报告给相关责任人,是企业纳税风险管理的核心内容。企业纳税风险的报告主要包括以下内容。

(1)针对税收新政策提出的纳税风险报告

我国当前税收政策在不断发生变化,企业应针对税收新政策做出相应的调整,以规避相关税收风险。

(2)针对日常经营提出的纳税风险报告

企业在日常纳税风险自查中,如何发现某些涉税事项存在纳税风险,应及时进行报告,以防止类似风险的发生。

(3)针对企业所得税汇算清缴提出的纳税风险报告

企业在进行年度企业所得税汇算清缴工作中,在对全年发生的经济业务进行归纳、梳理过程中,对发现的纳税风险应及时进行报告,采取必要的补救措施,以规避纳税风险的产生。规避因没有取得扣税凭证而产生的纳税风险。

(四)建立企业纳税风险应对机制

1. 建立有效的内部纳税风险控制机制

企业应根据纳税风险识别情况,考虑风险管理的成本和效益,在整体管理控制体系内,制定纳税风险应对策略,建立有效的内部纳税风险控制机制,合理设计纳税管理的流程及控制方法,全面控制企业纳税风险。

企业应根据风险产生的原因,从组织机构、职权分配、业务流程、信息沟通和检查监督等多方面建立纳税风险控制点,根据风险的不同特征采取相应的人工控制机制或自动化控制机制,根据风险发生的规律和重大程度建立预防性控制和发现性控制机制。

企业应针对重大纳税风险所涉及的管理职责和业务流程,制定覆盖各个环节的全流程控制措施;对其他纳税风险所涉及的业务流程,合理设置关键控制环节,采取相应的控制措施。

2. 设立重大纳税风险与税务机关沟通机制

企业会因内部组织架构、经营模式或外部环境发生重大变化,以及受行业惯例和监管的约束而产生重大纳税风险,企业应设立重大纳税风险与税务机关沟通机制。企业应了解税务机关的工作程序,关注当地税务机关税收征管的特点和具体方法,与税务机关保持友好联系,发生重大纳税风险事项,及时与税务机关沟通,以寻求税务机关的辅导和帮助,争取在税法的理解上与税务机关取得一致,既可以有效规避纳税风险,也可以为税务机关提供相关涉税案件的处理借鉴,为建立良好的征纳关系提供条件。

3. 制定税务部门参与企业战略规划制度

企业的战略规划包括全局性组织结构规划、产品和市场战略规划、竞争和发展战略规划等。企业重大经营决策包括重大对外投资、重大并购或重组、经营模式的改变以及重要合同或协议的签订等。企业的战略规划和重大决策事项中,往往都蕴含着巨大的纳税风险,企业在进行决策时必须考虑税收的影响。企业通过制度形式,让税务人员参与战略规划和重大决策,既可以体现税收在企业决策中的重要性,又可以让税务人员在决策之前对未来将要发生的纳税事项预先进行规划和安排,有利于控制企业纳税风险。

4. 明确税务部门日常工作职责

(1)参与制定或审核企业日常经营业务中涉税事项的政策和规范。

(2)制定各项涉税会计事务的处理流程,明确各自的职责和权限,保证对税务事项的会计处理符合相关法律法规。

(3)完善纳税申报表编制、复核和审批以及税款缴纳的程序,明确相关的职责和权限,保证纳税申报和税款缴纳符合税法规定。

(4)按照税法规定,真实、完整、准确地准备和保存有关涉税业务资料,并按相关规定进行报备。

(五)建立企业纳税风险信息与沟通机制

1. 建立信息与沟通制度

企业应建立税务风险管理的信息与沟通制度,明确税务相关信息的收集、处理和传递程序,确保企业税务部门内部、企业税务部门与其他部门、企业税务部门与董事会、监事会等企业治理层以及管理层的沟通和反馈,发现问题应及时报告并采取应对措施。

2．建立收集、更新及反馈制度

(1)建立和完善税法的收集和更新系统,及时汇编企业适用的税法并定期更新。

(2)建立和完善其他相关法律法规的收集和更新系统,确保企业财务会计系统的设置和更改与法律法规的要求同步,合理保证会计信息的输出能够反映法律法规的最新变化。

3．建立管理信息系统

(1)利用计算机系统和网络技术,对具有重复性、规律性的涉税事项进行自动控制;(2)将税务申报纳入计算机系统管理,利用有关报表软件提高税务申报的准确性;(3)建立年度税务日历,自动提醒相关责任人完成涉税业务,并跟踪和监控工作完成情况;(4)建立税务文档管理数据库,采用合理的流程和可靠的技术对涉税信息资料安全存储;(5)利用信息管理系统,提高法律法规的收集、处理及传递的效率和效果,动态监控法律法规的执行。

三、纳税风险管理的流程

根据税收风险管理的理论,企业税收风险管理的流程包括收集风险管理信息、风险评估、制定个性化应对策略、实施针对性管理以及反馈与改进几个环节。

(一)收集风险管理信息

1．税收风险管理信息内容

(1)税务征收机关掌握的企业信息,包括纳税申报信息、主要财务报表信息、各类税收统计信息、适用的法律法规、日常征管掌握的企业税收筹划情况、税款缴纳情况、纳税评估和税收检查情况、税务合规历史记录、税务争议的处理、信息披露和合作态度等。

(2)企业涉税经营和管理基本信息,包括企业组织架构和隶属关系、公司治理和关键管理人员信息,关联交易情况,产品或服务情况,企业发展情况,企业信息系统运用情况,企业内部控制等。

(3)相关第三方信息,主要有国家行政管理机构、司法机关及有关企业监管部门公布的企业设立、合并、分立、注销以及经济和行业统计信息,银行、海关等部门的相关企业涉税信息,来自研究机构、行业组织、消费者团体以及中介机构的相关信息,新闻媒体以及互联网披露的各种相关信息等。

（4）国际情报交换信息以及反避税可比数据库信息等。

2. 税收风险管理信息采集途径

税收风险管理信息采集以计算机系统为主,以人工操作为辅。税务管理部门用于信息采集的软件工具系统有大企业数据采集分析平台、企业基本信息补充采集模块以及税务风险评估调查问卷模块等。其中,数据采集分析平台用于采集企业部分基本信息、企业主要财务报表和企业税收信息,企业基本信息补充采集模块用于采集企业组织架构、关联关系以及其他基本信息,而税务风险评估调查问卷模块用于采集企业整体层面内部控制和具体涉税业务流程内部控制信息以及主管税务征收机关掌握的日常征管信息。

相关第三方涉税信息以及国际情报交换数据的采集,由于其存在国际数据交换以及国内各个部门或组织之间系统匹配的问题,当前是以人工操作为主。

3. 税收风险管理信息采集的方法

信息采集的方法包括问卷调查、观察、检查和定性定量分析。定性方法可采用问卷调查、集体讨论、专家咨询、情景分析、政策分析、行业标杆比较、管理层访谈、由专人主持的工作访谈和调查研究等。定量方法可采用统计推论（如集中趋势法）、计算机模拟（如蒙特卡罗分析法）、失效模式与影响分析、"事件树"分析等。

（二）风险评估

1. 风险评估的步骤

（1）风险识别

风险识别是指对收集的风险管理信息进行加工处理,对比行业风险特征库,查找企业在税务登记、纳税申报、税款缴纳以及履行其他涉税义务过程中存在的涉税风险。以企业发展战略的税收风险控制点为例来进行说明,发展战略的风险点包括两个方面:一是对经营业绩进行规划,而缺乏对于税收风险的战略规划,可能导致虽然经营业绩较高,但是税收风险出现的概率大大增加;二是在企业快速扩张时,脱离了税收管理能力,导致很多经营环节没有经过税收风险管理部门的审核,出现了税收风险。当然,企业业务经营环节众多,应该对每一种业务都要归纳列举税收风险点,这样才能为以后的税收风险的识别和控制打好基础。

(2)风险评价和分析

风险评价和分析是对识别出的风险及其特征进行明确的定义,描述风险发生的可能性和风险发生的频率,评价风险的严重性以及对纳税遵从的影响程度;分析可能的风险来源、风险发生的原因和条件;依据分析结果对风险进行排序,形成风险排序矩阵。

(3)风险评估报告

风险评估报告是根据风险评价和分析的结果,制作潜在的风险列表和企业风险等级排名,并将结果反馈到企业和税务征收机关。风险评估报告包括两方面内容:首先,按高、中、低三个等级确定被评估企业的风险等级,并对企业按行业、地区、集团等多个维度进行排名,为下一步制定和实施个性化管理措施提供依据;其次,详细列示被评估企业可能存在风险的领域和具体涉税风险点,提示和指导企业进行自我测评和整改,并据以改善企业内部控制和风险管理机制。

2. 风险评估的方法

(1)计算机评估为主、人工评估为辅的方式

计算机评估软件系统由同家税务总局统一开发设计,风险评估的指标、参数、模型以及企业风险等级评定标准由税务总局统一制定并由软件控制。

人工分析处理主要是对计算机系统无法分析处理的信息作出分析判断,并对计算机系统分析处理结果进行调整,修正风险评估报告。人工分析处理的信息来源主要是征管机关掌握的日常征管信息、历史检查信息、前次风险评估信息等。

(2)定量评估和定性评估相结合的方法

定量评估主要由计算机系统完成。定性评估以人工为主。定性分析方式有集体讨论、专家咨询、情景分析、政策分析、工作访谈和调查研究等。

企业风险评估是一个动态循环的过程,要注意定期评估和临时评估相结合,事后评估和实时评估相结合。前次风险评估的结果构成下一次风险评估的风险管理信息的组成部分。

(三)制定个性化应对策略

根据风险评估的结果确定的企业风险等级和单个企业的具体风险排

序,采取不同策略分别应对高风险企业、中等风险企业和低风险企业的纳税遵从问题,重点关注带有集团、行业和地区普遍性的遵从风险,优先处理排序靠前的风险,着重防范和应对可能带来重大税收流失、反复出现的风险。

1. 总体原则

(1)对遵从意愿和遵从能力都较高的低风险企业,需要降低风险评估的频率,尽量减少风险评估对企业经营的干预,更多地采用案头分析和企业自愿报送资料的方式,少量抽查测试企业的税务风险管理情况和效果。以企业自我管理为主,税务机关督导为辅,帮助企业主动发现和应对风险,实现企业持续的自我遵从。建立有效渠道,快速响应企业诉求,提高对低风险企业服务的质量。但是如果企业出现重大纳税事项影响到纳税遵从,或者改变税收策略,税务部门应及时调整企业风险等级。

(2)对有遵从意愿但遵从能力较低的中等风险企业,要通过开展风险评估和测试,辅导企业开展自我检查等方式处理风险,适当加大督导和复核的力度。要注重通过辅导帮助企业建立税务风险管理机制,跟踪和监控后续管理措施,实现企业遵从。对税务风险管理机制较为健全有效的企业,可以通过签订预约定价安排、遵从保证协议等措施帮助企业事先应对相关税务风险。如果企业遵从度持续提高,可以调低企业风险等级;如果仍未改善或继续恶化,应调高企业的风险等级。

(3)对遵从意愿较低、遵从风险大的高风险企业,可以提高风险评估的频率,除每年定期进行风险评估以外,还可结合实际情况,采用实时评估等方法随时监控企业情况。风险应对策略主要采用实地评估测试、税务审计和反避税调查、移交稽查处理等方式,依法加大处罚打击力度。另外要采取约谈企业管理层等方式积极与企业沟通,帮助企业树立遵从的理念,解剖不遵从的原因,辅助企业建立税务风险内部管理机制,并监督机制有效地运行。如果企业遵从改善应及时调整风险评级;如果仍未改善或继续恶化,应作为重点管理对象,研究更具针对性的管理措施。

2. 具体的应对策略

(1)根据 2009 年国家税务总局颁布的《大企业税务风险管理指引(试行)》,税务应对部门指导企业建立和完善涉税内部控制和风险管理体系。结合风险评估初步结论,细化《大企业税务风险管理指引(试行)》具体操作,辅导和帮助企业在降低现存纳税遵从风险的同时,着重从制度和机制、纳税意识和企业文化、岗位职责和人员素质、信息技术和沟通等方面,完善内部控制,建立全面的税务风险管理体系,实现管理环节的前移。

(2)建立行业风险特征库,深入细化分类管理。在深入研究和解剖行业税务风险、广泛采集风险管理信息的基础上,利用风险评估子系统,通过数据挖掘、指标设定、参数控制、模型优化等,形成分行业风险特征库,持续、动态监控行业遵从风险。

(3)利用预约定价安排、遵从保证协议等手段,开展风险管控。对符合条件企业的关联交易,采取预约定价安排,提前防范转让定价风险。与具备条件的企业签订遵从保证协议,合作防范税务风险。

(4)利用税务风险自查模块,指导企业开展税务自查及其他自我遵从纠正行动。同时利用软件系统全程监控和督导,发挥风险管理数据库、风险特征库、风险模型等的综合利用优势,提高自查复核的效率和效果,实现企业自我遵从水平的提高。

(5)开展税务审计和反避税调查。依据风险评估和企业自查等情况,选择遵从意愿差、风险等级高且改善不明显的企业,利用审计查账子系统,下户进行内部控制测试、税务检查、税务审计或反避税调查。

(6)进行税务稽查及处罚。对遵从意愿极差、采取其他风险管理措施收效甚微、风险管理持续得不到改进、风险等级持续处于高水平的企业,协同稽查部门查处,同时在法律规定的范围内,加大处罚的力度。

(四)风险的反馈和改进

1. 反馈的内容

一是及时将风险管理各个阶段的结论和改进建议制作相应报告或管理建议书反馈给企业,并跟踪企业改进风险管理的情况,辅导和监督企业及时改进管理。对持续、反复出现同类遵从问题的,要实时调高企业风险等级,调整风险应对策略,并会同征收机关实施重点管理。

二是利用各种渠道收集企业对风险管理工作的意见和建议,不断调整优化税务风险管理工作。碰到有些大企业在加强风险管理方面遇到的困难和干扰,各级税务机关的大企业税务部门要提供必要的支持和援助。

三是各地及时归纳本地企业风险管理中的共性问题和行业特征,及时反馈给国家税务总局;国家税务总局也会定期汇总处理各地反馈情况,及时更新风险特征库和相关软件系统。

四是定期将风险管理工作情况反馈给相关部门,作为改进税收立法的参考,为维护税收法律的公开、正义、平等和透明服务。

五是与征收机关的沟通和协调,及时将风险管理各阶段分析的企业遵从问题反馈到国税、地税征收机关,配合征收机关改进日常管理。

2. 实施风险管理考核制度

定期对风险管理进行考核,考核内容包括数据采集、风险评估、具体应对策略和措施的运用、风险管理信息系统的操作以及其他各环节工作要求的落实情况。国家税务总局布置的任务由其统一考核,考核结果定期通报;各地自行开展的风险管理工作考核由各地分别进行,考核结果定期上报国家税务总局。

四、完善企业税务风险管理策略

(一)做好内部控制,防范税务风险

《中华人民共和国公司法》对现代企业的组织结构、内部控制架构进行了详细规制,另外《中华人民共和国会计法》也对各企业应当建立健全内部会计监督制度提出了明确要求,目的就是加强各企业的内部控制能力,控制财务风险,防范税务风险。

换句话说,如果企业内部控制机制存在缺陷,或运转失灵的话,往往会给企业造成重大的安全隐患。

这个案件给我们的警示是:企业的纳税义务的各个环节分布在内部不同的部门和岗位上,要想做好内部税务风险控制,各相关部门和人员一定要齐心协力、互通信息、通力配合,确保物流、信息流和资金流在企业内部流转的畅通,做好各个环节的衔接,将内部控制制度执行到位,防范纳税风险。

1. 企业内部控制机制的构成

一个完善的企业内部税务控制机制,应该包括以下几个组成部分。

(1)主体

包括两个部分:企业内部控制系统的制定者、参与者。

第一,制定者。根据目前企业的组织架构和实行层级管理的方式,这项工作必须紧紧依靠企业董事会,董事会要对税务战略、规划的合规性负责,让公司自上而下形成诚信纳税的理念、意识和责任,要全员参与、负责税务风险的控制,涉税事项合规处理的权责应落实到具体的岗位、流程。

第二,参与者。主要是公司要有一批专业能力过硬的税务管理部门和人员,全面、系统、持续地收集内部和外部相关信息,查找企业经营活动及业务流程中的税务风险,分析风险发生的可能性、影响程度,为风险控制策略选择奠定基础。同时,这个团队不仅要制定日常税务风险管理的制度、流程,定期监督,反馈改进情况,而且要参与企业重要经营决策,对可能存在的重大税务问题要有专业敏感和判断,并主动与税务机关进行专业讨论和交流。尤其是集团性公司的税务管理团队,应对整个集团税务风险控制负责,对各子公司、分支机构的税务风险控制实时监控,发现问题及时响应,及时与税务机关沟通。

(2)客体

指主体以外的客观事物,是主体认识和实践的对象。具体包括:内控体系、制度、税务政策、税务统筹等。

就控制活动要素而言,公司应建立税务日常风险控制和重大风险控制制度。前者包括涉税会计处理、申报表编制、税款缴纳、涉税账簿和资料的管理等,有健全的制度,才能实现税务风险点控制与业务、财务流程相融合;后者主要指在企业组织架构、经营模式、外部环境、行业惯例等发生重大变化而可能面临重大税务风险时,能够开展专业判断,并及时与税务机关进行专业沟通,寻求帮助。

(3)方法

主要是指一些工作流程、决策方法、防控与监控方法等。

第一,流程。即在规范和优化每项工作流程,明确各岗位操作的要求、时限、权限等标准的基础上,将工作流程由手工操作传递转变为信息化自动处理,最大限度地减少人为因素,从而保证工作的规范性,程序的严密性。

第二,决策。应尽量采取集体决策的办法进行控制。如重大事项,通过召开董事会会议、管理层会议和各类工作小组会议等办法进行决策,实现决策的科学化、民主化,逐步解决花钱一支笔,决策一言堂,权力一把抓的顽症。

第三,防控。对排查出的风险点进行风险程度评估,按照风险级别从高到低的顺序排列,适时发布预警信息,及时采取有效措施,排除风险隐患。如对企业财税管理系统、税收征收管理系统以及外部税收执法管理信息系统产生的异常数据和异常信息进行风险分析,归类和风险等级排序,并以适当的形式适时发布,及时采取应对措施,予以消除。

第四,检控。对工作情况进行监督检查,能够及时发现问题,堵塞漏洞,消除隐患。上级管理部门要对下属企业、单位的工作情况进行监督检查,广泛开展税务自查,各级管理人员要及时听取下级工作人员的工作汇报,监督检查下级人员特别是一线员工的工作情况,从而形成多层次、多角度、全方位的监督检查工作机制,把各种风险隐患消除在萌芽状态,防止风险扩大和蔓延。

(4)考核评价体系

建立一套科学的内部控制建设考核评价体系,把内部税务控制建设作为企业内控体系建设责任制和领导问责的一项重要内容,将内部控制建设与目标管理考核或绩效考核紧密结合起来,通过对内部控制建设情况的考核,发现企业运行中存在的问题,逐步完善和加强对税务风险的监督。

2. 企业内部税务控制的要素

企业税务系统内部控制要素应包括内控环境、风险评估、控制活动、信息与沟通、监督五个方面。

(1)内控环境。主要指税收风险理念、税务文化环境、领导班子、干部人事激励机制、对税务干部素质的要求、税收权利和职责划分、内部财务审计、执法检查等。

(2)风险评估。指根据税收法律法规的要求,对税务系统内部所有执法和管理业务流程中存在的风险及其重要性做出评价。主要包括风险识别、风险分析、风险评价三个步骤。

(3)控制活动。是使税收风险得以应对和控制的制度和程序。风险评估后所采取的对应控制措施即为控制活动。控制活动是整个内部控制的实质内容,控制活动的科学性、合理性直接影响内部控制的效果。

(4)信息与沟通。是指在税务管理中的有关信息,应保证能根据内部控制需要而被识别、获取和沟通,而不是被隐藏和封闭,以促使相关工作人员履行职责,达到共同控制风险的目的。

(5)监督。指企业系统内部的专职部门对整个内部控制系统运行流程进行的监督 和评价。

(二)制定严格合理的制度,遏制税务风险

没有规矩,不成方圆。大到国家、国际组织,小到各种企事业单位,无不需要制度的约束。当然,前提是制度须合理,否则也于事无补。因为,好的制度会将坏人变成好人,坏的制度能将好人变为坏人。

2005 年,世界银行对世界各国投资环境的一项调查报告显示,不合理的制度几乎是所有贫穷国家经济发展的一个主要障碍。

比如,在海地注册一家新公司需要等 203 天,而在澳大利亚只需要 2 天。

在埃塞俄比亚注册公司,企业主必须在一个银行账户存入相当于 18 年平均收入的金额,然后这个账户就被冻结。而在全世界最发达的国家

中,根本没有这项规定。

在尼日利亚的商业中心拉各斯,进行一桩土地买卖需要经过 21 道手续,需耗时 274 天,手续费高达地产交易价值的 27%。而在挪威,这项买卖可以在一天之内完成,手续费也仅为交易额的 2.5%。

有一名中国访问学者,曾去旁听瑞典的刑事审判案件,结束后,他问瑞典方面的一名陪审员:"你们是怎么防止自己腐败的?"

对方用无比惊奇的眼光看着他:"这怎么可能?"

学者继续质疑:"怎么就不可能?"

对方态度依然:"怎么可能?"

如此一番追问之后,那名陪审员才恍然大悟道:"是这样的,还是根本不可能,因为在我上庭之前,不知道审谁;被告上庭之前,不知道被谁审;庭审结束,就当场形成了判决意见;根本没有任何钻空子和行贿索贿的机会。"

这就是制度的力量,正如邓小平所说:"制度好可以使坏人无法任意横行,制度不好可以使好人无法充分做好事,甚至会走向反面。"可谓"穷也制度,富也制度"。制度作为一种意识形态,能够为人们营造一个硬环境,因为人们不敢轻易违反制度。

一个企业组织,如果想要正常运转,如果想给成员一个良性引导,也需要制度,需要好的制度。企业要做好税务风险控制,也需要建立完善合理的税务制度,如果在制度上存在疏漏的话,那么反映在企业税收损失上一定会是一个巨大的数字。

从制度上防范税务风险,要注意以下几点。

1. 提升企业信用等级

如果企业本身信用等级不高,是税务机构眼中的"纳税问题企业",那么,即使内控制度再完善,也难以从根本上规避税务风险。

控制企业信用底线,维护和谐征管秩序。在跨国化、资本化背景下,企业信用建设成为企业发展的重要环节。企业信用涉及对税收征管部门、消费者、金融机构、供应商、代理商、服务商等主体的信用,其中对税收征管部门的纳税信用最为重要。

2. 建立健全企业内控制度

要建立健全企业的内部税务控制制度,首先要研读财税政策、制度,和企业内部制度相结合,促进企业长期发展。有效率的税务制度不仅规范征纳关系和计税模式,而且是通过财税制度的深刻内涵,引导企业向政府所期待的产业布局、主流投资领域、企业运行模式等方面发展。其次在富有优惠政策和鼓励政策的制度框架下,市场主体(包括企业、个人及其他组织)的交易行为、协调行为及其他行为更加有序,结果较易预见。

(1)完善企业内控制度

目前,我国财务会计制度和企业会计准则基本完善,税收制度也逐渐健全,但财务会计与税法规定之间的差异将长期存在。为避免税务风险,企业财务工作者须把握上述差异,尽量做到正确纳税,这一客观要求具体表现为企业内部控制制度的完善,即企业应致力于管理水平的提高和风险意识的增强,在严格把握传统财务内控手段的前提下,对现代化知识技术充分利用,建立一套操作性强、便于控制的内部财务报告组织信息系统。

(2)健全企业税务代理制度

税务代理,即税务代理人在国家法律法规限定的代理范围内,依纳税人、扣缴义务人的委托,代为办理税务事宜的各项行为的总称。小企业如不具备自身进行独立税务核算的能力,可选择外部税务代理机构代劳,但是一定要选择合法合规且信誉度较高的税务代理机构。一旦形成稳定委托关系,因其对本企业相关情况比较了解,可以长期合作,不宜频繁更换。

3. 构建税务风险预测系统

企业应定期全面、系统、持续地收集内部和外部相关信息,结合实际情况,通过风险识别、风险分析、风险评价等步骤,查找企业经营活动及其业务流程中的税务风险,分析和描述风险发生的可能性和条件,评价风险对企业实现税务管理目标的影响程度,从而确定风险管理的优先顺序和策略。

一般而言,企业应结合自身税务风险管理机制和实际经营情况,重点识别下列税务风险因素。

(1)管理层的税收遵从意识和对待税务风险的态度;

(2)涉税业务人员的职业操守和专业胜任能力;

(3)企业组织机构、经营方式和业务流程;

(4)税务管理的技术投入和信息技术的运用;

(5)企业财务状况、经营成果及现金流情况;

(6)企业相关内部控制制度的设计和执行;

(7)企业面临的经济形势、产业政策、市场竞争及行业惯例;

(8)企业对法律法规和监管要求的遵从。

4. 适时监控税务风险

评估预测税务风险,并采取相应措施化解风险,是防范企业税务风险的关键。在日常经营过程中,应积极识别和评价企业未来的税务风险,综合利用各种分析方法和手段,全面、系统地预测企业内外环境的各种资料及财务数据。比如,分析税务风险的可能性、严重性及影响程度,以了解税务风险产生的负面作用。

(三)完善业务流程,杜绝税务风险

流程,在词典中被解释为:"工业品生产中,从原料到制成成品各项工作安排的程序。"而现在管理学中所泛指的流程,指的是企业内正式或非正式的、约定俗成的做事方法。企业通过一系列活动创造价值,流程就是进行这些活动的方式。例如,企业必须要做售后服务活动,以获取客户的终身价值,如何做售后服务是一个过程,服务人员如何回答客户抱怨、如何对客户进行技术指导等,都是一个整套的过程,这就是流程。流程要以客户为导向。这些过程可以是明文规定的标准作业流程,也可以是固定习惯的做法。流程不同,做法不同,结果也不一样,当这些过程形成一套制度后,组织的良好执行能力和绩效便就此产生了。

完善的内部流程,对于防范企业税务风险,同样有着重大的意义。这里所指的流程,表现在两个方面:一是企业业务流程;二是企业税务管理流程。

1. 防范业务流程不合理带来税务风险

业务流程,简单来说就是企业日常业务的操作情况,这种情况各个行业、各个企业的操作方法各不相同。即使在同一个企业,在不同阶段也可能采用不同的手段和方法。

通常情况下,在对工业企业进行纳税筹划时一般将企业应税销售收入与可抵扣进项税金的购进金额进行比较,当后者占前者的比例为64.71%时,企业作为一般纳税人与小规模纳税人增值税负担相等,这一比例越低,企业作为一般纳税人的增值税负担就越高。在这种情况下,通常的筹划方案是建议企业采用分立的办法,达到降低增值税税负的目的,但企业分立必须是真实存在的,分离后必须是两个独立的企业,如果分而不立,业务流程不清晰,甚至为避税弄虚作假,必然会给企业带来麻烦,就像案例中提到的企业。

2. 完善税务控制流程

企业税务流程控制,一方面是要做好税务管理流程设计,另一方面则要做好关键节点的税务控制工作,降低税务风险。

(四)建立和完善企业税务风险管理制度

我国大企业税务风险管理,应借鉴国外税务风险管理的实践经验,引导和帮助企业从内部控制制度入手,通过执行风险管理的基本流程,把企业的税务风险管理贯穿于生产经营全过程,强化企业税务风险的自我防控。同时,大企业税务风险管理机关以风险为导向,前移管理重心,依据企业税务风险程度,实施有差别的税务管理,及时发现和解决问题,让有限的税收管理资源发挥最大效益。

1. 依托信息系统

信息管理系统是开展大企业税务风险管理的基本保障。税务风险管理涉及海量企业信息的搜集、整理、分析、比对,只有运用计算机软件批量处理才能保证工作的科学、高效。国家税务总局在借鉴发达国家税务风险管理经验,吸收国内外最新风险管理技术成果的基础上,经过与四大会计师事务所风险管理专家研讨和论证,以及对多家大型企业的调研和反馈之后,开发出了适合我国国情的税务风险管理的三大信息系统。建议国家税务总局全面推行风险管理信息系统的应用,要求大企业税务风险管理机关按照"一部《指引》、三大系统、五大步骤"的工作思路,进行大企业税务风险管理。

与企业风险管理流程类似,大企业的税务风险管理依然遵循风险信息收集、风险识别、风险评估、风险应对和风险管理的反馈与改进的流程。在收集风险管理信息阶段,除了掌握企业内部财务会计信息、企业内部税收管理制度和内部监控制度情况外,还应注意收集第三方信息、行业协会相关信息指标等,掌握企业所处行业情况,同时,信息数据采集软件要考虑与现有的税务征管系统的衔接。在风险识别阶段,识别大企业税务风险主要有两种途径:一是利用企业财务数据和税务数据,分析大企业可能存在的税务风险。这是识别大企业申报风险最直接的方式。另外,大企业税务分析不局限于某个单一税种,而是将各税种的分析工作有机结合,综合考虑大企业税收问题,提高分析的效果,减少因重复调取企业资料给企业带来的负担。二是进行大企业税务风险问卷调查。风险管理很重要的功能就是将管理重心前移,这就需要对造成企业税务风险的源头进行分析。通过精心设计的大企业税务风险调查问题,可以获取企业内部控制各个方面的信息,以便税务机关更全面完整地了解企业税务情况。

风险评估阶段是对识别出的风险发生可能性和发生频率进行评估,评价风险的严重性以及对纳税遵从的影响程度,分析可能的风险来源、风险发生的原因和条件。由于大企业税务风险评估需要对企业进行全方位的了解,各国的实际工作程序中都包括了纳税人进行税务风险自查的程序。企业按照税务部门提示的税务风险点进行自查,不仅提高了风险评估的效率,也促进了企业对防范税务风险、加强自身内控建设的认识。在评估过程中应充分借鉴第三方的工作成果,例如企业年报审计报告、企业内部控制审计结论等。这些都是进行大企业税务风险评估的重要依据。

风险应对阶段是根据风险评估的结果确定的企业风险等级和单个企业的具体风险排序,采取不同策略应对纳税遵从问题。对遵从能力强的低税务风险企业,税务机关以服务为主,不断提供个性化的纳税服务;对中等风险企业,积极帮助企业建立和完善内部税务风险防控体系,不断提升企业的税务遵从愿望和能力;对于主观不愿自行纳税遵从的高风险企业,通过加大专项检查、税务评估、审计等手段促使企业遵从。同时,在确定应对策略时应重点关注带有集团、行业和地区普遍性的遵从风险,优先处理排序靠前的重要风险,着重防范和应对可能带来重大税收流失、反复出现的风险。

在风险反馈和改进阶段,应及时将发现的问题反馈至企业,帮助企业提高税法遵从度;反馈给引导遵从和遵从实施环节,帮助实施风险管理;反馈给征管部门,帮助改进日常税务管理;反馈给税收法规和政策部门,帮助改进税收立法。

2. 建立健全内控机制

《指引》出台后,部分大企业结合自身内控机制建设的需要,提出了建立税务风险防控制度的需求。税务机关应顺势而为,从提高企业自我防范税务风险的角度出发,帮助企业建立健全税务风险内控机制。《指引》重点从风险管理机构和岗位、风险识别和评估、风险应对策略和内部控制、信息与沟通四个方面,规范大企业事前税务管理,提高纳税服务水平,帮助大企业防控税务风险。税务机关应按照《指引》的要求,了解企业内控体系建设和依托的信息化系统,通过风险内控测试发现企业经营、内控设计与执行中潜在的税务风险,提示企业在内控建设中加以完善,使税务风险防控与企业日常经营相融合,帮助企业防范其税务违法行为,避免或减少其因为未很好地遵循税法导致遭受税法的制裁,造成企业财务损失和声誉损害,使企业税法遵从能力得到有效提升。同时,通过《指引》的引导作用,税务机关也可以以参与企业制度建设的方式提前介入企业纳税管理环节,实现税收管理环节的前移,辅导企业提前防范税务风险,变发现型控制为预防型控制。

3. 培养复合型人才

一方面,大企业的涉税事项复杂,要求多种复合型人才参与管理,以便满足不同的业务知识要求;另一方面,大企业的管理需要的时间长、工作量大,需要多人共同进行。而现状却是我们缺乏专业的风险管理团队,有的地方虽然组建了不同类型的风险管理专业团队,但由于高层次、复合型人才的数量有限,难以适应风险识别、有效应对在数量和质量上对人才的需要。因此加强复合型人才培养,实施团队化的税务风险管理模式成为当前迫切需要重视的问题。首先,应从战略高度制定长远的高层次人才规划,建立不同年龄阶段、不同知识结构、不同管理层次的人才战略计划,储备一批既有基层工作经验,又有领导指挥和参与决策能力,既有专业知识又具备一定管理能力的高层次复合型人才,全方位为大企业税务风险管理与服务培养人才。其次,应鼓励从事税务风险管理的年轻干部深入大企业内部学习,全面了解大企业的生产经营活动、大企业的组织框架、内部的工作机制、税务风险管理等内容。这不仅可以锻炼税务干部的业务知识,更重要的是可以从企业的角度全方位地审视企业面临的税收问题,站在企业的角度感受和体会国家税收制度、税收政策、税收管理与服务的不足,真正了解大企业的税收需求,为税务机关更好的服务打下基础。最后,应鼓励从事税务风险管理的干部深入专业中介机构学习,掌握税务风险管理的最新发展动态和相关企业的税务风险管理水平。

第七章 企业主要税种的税务风险管控

随着我国经济体制改革的不断深入,市场经济的不断发展,税源分布领域越来越广泛,流动性和隐蔽性越来越强。在实际的税源管理过程中,由于受到诸多客观不确定因素的影响,税源并不一定完全形成税收,从而导致客观税源决定的纳税能力与实际税收之间存在事实上的差异,这种差异表明税源管理过程中事实上存在税收流失的风险。

第一节 增值税纳税风险管控

一、一般纳税人与小规模纳税人的管理

(一)一般纳税人认定的管理

1. 纳税风险识别

一般纳税人的认定所涉及的纳税风险主要是符合一般纳税人认定条件但不办理一般纳税人认定手续。按照税收法规的规定,纳税人年销售额超过小规模纳税人年销售额标准,未申请一般纳税人资格认定的,应当按照销售额和增值税税率计算应纳税额,不得抵扣进项税额,也不得使用增值税专用发票。

2. 纳税风险控制

对该项纳税风险的控制主要是通过检查会计报表、资金流动凭据和现金流量计算、货物购进凭据、销售日记账,通过单位能耗(比如材料消耗、水电消耗、工资消耗)测算,核实纳税人的年实际应税销售额,检查是否符合一般纳税人条件但不申请认定为一般纳税人。

(二)租赁或承包经营的管理

1. 纳税风险识别

租赁或承包经营所涉风险主要有以下几个方面。

（1）承租或承包的企业、单位和个人，不按规定办理税务手续，以出租人或发包人的名义进行经营，逃避纳税义务。

（2）承租或承包超市、商场的柜台或经营场地，以超市、商场的名义进行经营，逃避纳税义务。

2. 纳税风险控制

对上述涉税风险进行控制主要通过以下方法进行。

（1）核实出租人、发包人与承租或承包的企业、单位和个人签订的承包、承租合同或协议，核实实际经营人、承租或承包的企业、单位和个人，是否有独立的生产、经营权，在财务上是否独立核算，并定期向出租者或发包者上缴租金或承包费，确认其是否存在逃避纳税义务的行为。

（2）检查出租人、发包人财务账簿中"其他应收款""其他应付款""其他业务收入""营业外收入""经营费用""管理费用""财务费用"等账户，核实是否有承包费和租金收入，是否将"承租或承包"部分的收入纳入出租人、发包人财务核算，确定承租或承包的企业、单位和个人是否履行纳税义务。

二、销项税额的纳税风险控制

（一）销售收入确认不完整的检查

1. 纳税风险识别

纳税人销售收入确认不完整主要是指不按规定核算货物销售，应计未计销售收入，不计提销项税额，主要有以下几种形式。

（1）销售货物或提供劳务和应税服务不确认销售收入，直接冲减"产成品""库存商品"或计入"其他业务支出""营业成本"等科目，或者虽作销售处理，但却按"产成品""库存商品"等成本计提销项税额，不确认销售收入，从而少缴增值税。

（2）现金收入不入账，不确认销售收入。

（3）销售货物或提供应税劳务和应税服务，不开具发票，不确认收入。

（4）销售残次品、废品、下脚料、边角废料等不计收入，不计提销项税额。

（5）销售收入已实现，销项税金已计提，但不向主管税务机关申报或少申报纳税。

（6）销售收入已实现，但不计收入科目，而是作为其他科目进行处理，不计提销项税额，不向税务机关申报纳税。

(7)对视同销售行为直接冲减"产成品""库存商品",或直接计入"其他业务支出""经营费用"科目,不计提销项税额。

(8)不按规定开具专用发票或不开发票也不确认收入。

2.纳税风险控制

该类涉税纳税人在进行纳税风险控制时,主要是通过检查以下内容。

(1)检查"应收账款""应收票据""银行存款""生产成本""产成品""库存商品""经营费用"以及相关负债类账户,查看记账凭证和原始凭证,看是否存在异常问题。

(2)检查期初存货、当期存货发生额和期末存货情况,推算本期发出产品(商品)额,与其他纳税期和本期申报计税销售额的变化,从而确认企业县否有隐瞒应纳销售额的可能。

(3)检查纳税人会计核算资料,从而检查纳税人发出货物的会计核算是否有不通过"主营业务收入""其他业务收入"科目,而是直接记"银行存款""现金""其他货币资金""应收账款""其他应收款"或其他非销售类科目,从而确认企业是否有隐瞒销售收入的可能。

(4)检查"主营业务收入""其他业务收入"与"应交税费——应交增值税(销项税额)"账户明细,对比分析收入变动与应纳税额变动情况,看是否存在隐瞒或少报销售收入的问题。

(二)视同销售的检查

1.纳税风险识别

此类涉税问题主要是指纳税人发生视同销售行为未作销售处理,或者计税依据错误,不报或少报增值税,主要的表现形式有以下几种:

(1)将货物交付其他单位或者个人代销未申报纳税。(2)销售代销货物未申报纳税。(3)经销企业从货物的生产企业取得的"三包"收入未申报纳税。(4)设有两个以上机构并实行统一核算的纳税人,将货物从一个机构移送相关机构设在同一县(市)以外的其他机构用于销售,未申报纳税。(5)将自产、委托加工的货物用于集体福利或者个人消费,未申报纳税。(6)无偿提供应税服务,未视同纳税。

2.纳税风险控制

(1)检查"应收账款""应付账款""其他应付款""销售费用(或营业费用)"等账户,核查"库存商品——委托代销商品"账户贷方发生额的对应账户是否异常。审核委托代销业务的真实性,查阅委托方与受托方签订的委托代销合同或协议,重点检查是否构成代销业务,核实纳税人是否将直销业务作为委托代销业务进行核算。

(2)检查代销商品账户、销售资料和往来明细账,查阅相关合同、协议,了解被查单位是否存在代销业务,核实是否存在代销收入不入账的问题。

(3)检查"在建工程""其他业务支出""应付职工薪酬"账户的借方发生额,进一步检查"库存商品""自制半成品"账户的贷方发生额,若发生额大于当期结转的主营业务成本,说明有可能将自制或委托加工的货物用于非应税项目或集体福利、个人消费,应对"应付职工薪酬""其他业务支出""在建工程"账户进行逆向反查,对这些账户的借方发生额的对应账户进行核实,检查其是否具有将自产或委托加工的货物视同销售的行为。

(4)检查"长期股权投资""应付股利""产成品""营业外支出"等账户借方是否对应"原材料""库存商品"等存货类账户,核实企业有无将自产、委托加工或购买的货物用于对外投资或分配给股东以及无偿赠送他人等事项。

(三)混合销售的检查

1. 纳税风险识别

纳税人发生的混合销售行为未按规定申报纳税,其主要表现形式有:(1)将应税的混合销售行为不申报纳税。(2)混合销售的非主营业务取得的收入而未提销项税额。

一项销售行为如果既涉及服务又涉及货物,为混合销售。从事货物的生产、批发或者零售的单位和个体工商户的混合销售行为,按照销售货物缴纳增值税;其他单位和个体工商户的混合销售行为,按照销售服务缴纳增值税。

在会计核算上货物与服务的销售是分别核算的,现实中,混合销售行为中的非主营业务销售收入往往会被隐瞒。采用这种手段的纳税人,一般多为有兼营行为的纳税人。

纳税人故意混淆混合销售和兼营销售,使得应适用高税率的收入,适用了低税率,从而达到少缴税的目的。

2. 纳税风险控制

(1)检查"主营业务收入""其他业务收入"账户,首先确定纳税人的混合销售行为是按货物还是服务征收增值税,然后再看其会计处理正确与否。检查纳税人的"其他业务收入"的明细账户,如有属于混合销售行为中的非主营业务销售收入,应对照"应交税金——应交增值税(销项税额)"账户进行检查。如"应交税金——应交增值税(销项税额)"账户没有反映非主营业务销售内容的,就表明纳税人对非主营业务隐瞒申报未纳税,应做补税处理。

(2)检查有关成本、费用账户,核查是否存在将收取的混合销售收入直接冲减成本、费用。

(3)对纳税人销售自产货物并同时提供建筑业服务的,重点检查其建设行政部门批准的建筑业施工(安装)资质证书和签订建设工程施工总包或分包合同,查阅总包或分包合同中是否单独注明建筑业服务价款。

(四)特殊销售方式的检查

1. 纳税风险识别

该类涉税问题是指纳税人对还本销售、以旧换新、以物易物和以货抵债这几类特殊的销售方式不按规定计提销售额,主要表现为三个方面。(1)还本销售扣减还本支出后申报纳税。(2)以旧换新销售货物按实际收取的销售款计提销项税额,而不是按新货物的同期销售价格确定销售额(金银首饰除外)。(3)以物易物、以货抵债不按相关税法规定计提销项税额。

2. 纳税风险控制

(1)检查纳税人的收入类明细账和销售原始凭据,核实有无某种货物销售价格明显低于正常时期的销售价格,若存在异常且无正当理由的,是否由于采取以旧换新方式,按实际收取的款项计算销售额造成的。

(2)检查"销售费用""主营业务成本"等成本费用账户,核实有无还本支出核算;是否存在还本支出冲减销售收入的问题。

(五)包装物销售的检查

1. 纳税风险识别

该类涉税问题的常见的表现形式为:(1)出售、出租的包装物逾期未退回,所收取的押金未及时入账并申报纳税。(2)对随同产品出售并单独计价的包装物不计或少计收入,从而不申报或少申报。

2. 纳税风险控制

(1)纳税人在进行实地核查时，主要通过检查仓库、询问相关责任人、核查"包装物""其他应付款"等账户及其明细账、相关销售合同，核实是否存在相关涉税问题。(2)结合企业生产的特点，了解其是否有出借包装物的行为及包装物的出借方式、押金的收取方式等。(3)对酒类生产企业，还要重点检查包装物明细账的贷方发生额，核实销售除黄酒、啤酒以外的酒类产品收取的包装物押金是否并入了当期销售额计算缴纳了增值税。

(六)销售退回、折让的检查

1. 纳税风险识别

该类涉税问题主要是指发生销货退回或折让而多冲减销售收入或者销项税额，少缴税款，其主要表现形式有：(1)未按规定开具红字发票冲减销售收入或扣减不在同一张发票上注明的折扣、折让后申报纳税。(2)将折扣与折让开具在备注栏而不是在金额栏，并以折扣后的金额申报纳税。(3)虚构销货退回或折让，人为减少应计销售收入。

2. 纳税风险控制

(1)主要检查销货退回有无合法凭据，在购货方尚未付款并未作账务处理的，全部退货的，增值税专用发票各联次是否全部收回作废。(2)查阅"主营业务收入""其他业务收入"账户，查看是否存在因发生销货退回或折让而多冲减销售收入或销项税额。(3)已付款或购货方已作账务处理的，是否取得了购买方税务机关出具的《开具红字增值税专用发票通知单》。(4)核查退回的货物是否冲减了本期的销售成本并办理了入库手续。

如果以上所检查的问题异常，便说明纳税人有可能存在销货退回、折让业务不按规定申报纳税。

三、进项税额的纳税风险控制

(一)准予抵扣进项税额项目的检查

1. 纳税风险识别

准予抵扣进项税额项目的涉税问题，主要有以下几种。

(1)以取得的代开专用发票计算进项税额。(2)利用伪造或变造的海关完税凭证申报抵扣进项税额。（3）购进农产品，不按买价与规定的扣除率计算进项税额。

2. 纳税风险控制

（1）检查"材料采购""商品采购""银行存款""应付账款"等账户，检查资金流、采购实物流是否协调一致，检查是否开票方与收款方一致、是否存在大额现金收支等情况。

（2）检查"应交税费——应交增值税（进项税额）"，查看进项税额的取得是否为增值税专用发票或海关完税凭证上注明的金额，有无伪造扣税凭证的问题。

（3）检查"材料采购""商品采购"等账户，查看是否有将购入的免税农产品，不按购入农产品的买价和规定的扣除率计算进项税额，而是随意加计扣除进项税额，多抵扣进项税额。

（二）不准抵扣进项税额项目的检查

1. 纳税风险识别

对不准抵扣进项税额项目的检查，主要涉及以下几类问题。

（1）购进非生产经营用固定资产申报抵扣进项税额。

（2）用于简易计税项目、免征增值税项目、集体福利或者个人消费的购进货物、劳务和服务申报抵扣进项税额或不转出、少转出进项税额。

（3）因管理不善而造成的非正常损失的购进货物及相关的应税劳务申报抵扣进项税额或不转出、少转出进项税额。

（4）因管理不善而造成的非正常损失的在产品、产成品所耗用的购进货物或应税劳务申报抵扣进项税额或不转出、少转出进项税额。

2. 纳税风险控制

（1）检查纳税人红字增值税专用发票开具是否符合规定，红字增值税专用发票的出具时间与账务处理的时间是否匹配，有无人为延期冲销当期进项税额。

（2）检查有无利用现行的购进扣税法，大量进货或虚假进货，增大当期进项税额，然后办理退货延期缓交应纳增值税。

（3）将仓库明细账数量与财务材料明细账核对，查看有无实际已发生退货未做进项税额转出的情况。

（4）检查"原材料""包装物""低值易耗品""库存商品"等账户，查看其贷方的对应账户是不是生产成本、制造费用和销售费用。

(5)检查"材料分配单""领料单",检查有无简易计税项目领料直接计入成本、费用的情况。

(6)对于非正常损失、集体福利和个人消费领用的,审核是否贷记"应交税费——应交增值税(进项税额转出)"账户。

(7)从能确定外购货物批次的单位成本或当期实际成本,核实应由简易计税项目(非正常损失)承担的材料物资成本金额,按规定的税率复核计算进项税额转出是否正确,有无故意少计进项税额转出的情况。

(三)进项税额转出项目的检查

1. 纳税风险识别

该类涉税问题主要体现在以下几个方面:(1)纳税人购进的货物及在产品、产成品,因管理不善而造成非正常损失时,未作进项税额转出处理。(2)纳税人购进的货物、应税劳务、服务改变用途,如用于简易计税项目、免税项目或集体福利与个人消费等,未作进项税额转出处理。(3)纳税人兼营免税、简易计税项目,不能准确划分各自进项税额,未按规定作进项税额转出。(4)发生进货退出或索取折让未扣减当期进项税额。

2. 纳税风险控制

(1)检查"待处理财产损溢""应付福利费"等科目,查看是否有将购进的货物及在产品、产成品发生的非正常损失或改变用途等,不作进项税额转出。

(2)检查"制造费用""管理费用""经营费用"等账户,查看是否有将购入的货物或接受应税劳务和服务直接用于简易计税项目、免税项目或集体福利和个人消费的,计入进项税额进行抵扣,不作进项税额转出。

(3)检查纳税人兼营免税、简易计税项目,查看是否有将不应抵扣的进项税额进行抵扣,未按规定作进项税额转出处理。

(4)检查"应交税费——应交增值税(进项税额)"账户,查看发生进货退出或折让是否按规定冲减了进项税额,有无作进项税额转出处理。

(四)进项税额不实抵扣的检查

1. 纳税风险识别

对进项税额不实抵扣的检查,主要有以下几个问题:(1)擅自扩大抵扣范围或增加税基,多抵扣进项税额。(2)从高适用扣税率,多抵扣进项税额。

2. 纳税风险控制

(1)检查"原材料""材料采购""商品采购"等账户明细,查看是否有不符合规定的购进货物或应税劳务多计进项税额的问题。(2)检查"制造费用""管理费用""其他业务支出"等科目,查看是否有少计采购成本和费用,多计进项税额的问题。(3)检查农产品收购发票、运输发票,查看是否有从高适用税率,多抵扣进项税额的问题。

四、增值税减免的管理

(一)纳税风险识别

该类涉税问题是指对增值税减免税政策的滥用,擅自扩大减免税范围,从而少计销售额,少缴增值税。其常见形式主要有:(1)擅自扩大减、免税范围,延长减、免税时间,少缴增值税。(2)人为调节征免税期间的销售收入和进项税额,骗取税收优惠。(3)编造虚假资料,骗取享受税收优惠资格。(4)销售应税旧货未按规定申报纳税。

(二)纳税风险控制

(1)检查企业的具体经营项目,产品生产工艺流程、配方比例和产品用途,分别核实减免税项目和应税项目的范围,查看企业享受减免税项目是否符合政策规定。

(2)检查企业减免税项目和应税项目的会计核算和财务管理情况,查看是否严格按照规定进行了分类明细核算。

(3)检查减免税项目货物出库单、提货单等出库票据,与减免税项目"库存商品""主营业务收入"账户贷方发生数进行核对,查看是否有将应税项目的销售收入计入减免税项目中。

(4)查阅企业职工花名册、应付工资表、考勤表和用工合同等资料,核实企业安置残疾人比例是否符合规定,有无瞒报职工人数,人为提高安置残疾人比例的情况。

五、增值税抵扣凭证的检查

(一)纳税风险识别

该类涉税问题主要体现在以下几个方面。

(1)将取得的未按规定开具的专用发票用于抵扣进项税额。(2)购进应税项目,未按规定保管专用发票,用于抵扣进项税额。(3)取得不符合规定的非增值税专用发票抵扣凭证,用于抵扣进项税额。(4)接受虚开、代开的专用及非专用发票,用于抵扣进项税额。

(二)纳税风险控制

(1)从查处的虚开增值税专用发票案来看,虚开增值税专用发票的作案手法已经从简单的无货虚开、开假票、大头小尾票等传统的手法转移为真票虚开、有货虚开偷骗税款的形式。其表现形式主要有三大类:一是"虚进虚出",即利用虚假的抵扣凭证,虚开增值税专用发票,如利用伪造的海关专用缴款书作为进项税额,虚开增值税专用发票。二是"控额虚开",即利用生产经营中不需开具发票的销售额度虚开增值税专用发票。如钢材经营企业将已销售且不需开票的销售额度,开具给没有实际购货的单位,赚取开票手续费。三是相互虚开,即关联企业间互相虚开增值税抵扣凭证。对增值税专用发票的检查主要从"票流""货流""资金流"三方面着手,通过增值税票证流、货物流、资金流的相互比对,检查是否有虚开增值税专用发票的问题。

(2)检查"应付账款""其他应付款"账户,查看是否有取得代开、虚开的发票抵扣税款的情况。接受虚开增值税专用发票的检查,除比照虚开增值税专用发票的检查外,还可以从以下三个方面进行检查。

第一,通过税务机关网上公开信息。确认受票企业接受的已证实虚开的增值税专用发票,是否是企业购销业务中销货方所在省(自治区、直辖市和计划单列市)的增值税专用发票。

第二,确认受票企业与销货方是否有真实交易,购进的货物与取得虚开的增值税专用发票上的内容是否一致。可以通过企业正常的采购、耗用量水平加以初步判断,并结合付款方式、是否支付货款、付款对象、取得增值税专用发票有无异常等,查找疑点,验证购进货物经济业务的真实性;主要检查购货合同、货物运输凭据、货物验收单和入库单以及领用(发出)记录,审核其与销货方是否存在真实的货物交易,以及其实际采购货物与增值税专用发票注明的销售方名称、印章、货物数量、金额及税额等全部内容是否相符。

第三,检查"应付账款"账户,从该账户贷方发生额入手,与该账户的借方发生额相对照。一是检查其贷方核算的单位与付款反映的单位是否一致,如不一致,则应进一步查明原因,是否有取得代开、虚开的发票抵扣税款的情况;二是要检查其发生额是否与其经营规模或销售情况相匹配,对某些发生额较大,且长期不付款或通过大额现金付款的且与其资本规模不符的,应对其进货凭证逐一检查,并发函协查;三是要结合销售开票情况,看其有无销售开票是小额多份开具,而进货则是大额整笔开具或是月底集中进货的情况,是否有虚进虚开增值税专用发票的情况。

(3)对其他抵扣凭证的检查。其他抵扣凭证包括海关代征增值税完税凭证、货物运输发票和农产品收购发票。

对海关完税凭证的检查主要从以下几个方面进行。

第一,审核完税凭证是否真实。

检查时,可采用审阅法、核对法检查"原材料"等账户,调阅完税凭证,查看其凭证上开具的单位名称与实际是否相符,是否用完税凭证的原件抵扣;对大量用海关完税凭证抵扣税款的商贸企业,应从其资质、税款支付情况等方面,重点核实进口业务的真实性,如有必要,可采取函查、实地调查等方法对上述凭证进行核查。

审核印章。海关完税凭证上的印章至少有两个,即完税凭证开具海关的印章和收款银行印章。海关印章使用防伪印油,轮廓清晰,加印清楚,字迹一般不模糊;银行印章一般都很清晰、外形一致。"填制单位""制单人"为海关操作人员代码,要一一对应。

审核货物名称、数量及单位。海关完税凭证上注明的"货物名称"为标准名称,表述准确、清楚;"数量"为阿拉伯数字标准表述;"单位"为标准国际计量单位,不同产品使用的计量单位基本与进口货物报关单上的书写形式一致,可以在《海关商品名称单位码表》中验证。

对有疑问的海关代征增值税完税凭证,税务机关稽查时,可通过协查通知向海关核实其真实性。

第二,检查进口业务的真实性。

审核进口货物合同,重点加强业务真实性的检查。业务真实性的检查包括合同真实性的检查和合同所包含的货物真实性的检查。真实的货物进口、业务,需经过谈判、(订)购货、付款、报关、商检、验货等过程,需要一定的时间,在短期内办理多单进口业务的可能性不大。因此,在检查进口货物合同时,要结合检查进口货物的货物流是否符合合同规范和要求;货物进口的运输方式和途径是否符合国际惯例和逻辑关系,起运地和目的地是否明确,收货人是否确切、是否是真实的货主等。检查进口货物合同,发现是否存在真签合同、假货物或者无货物、少货物的情况。

审核纳税人提供的代理进口人的税务登记。伪造海关完税凭证案件,多为代理进口,且代理人均为外省纳税人的居多。当所提交的代理人税务登记存在不同程度漏洞或疑点,税务机关稽查时有可能将通过对代理人税务登记的审核和检查发现可能存在的问题和疑点。

检查代理进口协议、合同及报关单。利用伪造海关完税凭证抵扣税款的，往往以开出的专用发票上注明的货物种类、名称，伪造相关合同及进口报关单，而且经营范围种类繁多。

检查货款的支付情况。如：资金是否付往代理人的账户，是否通过银行付款来判断其业务的真实性。对有疑问的代理业务，税务机关稽查时有可能通过协查的方法，向代理企业所在的税务机关协查，核实其真实性。

第三，对运输发票的检查主要从以下几个方面进行。

检查发票开票单位是否合法、内容填写是否规范。

检查运费发票是否超范围抵扣。主要通过审核货运单、验收单、入库单等原始凭据，检查纳税人是否将运输免税货物也申报抵扣了进项税额。

检查运输业务的真实性。检查购销合同和原始货运单据。核实合同中有关运输条款与原始货运单据上注明的发货人、收货人、起运地、到达地、运输方式、货物名称、货物数量等项目是否一致；审核运费的价格。检查运费价格是否合理。主要是将其与市场公允的运输价格相比较，如有异常，应进一步查清实际情况；审核运输货物是否真实入库。主要检查仓库保管员的入库记录，核实购进的货物是否已经验收入库。

第四，对农产品收购发票的检查主要从以下几个方面进行。

检查收购发票是否超范围开具。检查开具收购发票的货物是否属于开票的范围。是否将收购的非初级农产品和其他不允许自开收购发票抵扣税款的货物也开具收购发票申报抵扣了进项税；审核收购发票的开具对象是否符合要求。检查是否存在假借农业生产者的名义，将向非农业生产者收购的初级农产品也自开收购发票。核查的主要内容是：农产品的产地与收购地是否相符；有无利用某一个农业生产者的个人身份证集中、反复、轮番使用填开收购发票的情况；有无出售人姓名、身份证号不实及不填出售人住址或身份证号码或两项均不填的现象；有无假借身份证虚开收购凭证的现象，必要时，对重点大宗农副产品，且存在相对固定收购点（收购人）收购业务的，可以深入收购点对出售农户进行调查，以确定收购业务是否真实。

审核收购价格是否真实。将纳税人的收购价格与同行业企业同期的收购价、同期的市场公允价格进行比对，检查其收购价格有无异常，是否存在将农产品的生产扶持费用、运输费、装卸费、包装费、仓储费等并入收购价格虚增收购金额的问题。

审核收购业务的真实性。结合"原材料"和"库存商品"账户，深入车间、仓库实地查看，审核收购的货物是否验收入库，验收入库农产品品种、数量是否与收购发票一致。必要时,可进行实地盘点,核实账面数量与实际情况是否相当,有无虚增收购数量的现象,或者是收购业务与企业的生产能力、经营项目明显不符的现象。

审核收购资金的流向。主要采取调查分析法,核实其收购款项的实际流动情况,重点检查其是否存在收购款项回流的问题,进而检查其是否存在虚开农产品收购发票的问题。

第五,对农产品销售普通发票抵扣的检查主要从以下几个方面进行。

检查农产品销售普通发票开票对象。检查纳税人接受的农产品销售普通发票的开票方,是否为直接从事初级农产品生产的企业。如有疑问,可以向开票单位所在的税务机关发函进行协查。

检查收购业务是否真实。主要核查企业的购货合同、货物运输凭据、货物验收单和入库单以及发出(领用)记录等原始凭据,深入车间、仓库实地查看,审核其与销货方是否有真实货物交易,实际采购货物与销售发票上注明的货物品种、数量等全部内容与实际是否相符。

检查票货款是否一致。主要是审核其货款的支付情况,核实收款单位是否与发货单位以及开票单位完全一致。查证票款结算是否相符,往来是否一致,确定货物交易是否真实。

六、增值税纳税义务确认时点的检查

(一)纳税风险识别

对增值税纳税义务确认时点的检查主要有以下几个方面的问题。

(1)采取直接收款方式销售货物,在收到销售款或者取得索取销售款凭据的当天未确认收入的实现,不计提销项税额,不报或延迟申报增值税。(2)采取托收承付和委托银行收款方式销售货物,在发出货物并办妥托收手续的当天未确认收入的实现。(3)采取赊销和分期收款方式销售货物,在货物发出的当天未确认收入的实现。(4)采取预收货款方式销售货物,在货物发出的当天未确认收入的实现。(5)委托其他纳税人代销货物,在收到代销单位的代销清单或者收到全部或者部分货款的当天未确认收入的实现。(6)销售应税劳务,在提供劳务并同时收讫销售款或者取得索取销售款的凭据的当天未确认收入的实现。(7)纳税人发生《增值税暂行条例实施细则》第四条第(三)项至第(八)项所列视同销售货物行为,在货物移送的当天未确认收入的实现。(8)提供租赁服务,没有在收到预收款的当天确认收入的实现。

（二）纳税风险控制

（1）检查"主营业务收入"明细账，根据摘要内容和凭证字号，调阅有关记账凭证和原始凭证，将"销货发票""出库单"等单据上记载的发出商品的时间等内容，与"主营业务收入"明细账、"增值税纳税申报表"的相关记录进行比较分析。

（2）根据所附的发货证明、收货证明，确认其发出日期；根据所附的托收回单、送款单等确定其收款依据，判断是否延期办理托收手续、入账时间是否正确，有无存在不及时结转销售的问题。

（3）必要时可调查询问有关业务人员和保管人员，以取得证据。如发现存在问题或疑点，再根据有关凭证进行深入核对，进一步查证，特别要注意检查核算期末前几天的销售情况。

（4）检查仓库实物账，并与货物出运凭证核对，确认货物的出库和出运时间，判断是否存在滞后入账的情况。

第二节　消费税纳税风险管控

一、纳税义务人和扣缴义务人的检查

（一）纳税风险识别

纳税义务人和扣缴义务人的涉税风险主要有以下几个方面。

（1）从事应税消费品生产经营的纳税人未办理税务登记、税种登记手续或虽办理登记却未申报纳税。（2）受托加工应税消费品未按规定履行代扣代缴义务。（3）减免税项目是否按规定办理了减免税报批或备案手续。

（二）纳税风险控制

企业对该项纳税风险的控制主要通过以下方式进行。

（1）对照现行政策，查看企业有无法定代扣代缴义务。

（2）查阅委托加工合同，结合受托加工账目，核实在中国境内受托加工应税消费品（不包括金银首饰）的单位和个人（委托个体经营者加工应税消费品的除外）在交货时是否按照规定代扣代缴了消费税。

（3）减免税分为报批类减免税和备案类减免税。符合减免税条件的纳税人，是否按照税收减免管理办法对减免税事项进行管理。

二、适用税目税率的检查

(一)一般税目税率的检查

1. 纳税风险识别

对一般税目税率的检查,主要涉及以下问题。

(1)兼营非应税消费品,是否存在采取混淆产品性能、类别、名称,隐瞒、虚报销售价格等手段,故意混淆应税与非应税的界限。(2)兼营不同税率应税消费品未从高适用税率。(3)不同税率应税消费品,或者应税消费品与非应税消费品组成成套应税消费品对外销售的,未从高适用税率。(4)对税目税率发生变化的应税消费品未从高适用税率。

2. 纳税风险控制

对该项纳税风险的控制主要通过以下方式进行。

(1)重点检查应税与非税消费品的划分是否正确,检查要点见表7-1。

表7-1　兼营非应税消费品检查要点一览表

序号	重点检查对象	检查标准
1	高档手表与普通手表	每只的不含税售价是否在1万元以上
2	游艇与其他艇船	艇的长度、是否为机动艇、是否用于牟利
3	木制一次性筷子与一般筷子	材质、是否属一次性使用
4	实木地板与其他装饰板材	
5	酒与饮料	原料、工艺、酒精含量等
6	高档化妆品与普通护肤护发品	性能、类别、用途、档次
7	贵重首饰及珠宝玉石与一般饰品	材质、用途
8	小汽车与其他汽车	是否有轨道承载、座位数、用途等

(2)检查"主营业务收入""应交税费——应交消费税"明细账,注意核查销售发票、发货凭据等原始单据;必要时,应深入车间、仓库、技术、销售部门,了解生产工艺流程、产品原料、结构、性能、用途及售价等,看有无不同税率的应税消费品的适用税目,是否正确划分;不同税率的应税消费品,是否分别核算;未分别核算的,是否从高适用税率;不同税率应税消费品的销售额、销售数量,是否正确计算应纳消费税。

（3）检查"库存商品""自制半成品""原材料""委托加工物资""包装物"等账户，重点看其有无可供销售的成套应税消费品。如有，进一步查阅"主营业务收入"等账户，核实其有无将组成成套消费品销售的不同税率的货物分别核算、分别适用税率或者从低适用税率的情形。

（4）检查税目税率发生过变动的应税消费品，看企业是否在政策变动的时间临界点及时调整了核算对象或核算办法。

（二）特殊税目税率的检查

对特殊税目税率的检查主要包括对卷烟产品、酒、成品油的检查。

1. 纳税风险识别

对消费税特殊税目、税率的检查主要涉税风险有以下方面。

（1）卷烟产品的涉税风险。混淆卷烟的品种、牌号、价格，从低适用比例税率。自产自用、委托加工、进口的卷烟，从低适用比例税率。白包卷烟、手工卷烟、残次品卷烟、成套礼品烟，未经国务院批准纳入计划的企业和个人生产的卷烟，从低适用比例税率。

（2）酒的涉税风险。故意压低啤酒的出厂价格，从低确定单位税额。

（3）成品油的涉税风险。混用非消费税货物名称，销售可用于调和为汽油、柴油的石脑油、溶剂油。

2. 纳税风险控制

对特殊税目税率纳税风险的控制主要通过以下方式进行。

（1）卷烟产品的纳税风险控制。了解企业生产经营的基本情况，掌握其生产销售卷烟的品种、牌号、价格，准确划分征税对象、适用税目税率，检查"原材料""库存商品""委托加工物资""主营业务收入""其他业务收入"等账户，看其是否有自产自用、委托加工的卷烟、白包卷烟、手工卷烟、残次品卷烟等，应与"应交税费——应交消费税"明细账进行核对，看有无自产自用、委托加工的卷烟，是否按同牌号卷烟计税，没有同牌号卷烟的，是否适用了56%的比例税率；白包卷烟、手工卷烟、未经国务院批准纳入计划的企业和个人生产的卷烟，是否适用了56%的比例税率；残次品卷烟，是否按照同牌号规格正品卷烟的征税类别确定适用税率。

（2）酒的纳税风险控制。了解企业的生产工艺、生产流程，掌握其生产销售酒及酒精的品种，准确划分征税对象、适用税目税率；检查"原材料""库存商品""委托加工物资"等账户以及仓库"发料单""领料单"等单据，核实用外购酒或酒精生产的白酒，是否按所用原料确定适用税率；原料无法确定的,或者以多种原料混合生产的,或者用两种以上白酒勾兑生产的白酒,是否从高适用税率。混淆工艺的检查。故意压低啤酒出厂价格的检查。检查"主营业务收入""应交税费——应交消费税"明细账,核对销售发票、销售单据等原始凭据,看其生产销售的啤酒,是否按国税规定的销售价格,确定其适用的单位税额。

(3)成品油的纳税风险控制。第一,了解从事成品油生产企业的基本情况,掌握其各类产品的基本信息,对照技术监督局的质检报告(按照现行政策,企业生产的每一批成品油都应取得技术监督局的质检报告,否则不予出售),重点查看其适用税目税额是否准确。重点检查其有无以化工原料(如轻烃等)的名义销售可用于调和为汽油、柴油的石脑油、溶剂油的情况。第二,重点检查企业开具的除汽油、柴油外的所有油品销售发票,看其有无以非消费税货物名称销售可用于调和为汽油、柴油的石脑油、溶剂油、添加剂的情况。检查的侧重点在于产品的化学构成,而不应仅仅关注产品的名称。根据产品的化学构成,结合技术监督局的质检报告,看其是否符合成品油的税目定义,是否属于成品油的征税范围。第三,核查企业开具的除汽油、柴油外的异常油品销售发票。

三、纳税环节与纳税义务发生时间的检查

(一)生产销售应税消费品的检查

1. 纳税风险识别

对企业生产应税消费品的检查,其涉税事项主要有:(1)在中国境内生产销售应税消费品(不包括金银首饰),未申报纳税。(2)非税务定义下的受托加工(《中华人民共和国消费税暂行条例实施细则》第七条第一款)未按销售自制应税消费品缴纳消费税。

2. 纳税风险控制

对该项目的纳税风险控制主要通过以下方法进行。

首先,检查企业的经营范围,看其是否有上述应税消费品的应税行为。其次,检查"库存商品""生产成本""委托加工物资"等账户,看其是否有属于应税消费品的货物。再次,检查购销合同,了解购销双方有关货物流、资金流以及收款依据的约定,检查存货明细账、仓库实物账、货币资金类账户明细账、往来款项明细账、银行对账单以及相关发运货物单据,并与销售发票、收入明细账、"应交税费——应交消费税"明细账进行比对,核查是否已

发生纳税义务而未及时申报缴纳消费税。最后,对于不生产最终应税消费品的生产企业、商业企业、服务企业,应重点查看生产经营过程是否有自产自制应税消费品又连续用于生产经营的行为。

(二)自产自用应税消费品的检查

1. 纳税风险识别

企业对自产自用应税消费品的检查,其主要涉税问题有以下几个。

(1)将自产应税消费品(不包括金银首饰)用于生产非应税消费品、在建工程、管理部门、非生产机构、提供劳务、馈赠、赞助、集资、广告、样品、职工福利、奖励等方面,未在移送使用时申报纳税。

(2)生产、批发、零售单位用于馈赠、赞助、集资、广告、样品、职工福利、奖励等方面的金银首饰,未按视同销售在移送使用时申报纳税。

(3)纳税人将自产石脑油用于连续生产乙烯等非应税消费品或其他方面的,未按规定建立移送使用台账,或未于移送使用环节申报纳税。

2. 纳税风险控制

(1)熟悉企业的经营范围、生产工艺流程,看其是否有上述应税消费品的应税行为。重点检查企业有无属于应税消费品的自产半成品、中间产品。

(2)检查"自制半成品""库存商品"等账户的对应账户,看其有无将其用于连续生产应税消费品以外的其他方面的情形。检查中,可结合仓库实物账以及发货、发料凭证、购销发票的品种、数量,根据其生产工艺,判断应税消费品的发出去向、用途和领用部门。检查其一定时期内纳税人相关的会议纪要,了解管理层是否作出自产自用应税消费品的纪要,并对照"应交税费——应交消费税"明细账,核查属于应税消费品的自产半成品、中间产品用于其他方面的,是否按规定申报缴纳消费税。

(三)委托加工应税消费品的检查

1. 纳税风险识别

企业委托加工应税消费品的涉税风险主要有以下几类。

(1)委托方纳税风险识别

委托加工应税消费品(不包括金银首饰)的应纳消费税,受托方未按规定代收代缴,委托方也未主动申报纳税。委托个体经营者加工应税消费品(不包括金银首饰)的纳税人,未按规定申报纳税。将非委托加工应税消费品混入委托加工应税消费品直接销售而不申报纳税。隐匿或部分隐匿委托加工的应税消费品。委托方以委托加工的部分应税消费品抵偿加工费，少申报缴纳消费税。

（2）受托方纳税风险识别

受托加工应税消费品（不包括金银首饰），未在交货时代扣代缴消费税。受托代销金银首饰，未将受托代销收入申报纳税。接受除消费者个人外的单位委托加工金银首饰及珠宝玉石时，故意将委托方变为消费者个人，仅就加工费缴纳消费税，从而少缴消费税。委托方与受托方串通，采取货物收发、加工，款项收付均不作账务处理，偷逃消费税。

2. 纳税风险控制

（1）检查"库存商品""生产成本""委托加工物资"等账户，看其中是否有属于委托加工的应税消费品。检查委托加工合同、存货明细账、材料出（入）库凭据，备查簿、收（付）款凭据等，核查委托加工业务是否真实。

（2）检查（或外调）其往来单位，看其有无委托加工应税消费品的业务；核实委托加工数量与其收回数量是否匹配；若收回委托加工应税消费品直接用于销售的，核实其销售数量与委托加工的收回数量是否匹配。

（3）检查委托方存货明细账、受托方收入明细账以及双方的往来明细账、"应交税费——应交消费税"账户，核查是否在交货时代收代缴消费税，是否及时解缴税款。

（4）核对仓库实物账、发（收）货发（收）料凭据及存货明细账，检查核对货币资金类账户明细账及银行对账单，核查是否存在双方串通，货物、资金账外循环偷逃消费税的情况。

（四）进口应税消费品的检查

1. 纳税风险识别

企业进口应税消费品的涉税风险主要有以下几个：进口应税消费品（不包括金银首饰），在报关进口时，未足额申报消费税；进口金银首饰（除个人携带、邮寄进境外），在零售环节未申报纳税或未足额申报纳税。

2. 纳税风险控制

企业对该项纳税风险的控制主要通过以下方式进行：（1）核查纳税人的经营范围，看其是否有进口应税消费品的应税行为。（2）检查"库存商品""生产成本""委托加工物资"等账户，看其是否有属于应税消费品的进口货物。(3)对有进口应税消费品的,除金银首饰外,均应核查其进口环节的完税证明及其货款支付、往来情况。

(五)金银首饰应税消费品的检查

1. 纳税风险识别

企业金银首饰应税消费品的涉税风险主要有:(1)在中国境内从事金银首饰零售业务(包括受托代销)、为生产经营单位以外的单位和个人加工金银首饰未申报纳税。(2)生产、进口的铂金首饰,在零售环节未足额缴纳消费税。

2. 纳税风险控制

企业对该项纳税风险的控制主要有以下方法。

(1)检查"库存商品""委托加工物资"等账户,看其是否有属于应税消费品的货物。

(2)检查购销合同、委托加工合同,了解购销双方、委托加工的双方有关货物流、资金流以及收款依据的约定,检查存货明细账、仓库实物账、货币资金类账户明细账、往来款项明细账、银行对账单以及相关发运货物单据,结合销售发票、销售单据,并与"主营业务收入"明细账、"应交税费—应交消费税"明细账进行比对,核查是否已发生纳税义务而未及时足额申报缴纳消费税。

(3)对金银首饰零售业务的检查,除了上述检查内容外,还应核查经营单位兼营生产、加工、批发、零售业务时,应特别关注其生产、加工、批发业务,是否与零售业务分别核算,凡是未分别核算销售额或者划分不清的,一律视同零售征收消费税。

(4)检查进口铂金首饰有无对应的进口消费税完税凭证,并核实完税凭证的真实性。

(六)纳税义务发生时间的检查

1. 纳税风险识别

企业纳税义务发生时间的涉税风险主要表现为企业未按规定的纳税义务发生时间申报缴纳消费税。

2. 纳税风险控制

企业对该项纳税风险的控制首先需调取收集仓库保管人员的"销货发

票""产品出库单"等单据,结合仓库保管员的货物出库单存根联的开具情况,调阅与取得收入相关的原始凭证和记账凭证。根据所附的发货证明、收货证明,查清发出商品的时间;根据所附的托收回单、送款单确定其收款依据,与"产品销售明细账""消费税纳税申报表"相对照,以此判断入账时间是否正确,确定有无存在不及时结转销售而少计销售的问题。

(1)采用直接收款结算方式的企业纳税风险控制

第一,应结合订货合同,如合同注明直接收款方式,将"主营业务收入""其他业务收入"等与货物出库单进行核对,查明当月应实现的收入是否全部入账,有无压票现象。

第二,通过对应收、应付、其他应收、其他应付等有关明细账进行清理时,查看有无虚列户名的无主账户或转账异常的情况,凡核算内容不符合规定的、发生额挂账时间较长的,就有隐匿收入的可能,必要时可到对方单位调查取证。

(2)采取赊销和分期收款结算方式的企业纳税风险控制

检查"分期收款发出商品"明细账,并调阅一些老客户、信誉好的大户的赊销合同。根据赊销双方赊销合同的约定,确认其赊销行为是否成立,核实企业是否将不属于分期收款方式销售的商品划为赊销处理。滞后实现销售收入。对照赊销合同,检查备查对象是否按照约定的金额和时间实现销售。通过审核合同约定的收款时间,与相关收入、往来账户进行比对,核实到期应转而未转的应税销售额,确认是否存在滞后收入或不计收入的情况。

(3)采取预收货款结算方式的企业的纳税风险控制

将"预收账款"账户(有的企业是在其他往来账户核算的)与"主营业务收入"等账户进行比对,检查其是否在发出应税消费品的当天确认销售额。检查存货明细账、仓库实物账、发货(出门)凭据、运输单据等,与收入明细账、"应交税费——应交消费税"明细账进行比对,核查是否发出应税消费品未及时申报缴纳消费税。

(4)采取托收承付和委托银行收款方式销售应税消费品的企业的纳税风险控制

检查购销合同了解收款期限和相关约定,结合出库单(或销售清单),以季末或年末发出商品备查簿为依据,将一定时期内办理托收的相关凭据、银行对账单、银行结算凭证回单联及发票开具日期,与"主营业务收入""其他业务收入""应交税费——应交消费税"明细账进行比对,核查其是否存在不及时结转销售收入的问题。

将"银行存款""应收票据""其他货币资金"等账户与"主营业务收入"等账户进行比对,检查其是否在发出应税消费品并办妥托收手续的当天确认销售额。

(5)采取其他结算方式的企业的纳税风险控制

检查中应将"现金""银行存款""其他货币资金""应收/应付账款""其他应收/应付账款"账户与"主营业务收入"等账户进行比对,检查其是否在收讫销售款或者取得索取销售款的凭据的当天确认销售额。

以"库存商品"等存货类账户为中心,结合提货单、出库单、发票及记账凭证,检查会计分录的对应关系,对照收入类账户,看有无产品(商品)已发出,劳务已提供而未列销售的情况。

(6)自产自用应税消费品应当纳税的企业的纳税风险控制

检查"原材料"、"自制半成品"、"库存商品"、"生产成本"(非应税消费品)、"固定资产"、"在建工程"、"管理费用"、"营业费用"、"营业外支出"、"其他业务支出"、"应付职工薪酬"等账户以及仓库实物账和相关发货(领料)凭据,看其是否在移送使用的当天确认销售额。

(7)委托加工的应税消费品的企业的纳税风险控制

检查"委托加工物资""原材料""自制半成品"等账户,查看其是否在提货的当天确认应代扣代缴的消费税。

(8)进口应税消费品的企业的纳税风险控制

检查"材料采购""原材料""包装物""库存商品"等账户以及完税凭证,查看其是否将进口的应税消费品在报关进口的当天确认销售额。

第三节　企业所得税纳税风险管控

一、企业收入总额的检查

(一)税收风险识别

企业通过对其自身的税收风险进行测试与自评,可以分析出企业自身可能存在的涉税问题,进行风险识别。

在对企业收入总额的评估中,企业可能存在以下涉税风险:(1)对应税收入的计量不准确。(2)故意隐瞒已经实现的收入或实现收入后不及时入账。(3)对于发生的视同销售行为未作纳税调整。

(二)税收风险控制

企业对收入总额项目所涉税收风险的管控,主要是通过检查利润表中的"主营业务收入"项目,通过本企业本年度与以前年度"主营业务收入增减变化率"的对比分析,发现主营业务收入增减变化较大的,并结合现金流量表中的"经营活动现金流入"和"经营活动现金流出"项目,对应资产负债表中和收入有关的应付账款、存货等项目,分析各项目之间的逻辑关系,对比收入构成项目的增减变化,检查主营业务收入取得、退回、结转等业务的账务处理,确定管控主营业务收入项目的突破点。

1. 对应税收入的计量不准确的控制

(1)检查购销、投资等合同类资料以及资金往来的相关记录,结合原始凭证,分析"主营业务收入""投资收益"等账户借方发生额和红字冲销额,核查收入项目、内容、单价、数量、金额等是否准确。

(2)结合价外费用账务处理,从以下三个方面检查价外费用是否全额入账。

第一,向销售部门核实销售情况和结算形式,通过产品销售市场分析确认有无加收价外费用的问题。

第二,检查"其他应收款"和"其他应付款"账户,看是否有挂账欠款,尤其是通过"其他应付款"账户的借方发生额或"其他应收款"账户的贷方发生额,看其对应账户是否和货币资金的流入或债权"应收账款"账户的借方增加额发生往来。如果存在往来核算,则需通过查阅发票、收据等原始单据进一步核实是否属价外费用。

第三,检查成本类账户的会计核算,注意红字记录,审核"生产成本""制造费用""管理费用""财务费用"等账户的借方发生额红字的冲销记录,是否存在价外收费直接冲抵成本、费用的问题。

(3)通过核查与公司利益上具有关联关系的企业。使用比较分析法,将关联企业的货物(应税劳务)销售价格、销售利润率与企业同类同期产品(商品、劳务)售价以及同期同行业的平均销售价格、销售利润率进行对比,核实销售价格和销售利润率是否明显偏低,确定企业与关联方之间的业务往来是否符合独立交易原则。

2. 故意隐瞒已经实现的收入或实现收入后不及时入账的控制

(1)检查一般收入

第一,将"产成品""库存商品""材料"等明细账和仓库保管账核对,落实各种存货的仓库出库凭证、开票时间、数量、金额、去向等,结合"主营业务收入""其他业务收入"明细账,查实企业自制半成品、副产品、下脚料等是否有隐匿收入的情况。

第二,核实各种费用的消耗定额、单位成本各项目之间的配比系数,确认某一时期、某一项目的比例关系,对比例异常变动的项目,运用控制计算法等方法,查明是否存在成本、收入均不入账,体外循环的问题。

第三,核实企业实际经营项目与收入明细账中的具体项目是否一致,核查企业自身有无"厂中厂""店中店"的问题。

第四,对往来账户中长期挂账和长期投资无收益的大额资金等进行追踪检查,必要时,可以检查主要经营管理人员存款账户及办理相关的银联金卡、银卡等,查清资金的真实去向,落实资金的实际用途,核实有无账外经营问题。

(2)检查销售收入

第一,检查"主营业务收入""其他业务收入"明细账,确认账面应税收入的及时性、真实性。通过核对企业当期各种货物销售发票开具情况、增值税纳税申报、货物销售合同、应付账款、预收账款等货物销售信息资料,核实企业自身销售货物结转销售收入的及时性,对已确认销售实现长期挂往来账的收入以及采用分期收款销售方式以及按合同协议应收未收的价款,应计入收入总额。

检查销售收入还应结合企业生产经营状况、市场营销特点、销售方式等,对企业不同时期销售收入存在的异常变动情况进行审核,查明异常变动的原因,对核查确认未足额结转的销售收入,应调增收入总额。通过同期销售货物单位价格比对分析,核查企业销售产品销售价格,对价格明显偏低而无正当理由的,应按规定的程序和方法重新调整应税收入额。检查"主营业务收入""其他业务收入"明细账的借方发生额或贷方发生额的红字冲销数,如摘要栏是销货退回和销售折让、折扣等内容,应进一步查阅原始凭证,核实其销货退回或折让手续是否齐全,是否存在假退货、假折让,或者是用销货回扣冲减了销售额的情况。

第二,检查"库存商品"明细账的对应账户,如为"现收"或"银收"的收款凭证,属于销售货物后直接冲减了存货,应调增应税收入额。检查"库存商品"明细账贷方摘要栏,如不是"结转销售成本"等字样,应进一步检查记账凭证,核实对应账户;如对应账户不是"主营业务成本""发出商品"等账户,而是"原材料""应付股利"及往来账或货币资金账等账户,一般为产品兑换材料、用产品分配利润、偿还账款,或将产品销售收入挂在往来账上,或将产品销售收入直接冲减"库存商品"账,而不按规定记销售账,应通过进一步检查原始凭证予以核实后,调增应税收入额。检查"库存商品"明细账贷方摘要栏,如是"结转销售成本"类字样,经核实记账凭证其对应账户也是"主营业务成本"科目,应检查所附的结转销售成本的"销售汇总表"或计算成本的其他原始凭证汇总的销售数量,并检查或者抽查产品出库单,核实产品的领用部门,看有无将非销售的产品成本也作为销售产品结转了成本。同时,将两账户贷方登记的发出数量与各销售明细账贷方登记的销售数量核对,如前者明显大于后者,除应核实销售发出数量外,还应注意检查货币资金和往来账,核实有无隐瞒销售收入的问题。

第三,检查"发出商品"明细账。检查"发出商品"明细账的借方发生额,核查会计凭证及销货合同或协议,核实结算方式和收款时间。在检查"发出商品"借方的同时,检查该账户贷方发生额,以及"主营业务收入"相关明细账,核实在规定的收款期是否在结转产品销售成本的同时,及时、足额地确认销售收入。

第四,检查"原材料"明细账。检查"原材料"明细账贷方对应账户,如不是"生产成本""制造费用""管理费用""销售费用",而是货币资金或往来账户,一般属于销售材料未计销售收入,核实后应予调整。

(3)检查劳务收入

结合劳务合同、劳务结算凭据等,检查"主营业务收入""其他业务收入""主营业务成本""其他业务成本"等账户,重点检查应收未收的合同或协议价款是否全额结转了当期收入总额。

第一,对企业从事建筑、安装、装配工程业务或者提供劳务等,持续时间超过 12 个月的,重点检查纳税年度结束时当期劳务收入总额、完工进度、运用测量的已完成工作量,确定已经提供的劳务占应提供劳务总量的比例、已经发生的成本占估计总成本的比例等,确认计入劳务收入金额的准确性。

第二,对实行差额结转劳务收入的,要重点检查扣除劳务项目的金额是否合理、抵扣的凭证是否合法有效。

第三,对已经发生的劳务成本预计能够得到补偿的,检查企业是否按劳务成本金额确认收入,并按相应金额结转劳务成本。

第四,大型机械设备的建造承包商,应结合"固定资产"明细账,核实大型机械设备有无对外提供机械作业不确认收入的情况。

(4)检查股息、利息收入

检查"交易性金融资产""持有至到期投资""可供出售金融资产""长期股权投资"等借方发生额及上年借方余额,如未体现投资收益的应重点检查"其他应付款""应付账款"等往来账户,核实企业自身是否将投资收益挂往来账。

通过"长期股权投资"账户核查企业在境外投资情况,结合"投资收益"账户核实利润分配情况,查实企业是否因合理的经营需要而对利润不作分配或者减少分配的情况,对上述利润中应归属于该居民企业的部分,应当计入该居民企业的当期收入。

（5）检查租金收入

第一，对照企业自身的房产、土地、机器设备等所有权属证明，核查企业自身各种财产的实际使用情况，核实财产是否存在出租出借现象。有财产租赁行为的，通过对企业合同协议的检查，掌握企业对外租赁业务的真实情况，检查企业对外租赁业务的会计处理是否真实、完整。

第二，检查期间费用等账户有关财产租赁费用支出单据，核实企业租入资产的实际使用情况，落实有无转租情形。

第三，对出租包装物的检查，要结合销售合同和账面记载出租包装物的流向，核对出租包装物进、销、存情况，确认出租包装物核算是否正确。

（6）检查特许权使用费收入

检查专利权、非专利技术、商标权、著作权转让合同，确定企业特许权使用费转让的金额、结算方式、结算时间等内容。检查"其他业务收入""其他业务成本"等账户，核实有无隐瞒、截留、挪用特许权使用费收入，以收抵支出或直接冲减成本的情况。

（7）检查接受捐赠的收入

第一，检查所有捐赠业务往来科目明细账及记账原始凭据，核查企业是否存在将接受的捐赠收入长期挂往来账户未结转损益的问题，结合资产的增减变动，重点检查企业是否存在取得捐赠不入账的情况。

第二，检查"营业外收入""资本公积"明细账，查验有无接受非货币性捐赠的情况，落实取得的非货币性收入的计价依据，与同类物品的市场价格或公允价格进行对比，对其差价进行纳税调整。

第三，检查"管理费用""销售费用"等账户，对比费用的前后期支出变动，核实有无支出异常情况，查实是否有接受捐赠的非货币性资产。

（8）检查其他收入

检查企业"其他应付款——包装物押金""营业外收入""管理费用""销售费用""财务费用"等相关账户，特别注意非对应账户间的会计核算，核查合同协议，对照其账务处理，核实企业有无少计或不计收入，以及将收入挂账的问题。

第一，检查"其他应付款"明细账，对长期未支付的大额款项进行调查，确实无法偿付的要计入收入。

第二，检查企业"其他应付款——包装物押金"明细账中包装物押金的收取情况，对照企业合同协议有关包装物押金处理的约定，核实企业是否存在逾期未退押金未作收入的情况。

第三，检查"坏账准备"和往来类账户，核实已确认并转销的应收款项以后又收回是否进行正确账务处理。

（9）检查收入时限

第一，检查企业往来类、资本类账户，对长期挂账不作处理的账项进行重点检查，核实其是否存在收入计入往来账，不及时确认收入的情况。

第二，季末、年末收入发生骤减的企业，应采取盘存法核实自身存货进、销、存的实际情况，结合货币资金增减的时间，确认有无延迟收入入账时间的问题。

第三，结合成本类账户，通过收入与成本配比性的检查，对长期挂往来科目预收性质的收入逐项核实，并通过查阅合同或协议，按照结算方式查实有无未及时确认收入的问题。

3. 对于发生的视同销售行为未作纳税调整的控制

根据企业货物、财产、劳务的用途，结合自身的合同类资料和收入、成本类账簿，核实有无视同销售的行为。

（1）检查企业"产成品""库存商品"的发出，对应"长期投资""应付职工薪酬""应付账款"等科目，核实有无将企业的产品、商品用于对外投资、职工福利、偿还债务等未作视同销售处理。

（2）检查"产成品""库存商品""生产成本"等账户，对应"应付职工薪酬""其他应付款"等账户，核实企业有无将自产产品用于集资、广告、赞助、样品、职工奖励等未作视同销售处理。

（3）检查"产成品""库存商品""原材料""固定资产""无形资产""生产成本"等账户金额的减少，对应"短期投资""长期股权投资""其他应付款""营业外支出"等账户，核实企业有无用非货币性资产对外投资、偿债或对外捐赠等未作视同销售处理。

（4）房地产开发企业除应将开发产品用于对外投资、职工福利、偿债或对外捐赠业务按规定视同销售外，还要重点检查开发产品结转去向，确定有无将开发产品分配给股东或投资人，或换取其他单位和个人非货币性资产的行为。如果有结转"应付股利""原材料"等非货币性资产项目，也应按规定视同销售。

（5）检查企业有无整体资产转让、整体资产置换、合并、分立业务，判断其是否属于应税重组，是否存在应确认未确认的资产转让和重组利得或损失。

二、资产税务处理的检查

（一）固定资产税务处理的检查

1. 固定资产计税基础的检查

（1）识别企业固定资产计税基础的税收风险主要体现在虚增固定资产

计税价值方面,属于固定资产计税价值组成范围的支出未予资本化。

(2)税收风险控制

企业对固定资产计税基础的管控主要通过以下几个方面进行。

虚增固定资产计税价值的检查。结合固定资产登记簿,对有固定资产增加的进行详细全面的检查,重点检查固定资产增加的项目组成、合同决算、入账发票、评估或审计报告、资金结算情况等相关原始资料,必要时到设计、施工建造、监理部门进行调查,相互印证,确认入账金额的真实性。

属于固定资产计税价值组成范围的支出未予资本化的检查。第一,结合企业生产成本、制造费用、期间费用等账户,对企业一次性列支金额较大的支出应核对发票内容、日期、开票单位与相关合同,落实企业是否将购入、接受捐赠、融资租赁的固定资产的包装费、保险费、运输费、安装费、修理费等计入固定资产计税基础项目;对企业生产成本、制造费用、期间费用等账户的借方明细进行检查,查看大额支出形成的标的物是否达到固定资产标准而未列入固定资产核算,在当期扣除;核对企业固定资产盘点表,查看盘盈固定资产是否已通过费用科目列支。第二,对纳税人自行建造的固定资产,要结合建造合同、工程决算、工程监理报告和工程审计报告书等有关资料,检查"材料""费用""在建工程""营业外支出"和"固定资产"等账户,落实纳税人有无将建造过程中直接发生的材料、人工费等计入生产成本,落实有无将在建工程发生报废或损毁的净损失,直接计入"营业外支出"等。

2. 固定资产折旧及处置的检查

(1)税收风险识别

企业固定资产折旧及处置项目的涉税风险主要有以下几个方面:计提折旧范围不准确。折旧计算方法及分配不准确。固定资产处置所得未并入应纳税所得额。

(2)税收风险控制

企业对固定资产折旧及处置项目的管控,主要通过以下方法进行。

检查固定资产折旧的范围:第一,运用核对法和实地察看法,结合"固定资产"明细账的记录与"折旧计算表",对房屋、建筑物以外未使用的、不使用的、封存的和与生产经营无关的、以经营租赁方式租入的固定资产进行全面审核,落实是否存在将税法不允许计提折旧的固定资产计算折旧未作纳税调整。第二,对年度中间增加或减少的固定资产,对照相关合同发票,结合固定资产入账的时间和"折旧计算表",核对当月增加的固定资产有无列入计提折旧的基数,当月减少的固定资产有无从当月计提折旧基数中扣除的情况。第三,检查"固定资产清理""营业外支出""累计折旧"和固定资产卡片等资料,采用核对法和实地察看法,有无将提前报废的固定资产、已提足折旧仍继续使用的固定资产、破产关停的固定资产等列入折旧的计提基数。

　　检查折旧的计算方法及分配:第一,检查"累计折旧"账户贷方,检查"折旧计算表"中实际采用的折旧计算方法是否符合规定,有无不属于加速折旧的固定资产采用加速折旧法计提折旧,有无在一个年度内随意变更折旧计算方法,造成多提或少提折旧的情况。同时,结合"固定资产"账户的检查,核实折旧率的计算有无问题,特别注意核实折旧率明显偏高的折旧项目。第二,对照企业"折旧计算表",检查折旧额的计算有无问题;检查"固定资产"明细账,结合对固定资产实物的检查,核实固定资产的用途或使用部门,并据以检查"累计折旧"账户贷方对应账户,核实有无将车间的折旧费用计入期间费用而推迟实现利润的。第三,采用双倍余额递减法的企业,应以固定资产在每一会计期间的期初净值作为计提基数,注意有无按其原值计算折旧的情况;采用年数总和法的企业,有无将原值不扣除预计净残值作为计提基数;缩短折旧年限的企业,计提折旧的年限是否低于税法规定最低折旧年限的60%。

　　检查固定资产的处置,应重点检查"固定资产清理""累计折旧""固定资产减值准备""营业外支出""营业外收入""其他应付款"等账户,检查固定资产处置收入及残值是否按规定结转损益;是否冲抵了相应的累计折旧,是否按税收规定进行调整。

(二)无形资产税务处理的检查

1. 税收风险识别

　　企业无形资产税务处理的涉税风险主要有以下几个方面:(1)无形资产计量、摊销不准确。(2)自行扩大加计扣除无形资产成本的范围。(3)无形资产处置所得未并入应纳税所得额。

2. 税收风险控制

(1)检查无形资产的计量、摊销

　　检查外部取得的无形资产。核对有关无形资产的证明文件和授让合同、契约。如专利项目众多,应向企业索取专利权明细表,逐一查对分析,以确定其无形资产是否真实,落实无形资产的计价是否准确,有无将其他费用计入专利权价值中,或虚增无形资产价值。对企业自行开发的无形资产,要严格审核该开发项目有关部门的批文,可行性报告,技术、财务等各种资源的计量标准,落实是否达到确认无形资产的条件,检查"研发支出"

明细账和相关原始凭证,核实支出的归集是否符合规定。对属于无形资产计税价值范围内的支出未予以资本化的,应进行合理的调整。

检查无形资产摊销的范围。对"无形资产""累计摊销"和相关的"管理费用""其他业务成本"账户中的无形资产具体项目进行核对,检查摊销范围,对自行开发的支出已在计算应纳税所得额时扣除的无形资产、自创商誉、与经营活动无关的无形资产等,是否计入无形资产摊销范围。

检查无形资产的摊销额。首先对法律和合同或者企业申请书没有规定使用年限的,或者自行开发的无形资产,检查摊销期限是否达到 10 年。其次检查摊销土地使用权时要查看土地使用证及土地转让协议等资料,检查土地使用权的计价与摊销,核查是否虚计土地使用权成本,扩大摊销额。

(2)检查自行扩大加计扣除无形资产的成本

一是通过检查研发项目立项书、计划书等,核实研发项目是否符合"新产品、新技术、新工艺"的规定,是否符合加计扣除无形资产的范围;

二是检查"无形资产""研发支出""管理费用——研发费"等账户,有无对已计入"管理费用——研发费"的支出重复计入无形资产并加计扣除;

三是检查形成无形资成本项目的原始凭证,审核企业是否将与形成无形资产无关的支出计入加计扣除的无形资产。

(3)检查无形资产的处置

应重点检查"累计摊销"和"无形资产减值准备"账户,检查在处置无形资产时,是否冲抵了相应累计摊销。

(三)生产性生物资产税务处理的检查

1. 税收风险识别

企业生产性生物资产税务处理的涉税风险主要有以下几个方面:(1)生产性生物资产计量不准确。(2)生产性生物资产折旧的时间、残值、年限不准确。(3)生物资产处置所得未申报纳税。

2. 税收风险控制

企业对其生产性生物资产税务处理的管控主要通过以下方法进行。

(1)检查"生产性生物资产"明细账中的借方发生额,对新增的生物资产要查阅相关合同、协议和原始凭证,核实生物资产的计价是否准确。

(2)检查"生产性生物资产"和"生产性生物资产累计折旧"明细账,核实计提折旧的时间,查看是否存在当月新增资产计提折旧的情况;掌握计提折旧的年限,核实是否超过税法规定的最低年限标准;核实前后期残值是否一致。

（3）检查"生产性生物资产""生产性生物资产累计折旧"等明细账户，结合有关处置合同、协议，检查处置的结转是否正确，相应的累计折旧是否结转，残值收入是否入账，处置收入是否转入"营业外收入——处置非流动资产利得"账户。

（四）长期待摊费用税务处理的检查

1. 税收风险识别

企业长期待摊费用税务处理的涉税风险主要有以下几个方面：（1）长期待摊费用的计量不准确。（2）缩短摊销期限，增加当期费用。

2. 税收风险控制

企业对长期待摊费用税务处理的管控，主要通过以下方法进行。

（1）检查长期待摊费用的计量。

查阅租入固定资产的租赁合同以及改建工程的建筑安装合同，确定改良支出费用的承担人，对应由租入方承担改良费用的，查阅改良支出的料、工、费的原始凭证，核实其计量是否准确。检查"长期待摊费用"明细账，核实有无将其他固定资产的维修等支出列入改建支出，或将其他不允许税前列支的支出计入改建支出的问题。

（2）检查长期待摊费用的摊销。

通过检查长期待摊费用摊销计算表，核查计算表中摊销年限，核查对租入固定资产的改良支出是否在剩余租赁期内将改良支出平均摊销；对已提足折旧固定资产的改良支出是否按照预计尚可使用年限分期摊销；对改建的固定资产延长使用年限的，是否适当延长了折旧年限；对其他应当作为长期待摊费用的支出，是否自支出发生月份的次月起，分期摊销，摊销年限是否低于 3 年。

第四节　个人所得税纳税风险管控

一、纳税义务人的检查

（一）纳税风险识别个人所得税

纳税义务人的纳税风险主要有以下几项：（1）居民纳税人和非居民纳税人划分不清；（2）居民纳税人和非居民纳税人纳税义务划分不清；（3）年

收入超过 12 万元的纳税人未办理纳税申报。

（二）纳税风险控制

企业对纳税义务人涉税风险的检查主要通过以下方式进行。

（1）对在中国境内任职的外籍人员，检查其与任职单位签署的合同、薪酬发放资料，对照个人护照记录，或到进出境机关核实了解进出境时间，并根据相关税收协定的规定，判断其属居民纳税人还是非居民纳税人。

（2）检查居民纳税人在境内、外取得的所得是否履行纳税义务时，需要通过与国际税收管理部门进行情报交换，调查其在境外取得所得的情况，核对其境内、外取得所得的申报资料，从中发现疑点，并将相关疑点呈交国际税收管理部门，由其负责查询个人所得税境外缴纳情况，确定是否存在居民纳税人按非居民纳税人履行纳税义务的情况。

（3）检查企业"应付职工薪酬""应付利息""财务费用"等账户，通过相关部门查询纳税人买卖股票、证券、基金及福利彩票等所得，特别是对于在两处以上兼职取得收入的个人要采取函证、协查或实地核查等方式，检查确认个人在一个纳税年度取得的各项所得汇总是否达到 12 万元以上，是否按规定进行申报。

二、扣缴义务人的检查

（一）纳税风险识别

对企业扣缴义务人的检查主要有涉及以下纳税风险：扣缴义务人未按规定代扣税款；代扣的税款未按规定期限解缴入库。

（二）纳税风险控制

对扣缴义务人的纳税风险进行控制主要通过以下方式进行。

（1）检查"应付职工薪酬""应交税费——应交个人所得税"等明细账，检查职工薪酬发放单，核实职工的月工资、薪金收入，对达到征税标准的，扣缴义务人是否按规定履行代扣税款义务。

（2）检查"生产成本""管理费用""产品销售费用"等明细账，核查企业是否有支付给临时外聘的技术人员的业务指导费、鉴定费，是否有列支的邀请教授、专家的授课培训费、评审费等，是否按规定履行代扣代缴税款义务。

（3）检查"利润分配——应付股利""财务费用"等账户，核实对支付给个人的股息、红利、利息是否全额计算扣缴税款。在对金融机构检查时,检查支付给个人的储蓄存款利息是否按规定履行代扣代缴税款义务,是否及时解缴代扣税款。

(4)检查直接在各项成本、费用账户中列支或通过其他渠道间接支付给员工的各种现金、实物和有价证券等薪酬,是否按规定全部合并到工资、薪金中一并计算应扣缴的税款。

(5)检查企业"应交税费——应交个人所得税"明细账户、员工薪酬收入明细表和《个人所得税扣缴情况报告表》及完税证或缴款书,查看账表数额是否相符,代扣税款是否正确、完整,是否按规定期限解缴税款。

三、征税范围的检查

(一)纳税风险识别

对征税范围进行检查,主要有以下纳税风险:劳务报酬所得与工资、薪金所得相混淆;个体工商户生产、经营所得与承包、承租经营所得相混淆;承包、承租人对企业经营成果不拥有所有权,错按承包、承租经营所得缴纳个人所得税;将提供著作权所得错按稿酬所得申报缴纳个人所得税;其他所得和偶然所得相混淆;利息、股息、红利性质的所得与工资、薪金所得相混淆。

(二)纳税风险控制

对该项纳税风险的控制主要分以下几类进行。

1. 劳务报酬所得与工资、薪金所得征税范围的检查

通过检查员工薪酬发放花名册、签订的劳动用工合同和在社会保险机构缴纳养老保险金的人员名册等相关资料,核实个人与接受劳务的单位是否存在雇佣与被雇佣的关系,确定其取得的所得是属于工资、薪金所得还是劳务报酬所得。如存在雇佣与被雇佣的关系,其所得应按工资、薪金所得的范围征税;如果是独立个人提供有偿劳务,不存在雇佣与被雇佣的关系,其所得应属于劳务报酬所得的征税范围。

2. 个体工商户的生产、经营所得征税范围的检查

查看经营者工商营业执照的性质是否为个体工商户;实地调查,确定是否为个人自负盈亏经营;检查个体经营者的生产经营情况,查阅会计核

算账簿,核实收入、成本、利润、税金是否真实,是否有隐瞒收入、加大成本、虚假申报的问题;核实是否有与生产经营无关的其他应税项目所得混同个体工商户生产、经营所得计税,如从联营企业分回的利润按照"个体工商户生产、经营所得"申报,而未按"利息、股息、红利所得"申报。

3. 企事业单位的承包经营、承租经营所得征税范围的检查

根据承包(承租)合同内容、经营者的实际承包(承租)方式、性质和收益归属、工商登记情况确定是否属于企事业单位的承包经营、承租经营所得项目的征税范围。在检查中,一是检查被承包、承租企业的工商登记执照的性质,确认该企业发包或出租前后的变更情况。如工商登记仍为企业的,则应进一步检查其是否首先按规定申报企业所得税,然后按照承包、承租经营合同(协议)规定取得的所得申报个人所得税;如果工商登记已改变为个体工商户的,则应检查是否按个体工商户生产、经营所得项目申报个人所得税。二是检查承包(租)人与发包(出租)方签订的承包(租)合同,如果承包、承租人对企业经营成果不拥有所有权,仅是按合同(协议)规定取得一定所得的,则确定承包(租)人取得的所得是属于工资、薪金所得的征税范围;如果承包、承租人按合同(协议)的规定只向发包、出租方交纳一定费用后,企业经营成果归其所有的,则承包、承租人取得的所得属于对企事业单位承包经营、承租经营所得的征税范围。

4. 稿酬所得与特许权使用费所得征税范围的检查

检查出版单位账簿明细,结合相关的合同、协议,查看原始的支付凭证,按照经济行为的实质,分析、核实支付给个人的报酬属于特许权使用费所得征税范围还是稿酬所得征税范围。若作者将其作品的使用权因出版、发表而提供给他人使用,则此项所得属稿酬所得的征税范围。若作者将自己的文字作品手稿原件或复印件公开竞价拍卖而取得的所得,属于转让个人著作的使用权,则此项所得属于特许权使用费所得的征税范围。

5. 其他所得和偶然所得征税范围的检查

检查企业"销售费用""营业费用""营业外支出"等账户,针对支付给个人的支出,要正确区分是否属于其他所得和偶然所得征税项目,其他所得由国务院财政部门单独确定,偶然所得则强调其偶然性和不可预见性。如对企业在产品发布会、总结会议、业务往来等活动中向有关人员发放的赠品、纪念品等应按照其他所得代扣个人所得税。对于中奖、中彩或企业举办有奖销售等活动中的中奖者个人则按照偶然所得代扣税款。

6. 利息、股息、红利所得征税范围的检查

检查"应付股利""应付利息""财务费用"等账户,对照《扣缴个人所得税税款报告表》《支付个人收入明细表》等,核实企业有无把支付的利息、股息、红利性质的所得按照工资、薪金所得,少代扣代缴个人所得税;是否把不属于减税或免税范围的利息、股息、红利所得作为减税或免税处理,少代扣或未代扣代缴个人所得税。

四、计税依据的检查

个人所得税的计税依据是纳税人取得的应纳税所得额,是个人取得的各项收入所得减去税法规定的扣除项目或扣除金额之后的余额。

(一)工资、薪金所得计税依据的检查

1. 纳税风险识别

该项纳税风险主要有以下几项:少报、瞒报职工薪酬或虚增人数分解薪酬;自行扩大工资、薪金所得的税前扣除项目;从两处或两处以上取得收入未合并纳税。

2. 纳税风险控制

对该涉税风险的控制主要通过以下方式进行:

(1)通过调查人力资源信息资料、签署的劳动合同,社会保险机构的劳动保险信息,结合考勤花名册、岗位生产记录、人员交接班记录等,核实单位的用工人数、用工类别、人员构成结构及分布,要特别注意检查高管人员、外籍人员等高收入者的有关信息;然后检查财务部门"工资结算单"中发放工资人数、姓名与企业的实际人数、姓名是否相符,企业有无人为降低高收入者的工资、薪金收入,故意虚增职工人数、分解降低薪酬,或者编造假的工资结算表,人为调剂薪酬发放月份,以达到少扣缴税款或不扣缴税款的目的。

(2)检查"生产成本""制造费用""管理费用""销售费用""在建工程""应付职工薪酬"等账户,核实有无通过以上账户发放奖金、补助等情况;还应注意职工食堂、工会组织等发放的现金伙食补贴、实物福利、节假日福利费等,是否合并计入工资、薪金收入总额中计算扣税。

(3)检查《个人所得税扣缴情况报告表》中的工资、薪金总额与"工资结

算单"工资总额,核查企业有无扣除水电费、住房租金、托儿费、补充养老保险、企业年金等费用后的实发工资扣缴税款的情况。

(4)通过检查劳动保险部门保险缴纳清单和工资明细表,核实企业是否有扩大劳动保险交纳的基数、比率,降低计税依据的问题。如提高住房公积金的缴纳比例,降低计税依据。对效益较好的经营单位,要查看是否为员工建立企业年金计划,是否将为员工缴纳的补充商业险等合并计入工资、薪金所得计税。

(5)对单位外派分支机构人员,要通过人力资源部门获取详细的薪酬发放信息,通过函证、协查方式检查员工同时从两处或两处以上取得的工资、薪金所得,是否仅就一处所得申报或在两处分别申报,重复扣除税前扣除项目,而未进行合并申报。

(二)个体工商户的生产、经营所得计税依据的检查

1. 纳税风险识别

对个人工商户的生产、经营所得计税依据的检查主要涉及以下纳税风险:(1)收入构成核算不实。(2)虚列成本,成本费用的发生额超标准部分未作调整。(3)家庭费用支出与企业费用支出混淆,多计、多转成本。(4)个体工商户业主将本人的工资在税前扣除。(5)投资两个或两个以上企业,应纳税所得额计算不正确。

2. 纳税风险控制

(1)对生产、经营收入的检查。个体工商户的生产、经营收入具有现金结算较多、收入不稳定等特点,容易出现收入不入账或者少入账,转移、隐瞒、分解经营收入的情况。在检查中,要通过实地查看、询问等方法,了解掌握个体工商户生产、经营范围、规模等情况,结合对其成本费用、收入账的检查,采取纵向和横向比较分析的办法找出疑点,核实其是否存在账外经营、隐匿收入等行为。

(2)对生产、经营成本和费用的检查。要将企业的"原材料""生产成本""制造费用""管理费用"等成本、费用明细账与有关会计凭证、原始凭证进行仔细核对,认真分析投入产出比率,参考相关技术数据,核实其各项成本损耗比例是否恰当。对费用列支要审核原始资料及支出用途,看企业税前列支的费用是否合理,比例是否正确,是否属于与企业生产、经营有关的费用,有无超标准列支或故意混淆费用问题。

(3)检查成本、费用账簿及原始单据,核实支出费用的详细去向和类

别,有无将家庭购置的资产或发生的费用计入其中。

(4)对照《个人所得税扣缴情况报告表》,检查"应付职工薪酬"账户、员工薪酬发放表等,核实个体工商户业主的工资发放情况,确认发放的业主工资是否按规定做了纳税调整。

(5)对投资两个或两个以上个人独资企业或合伙企业的企业投资者,首先要检查各被投资企业的章程协议,确定投资者的资本构成;其次要检查各被投资企业的会计报表及纳税申报表,确定被投资企业的经营效益及利润分配,最终核实投资者从各被投资企业分得的利润计算是否准确、是否按规定合并纳税。

(三)企事业单位的承包经营、承租经营所得计税依据的检查

1. 纳税风险识别

对企事业单位的承包经营、承租经营所得计税依据的检查,主要涉及以下纳税风险:(1)承包人、承租人采取转移、挂账、分解收入等手段减少应纳税所得额。(2)承包人、承租人通过虚报费用、借款等方式从承包、承租企业套取经营所得,长期挂账,不作个人收入。(3)对承包、承租期不足一年取得承包、承租经营所得按 12 个月减除必要费用,降低适用税率。

2. 纳税风险控制

对该项纳税风险的控制主要通过以下方法进行。

(1)检查承包、承租经营合同(协议),调查掌握承包、承租企业的经营期限以及承包人、承租人对企业经营成果的分配比例、分配方式、分配时间等内容。

(2)检查企业"应付职工薪酬""管理费用""应付利润"等账户及"工资结算表",掌握承包人、承租人获取的承包、承租利润和按月领取的工资、薪金性质的收入以及以劳务费、管理费等名义取得的收入,核实是否按规定全部计入收入总额。

(3)检查"其他应收款"或"其他应付款"等往来账户,核查是否存在承包人、承租人以借款名义从企业借款长期不还,实质为分配的承包、承租利润的问题,要进一步追查借款的用途和实质,核实是否存在将承包、承租利润长期挂账的行为。

(4)到发包人(出租人)调查了解承包人(承租人)上缴承包费、租赁费、水电费、管理费等情况,和承包人、承租人的账簿记录相核对,核实账簿纪录的真实性,对照承包、承租合同或协议准确推算计税收入。

(5)对承包、承租期不足一年的企业检查时,要结合承包、承租合同或协议约定的执行日期,检查承包、承租人有无不以其实际承包、承租经营的月份数为一个纳税年度,故意多扣费用,减少应纳税所得。

(四)劳务报酬所得计税依据的检查

1.纳税风险识别

对劳务报酬所得计税依据的检查主要涉及以下涉税风险:(1)少报、瞒报劳务报酬组成项目。(2)预付或分次支付属于"同一次"取得的劳务报酬,分解收入扩大费用扣除额,降低适用税率。(3)将本属于一个人单独取得的收入,虚报为两个或两个以上的个人共同取得的收入。(4)符合劳务报酬加成征收条件的,未按规定加成申报。

2.纳税风险控制

对该项纳税风险的控制主要通过以下方式进行。

(1)通过调查劳务报酬的支付方,了解具体的支付情况,检查劳务报酬所得的真实性;核实劳务项目的组成及其支付方式、支付时间,与支付单位的会计记录、《个人所得税扣缴税款报告表》相对照,从中发现是否存在故意隐瞒劳务报酬数额的问题。

(2)通过审核劳务报酬协议、合同等,核查其对"每次收入"政策界定的执行情况,有无将"一次收入"人为分解减少应纳税所得。

(3)通过检查劳务报酬协议,核实企业有无将本属于一个人单独取得的收入,虚报为两个或两个以上的个人共同取得收入,进而导致企业利用分别减除费用的规定,多扣减费用少缴税款。

(4)检查企业与接受方签署的合同、协议,根据合同、协议约定的劳务报酬支付时间、支付方式、支付金额等资料,与《个人所得税扣缴税款报告表》对照,核实取得的劳务报酬金额是否符合加成征收条件,是否按规定计算申报。

第八章 重点行业税务风险管控

在税收管理的过程中，要不断深化行业税收管理，要创建纳税评估，综合行业聚集度、税源规模、贸易方式、产品品种等因素，以及大企业的具体情况，明确各行业和大企业税收风险管理的重点，不断完善行业和大企业纳税评估数据，同时要有效进行管理，收集行业税收管理资料，推进税收专业化管理与风险防控。

第一节 房地产行业税务风险管理

一、房地产企业税务风险控制的目标

房地产企业税务风险内部控制制度是企业内部控制制度的重要组成部分，税务风险内控制度的建立应该以控制目标为导向，围绕如何全面有效地实现控制目标而设计。房地产企业税务风险控制的核心目标是提高企业税收遵从度的同时降低企业的税收成本。具体的目标包括三个方面。

（一）战略规划与投资计划具有合法性和经济性

现代企业的管理能力已经与产品质量、市场占有量、企业信誉等一道成为企业综合竞争力的重要组成部分，尤其在经济波动、相关资源不足的情况下，拥有优秀管理能力的企业更能逆流而上、屹立不倒。房地产企业对经济、政治环境变化敏感，经营活动受土地等资源限制明显，一个良好的管理团队对房地产企业更是至关重要。

房地产企业战略规划是管理团队对企业所做的最高层次的规划，是管理层从全局角度出发，为企业的长期发展设计的发展路线图。企业战略具有相对稳定性，但又不是一成不变的。近年来，随着我国政府对房地产市场干预与监管程度的不断加强，房地产行业的发展遇到了一些阻力，在这个国内市场环境和政府政策导向还并不明朗的十字路口，不少房地产企业会考虑调整原先的企业战略规划，例如在保利润和保销量两者间的选择或者由在国内扩大规模的计划改为转战海外市场。

由于企业是社会经济环境中的权利义务主体,因此企业战略的设立和改变不应只以企业意志为转移,它应该首先具有合法性,在合法性的基础之上考虑是否能为企业带来更多的收益或节约更多的成本,这就需要战略规划的制订和改变过程在企业内控体系的监管控制下运行。

以税务风险控制为例,房地产企业如果希望转战海外市场,首先应该得到商务部、国家外汇管理局等部门的批准;其次,要了解海外目标市场的税务环境和规则,例如如何成为合法纳税人,如何缴纳税款;最后,要掌握海外目标市场是否与我国签有税收协定,如何设计企业框架能够有更大的税收利益等。此时,企业的税务风险内控系统将发挥重要作用。

房地产企业的投资计划是在企业战略规划指导下,为扩大企业规模、整合企业现有资源、获得投资收益而做出的计划。企业管理层在制订投资计划时,同样应该以合法性为第一前提,在合法的前提下,制订者所考虑的经济性影响常常只是局限在某个投资项目能为企业带来多少利益流入上,很容易在制订投资计划时忽略税务因素的影响。

实际上,税务因素对于投资项目的影响往往大于投资制订者的预想,如果能较好地将税务风险内控与投资计划决策结合,那么将不仅能够提高投资税务合规性,更能为企业带来实际的利益。例如,企业在进行合并、分立等重组活动时,满足一定条件可以选择特殊性税务处理,对所得中的股权支付部分免于当期征税,这可以为企业节省很大一笔当期现金;又如,房地产企业想将一项土地使用权转移给合作方并与其一起开发房地产建设项目时,如果采用直接转让土地使用权的方法,房地产企业将至少缴纳营业税、土地增值税、企业所得税、城建税和教育费附加等税费,如果采用以土地使用权投资入股的方式,则房地产企业就不必缴纳营业税、城建税和教育费附加等税费,显然后一种投资方式更具有经济性。

(二)税会处理及纳税申报具有准确性和及时性

会计记录是企业涉税活动的反映,纳税申报以会计核算为基础,二者相互交融,联系密切。税会差异是税法和企业会计准则对企业某些经营活动事项的规定不一致导致的。企业财务会计在日常活动中应按照企业会计准则的要求如实记录企业发生的经济事项,但是在申报纳税时,又应该按照税法的规定调整申报。税会差异的存在使得企业的税务风险程度大大上升,如果企业无法正确处理税会差异并按照税法规定在会计核算的基础上纳税,则很容易产生少交税、多交税或者不按时交税的结果。

例如,房地产企业销售未完工产品时,所收的预收款由于不满足企业会计准则中收入确认的条件,因此不确认收入,而是计入"预收账款"科目,而按照营业税的相关规定,纳税人销售不动产的营业税纳税义务发生时间为收到预收款的当天,因此企业应该同时确认应付税金的负债。

又如,房地产企业发生租赁业务时,如果一次性收取了全部租金且租期跨年度的,会计上应在收取租金时全额确认收入,但企业所得税法规定,房地产企业可对上述已确认的收入在租赁期内分期均匀计入相关年度收入,这意味着企业在收到租金当年应该做企业所得税应纳税所得额的调减,而在之后的租赁期年度内应该做应纳税所得额的调增。

房地产企业日常经营活动税会处理具有了准确性,才能最大限度地降低企业被税务机关纳税调整的可能,减少与税务机关的争议,保证自己的合法权益。除了税会差异的存在会影响企业纳税的准确性,企业自身主观因素也常常会左右企业是否合规纳税。由于房地产企业开发项目周期长、滚动开发项目多、收入多样、成本核算难度大,企业有隐瞒收入、多计成本的主观愿望和客观条件,可能造成企业纳税申报不实。实践中,绝大多数房地产企业存在拖延清算、延迟确认收入的问题,一旦被税务机关发现,企业将承担巨大的风险损失。

（三）税务资料的管理、保存、报备具有合规性

企业的发票、凭证、账簿等是企业日常经营活动的书面记录,是会计核算的依据、结果,是税务机关得以依法正确征税的基础。《会计法》《会计档案管理办法》《税收征收管理法实施条例》《发票管理办法》等法律法规均对企业发票、凭证、账簿等税务资料的管理保存提出了专人保管、按期限保管的要求。房地产企业应该健全企业会计制度,对不同开发项目的会计与税务资料分不同时期、不同项目管理,避免资料混乱,同时,对账簿凭证及时立卷归档,方便查找。

企业很多涉税活动需要准备相应的税务资料送交税务机关审批或备案,因此企业在进行这些活动时,财务人员就应该按照税务机关的相关要求及时准确地做好税务资料的报备工作,否则企业将可能失去享受某些税收优惠的权利或承担不正确履行税收义务的后果。

二、房地产企业税务风险内控制度

房地产企业税务风险内控制度的设计可以依照事前、事中、事后的思路进行,针对不同阶段中不同的重要风险点设计、使用相应的风险控制方法。风险识别和风险评估是风险控制的前置步骤,企业应该建立风险识别库,明确哪些事件是企业税务风险的触发点,同时,运用定量和定性的分析

方法对不利事件进行评估,以确定是否对其控制以及采用的控制方法。

（一）事前控制

房地产企业税务风险的事前控制主要是指,在企业涉税活动尚未发生时,对上到企业管理层,下到企业普通财务会计人员,大到企业组织架构,小到岗位职责设计的税务风险控制。

1. 对企业管理层的风险控制

企业管理层的管理理念和风格直接影响企业税务管理受重视程度和管理方向。对于那些目光短浅、只是追求企业账面利润最大化的管理层,他们更倾向于通过偷税漏税的方式获取短期利益,因此,他们会暗示、教唆甚至命令企业财务人员采取做假账、虚假申报等方式逃避纳税义务。这是来自企业最高层次的税务风险,也是最大的税务风险之一。对此,企业管理层应该首先达成共识,认识到短视行为将会给企业带来的风险隐患。同时设立"隔离"机制,保证财务人员的相对独立性,建立监察部门,使财务或相关人员具有检举揭发的权利,在必要的情况下引入管理层罢免机制。

2. 对财务人员的风险控制

企业财务人员是企业经济交易活动的记录者和企业计算税款申报纳税的实际操作者,可以说,企业税收遵从度的高低很大程度上取决于财会人员。财会人员可能给企业带来税务风险的原因有主观因素和客观因素。财务人员是否遵守职业操守,是否拥有胜任岗位的专业素质都会影响企业纳税的准确性。因此,企业应该建立系统的人力资源管理体系,选聘恪守职业操守同时具备相应专业知识的财务人员。由于房地产企业涉及税种多,税制复杂,因此企业需要对财务人员进行定期的培训,同时,企业应该建立相关法规库,不断更新,方便财务人员学习与实务操作。另外,企业可以对财务人员建立以税务风险为基础的绩效评价与奖罚机制,使财务人员更具控制企业税务风险的主动性。

3. 对企业组织架构的风险控制

目前国内大部分企业的税务工作人员是由财务部会计人员兼任的,在招聘时专门招聘税收专业的人员从事企业税务工作的企业并不多,而在企业组织架构设计时单独设立税务部的企业更是寥寥。企业专门税务部门的缺失与税务工作的边缘化使企业管理层和员工对税务管理工作并没有达到应有的重视程度,这种不重视税务管理的氛围使税务风险更易入侵。

房地产企业涉税风险很高,因此更要改变这样的企业氛围。只有设立税务部,聘任专业的税务人员,赋予其与财务部同等重要的地位,甚至对其建立比财务部更加严格的监督审查机制,才能使企业产生浓厚的税务风险控制氛围,同时也更加有利于企业税务人员独立性的保持和税务风险控制工作的开展。

4. 对企业岗位及职责的风险控制

正如前述,目前我国大部分房地产企业中缺少专门设立的税务风险管理机构或岗位,即使设立了,很多情况下,其职能定位也仅仅只是停留在报税层次,并没有发挥真正的税务风险管理职能。由于税务工作很多是会计兼任,一个企业的税务事项常常仅由一个人办理,缺少必要的审核和监督机制,容易产生差错并且滋生腐败。

为了降低企业税务管理风险,房地产企业应该建立专门的税务管理岗位,聘任专业人员任职,同时,设计类似于会计岗位的不相容岗位分离制度,明确规定税务岗位职责,具体应包括但不限于:设计、制定企业税务管理流程与规范;了解企业当前财务环境和状况,评估税务风险;参与企业重大交易事项决策讨论,从税务角度提出专业建议;正确处理经营活动中的涉税事项,指导、监督其他部门岗位人员的涉税处理操作;参与、指导、检查企业财会涉税核算、纳税申报以及企业所得税汇算清缴、土地增值税清算等。

5. 对企业交易决策的风险控制

企业在进行重大交易决策制定过程中,一般会有投资部、市场部、销售部、财务部等部门参与,财务人员参与其中的主要作用是分析说明交易资金来源、投资潜在的收益和财务风险,很少有专门的税务人员参与其中,从税务风险管理角度参与决策过程。这就很容易使企业交易决策时忽略税务因素的重要影响,有时甚至会做出给企业带来巨大税务风险的决策。

房地产企业经营活动的每一环节均涉及多个税种,税务风险控制理应从项目方案决定之前就开始进行,企业重大交易决策具体方案的制订应该接受必要的税务考量,接受税务人员的税务风险评估、税务合规性审核以及税务成本的分析,确保从源头上降低企业税务风险。同时,在对交易合同进行审核时,不应仅从法律角度进行,还应从税务角度仔细审核合同条款,避免在合同条款中存在税务隐患。

6. 对企业税收筹划的风险控制

税收筹划是企业合法的权利,企业通过有效的税收筹划能在合法的前提下减少税务成本,给企业带来间接的收益。然而,税收筹划是在企业相关涉税事项开始进行之前所做的工作,应该将其与税务事实已经产生之后通过少列收入、多列支出等手段进行的逃税区分开来。

房地产企业存在一定的税收筹划空间,但由于其涉及的税收法规众多且其中存在一些不够明确的地方,税收筹划的复杂程度和风险都相对较高,而且房地产企业经营活动各环节关联性很强,税收筹划更应该综合考虑企业整体运作情况,不能局限于某一环节。因此,房地产企业的税收筹划应该尽量聘请专业咨询机构或人士进行,同时,应该将筹划方案中可能引起税务机关疑虑的地方积极与主管税务机关沟通,做好相关税务资料的准备工作,以证明其税收筹划的合法性。

(二)事中控制

事中控制是指企业涉税活动正在进行过程中,对涉税事项相关人员与操作行为的税务风险控制。

1. 对收入的风险控制

房地产企业的开发项目一般具有综合性,从项目开始执行到完工交付过程中可能会产生土地转让收入、预售收入、工程物资处置收入、租金收入等多种形式的收入,收入形式多样且不同形式的收入在会计和税法上的确认时间和金额并不完全相同。因此,房地产企业对收入的风险控制应该主要着重于收入确认时间与确认金额的风险控制。

相比其他企业而言,房地产企业应注意以下收入的确认和处理:开发产品价外收取的各种名目的费用、拆迁补偿款收入、政府补助收入、预售收入、对购房者或施工方收取的违约保证金、罚款等。在对收入的风险控制中,应该特别注意税会差异的处理,有些收入在会计核算时体现在主营业务收入、其他业务收入或者营业外收入等收入科目,但有些收入按照企业会计准则的要求是直接冲减工程成本,应该对其进行纳税调整。在收入确认时间方面,房地产企业经常会借助往来款科目将收入长期挂账,拖延确认,应该设立定期审核往来款科目的制度,及时确认收入,避免产生不按时纳税的风险。

2. 对成本费用的风险控制

房地产企业项目开发周期长、滚动开发项目多,开发产品的成本构成十分复杂,核算难度很大,是税务风险的高发地带。针对房地产企业成本费用的税务风险管理,首先应该明确成本费用的可扣除范围,尤其是针对土地增值税和企业所得税,设立不同税种的成本费用归集库。其次,按照成本核算对象合理地分摊成本,建立成本分摊过程中对分摊数额和分摊时间是否正确的复核制度。同时,严格规范成本费用扣除凭证的审核确认,建立报销制度的多层审批程序,杜绝将股东或员工的私人费用企业化。

3. 对涉税凭证的风险控制

房地产企业经营过程中会涉及种类众多的涉税凭证,如合同、发票、账簿等。企业项目合同应从起草到签订全过程置于税务风险内控制度的监督之下,要按规定贴花,分项目归类存档。由于房地产企业成本费用种类多,涉及的发票种类也十分复杂,对发票的取得应该设立责任到人、签字确认的机制,对发票的审核应从发票种类、发票内容、发票金额、发票期限等多方面进行,对发票的保管应该按不同项目归集,做到账证相对。

发票的取得、审核、保管应由不同的人员进行,并且引入定期抽查机制。企业账簿的设立、制作和保管主要是财务部门负责,但是税务管理人员不能将其从控制管理的范围中排除。对企业账簿税务风险的控制主要体现在保管、使用方面,企业应该设立专人将账簿置于专门场所保管,不得擅自销毁和修改,当税务机关提出查账要求时,企业应该及时提供。

4. 对纳税申报和缴纳税款的风险控制

企业税收遵从的核心体现是正确计算应纳税额并及时缴纳税款,在准确核算企业涉税事项的前提之下,税务人员正确计算出企业各税种的应纳税额,按要求填报纳税申报表,及时办理纳税申报。企业可以利用计算机信息系统,将涉税信息归集整理后分税种模块进行信息化纳税申报。这需要企业信息技术部门、财务部、税务部等部门的分工合作,因此企业需要建立不同部门之间的协调合作机制。在缴纳税款的环节,应该给予优先处理、优先划款的待遇,从税务部门计算出应纳税额、申报纳税到企业实际缴纳税款过程中,各部门负责人的审核签批应有严格的时间控制,避免由于拖延带来的迟缴税款风险。

(三)事后控制

事后控制主要是指企业涉税事项发生完毕、缴纳税款结束之后发生的企业自我核查、税务机关稽查等事项的风险控制。

房地产企业开发项目虽然周期较长,但业务开发流程较为单一,各项目间的可借鉴性较强,企业应该建立税务自我审查机制,定期对已结束项目的税务管理进行重新审核评价,建立税务风险管理更新完善机制,对于发现的新的税务风险点或是税务风险控制不到位的地方要有相应的应对机制和解决方法,不断优化企业税务风险管理。

企业应事先设立税务稽查应对机制,当企业遇到税务机关稽查时,应该有专人负责接待,税务人员要和财务人员一起全程参与,正确应对,按照税务机关要求及时报送账簿等资料,对税务稽查人员的质疑做出合理解释,对税务稽查人员的不合理要求要予以回绝,合法正确地保障企业的权益。当税务机关稽查结束时,应主动补缴税款,同时,要有相应的问责机制,对相关责任人员予以相应的处理。

第二节　公路货运税务风险管理

一、行业概述

(一)行业定义

公路货运业也称为道路货物运输业,是指在公路上通过交通运输工具运送货物及相关联的物流辅助业。公路货运业以其灵活方便的优势可以实现物品从供应地到接收地的实体流动过程。联结港口、铁路枢纽、机场及对外口岸,为其他运输方式提供集中、疏散的物流服务。随着我国市场经济、互联网信息技术的快速发展,公路货运业以其更加高效的专业运输物流服务成为国民经济发展中越来越重要的行业。

但是,由于行业经营主体复杂,不同经营主体财务核算水平参差不齐,运营超载、混业经营等不规范经营较为普遍,特别是"营改增"后,经营者不同程度存在隐瞒、少计营业收入、虚增进项、虚列成本费用及对外虚开货运增值税发票的涉税风险隐患,造成整个行业税收流失风险较高,征管难点较大。

(二)行业经营方式与经营流程

公路货运行业的经营方式主要有自运、联运、分包三种方式。自运是指使用自有运输车辆或其他交通工具完成的货物运输业务,包括挂靠经营,利润率较高;联运是指两个以上物流企业共同完成货物从发送地点至到达地点的运输业务,利润率较低,在4%左右;分包是指将承接的运输业务部分或全部交由另一物流企业负责具体的物流运输业务,承接企业只收取其间的差价,利润率比较低。

其业务流程如图 8-1 所示。

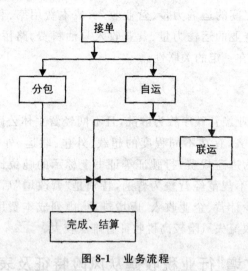

图 8-1　业务流程

（三）行业经营与税收征管特点

1. 经营主体多元化

按国家现行的货运市场准入政策,除根据《道路危险货物运输管理规定》,对道路危险品运输的登记开业条件需自有专用车 5 辆以上的限制性规定外,其他公路货运企业开办基本没有车辆数量的限制要求。经营主体既有国有企业、股份制企业、外资企业,也有私营企业、个体户,整个行业呈现经营主体多,经营规模小,经营秩序较为散乱的特点。

2. 经营模式多样化

经营形式有自运(联运)、外包不同经营模式。自运是指使用自有运输车辆或挂靠、租赁的交通工具完成的物流运输业务,利润率较高,为 15%～20%;联运是指两个以上物流企业共同完成货物从供应地到接收地的运输业务,一般利润率为 5%～10%;外包是指将承接的运输业务部分或全部交由另一物流企业负责具体运输,承接企业只收取其间的差价,利润比较低;运输形式上,有散货运输、集装箱运输、罐装运输、冷藏运输等;组织形式上,有定线运输、联网联运等;运价的形成,受不同线路、不同货物、不同主体等经营因素影响千差万别。

3. 经营业务关联性较强

虽然油料费、路桥费、司机薪酬等主要成本费用较为零碎、繁杂,无法直接核实其真实性,但市场竞争的结果,使得运价收费等趋向行业的平均水平,不同企业之间的运输力量、营业收入、成本费用率、利润率也趋于相近的平均水平,企业的运输力量、营业收入与油料费、路桥费、司机薪酬等主要费用之间存在一定的关联性。

4. 税收风险高,征管难度大

由于整个行业经营秩序较为散乱,且不同经营主体公路物流企业财务核算水平参差不齐,存在不同程度的超载、外包、联运、外挂(车辆异地上牌)、高吨低标(为逃避规费,行驶证等证书上标示的吨位比实际载重吨位小)、混业经营等不规范经营较为普遍,特别是"营改增"后,经营者有意无意间存在隐瞒、少计营、企业收入、虚增进项、虚列成本费用的涉税风险隐患,造成行业税收流失风险较高税收征管难点较大。

二、"营改增"行业税收遵从风险特征及表现

通过对公路货运业税收风险特征进行大数据调查,结合"营改增"政策变化,我国公路货运业税收风险具有以下几个方面的特征规律。

(一)混淆计税依据、人为调节税负风险较高

(1)公路物流业混合经营现象普遍,企业利用"营改增"后的税率差异混淆计税依据,人为降低税负进而导致税收流失。"营改增"后,根据税法规定,货运业增值税税率为11%,而仓储、货运代理等物流辅助业增值税税率为6%。部分公路货运企业在提供货物运输业务的同时兼营货运代理、仓储、装卸、配送等物流辅助业务,一部分企业利用混合经营之便,混淆计税依据,高率低报,将税率高的公路货运应税服务申报为税率低的物流辅助应税服务,人为降低税负,税收遵从风险较高。

(2)"增税返还"诱发人为调节、虚增税负的风险。为顺利推进改革,减轻纳税人负担,纳税人因"营改增"试点增加的税负,财政将予以返还。但同时也带来部分纳税人人为调节税负、制造虚假超税负的涉税风险隐患。如利用增值税专用发票自开具之日起180天内认证抵扣的政策,人为推迟进项税额抵扣时间,造成某一时段税负率增加,从而获得不合理的财政返还,引发税收遵从风险。

(二)虚开、虚抵货运增值税专用发票的涉税风险较高

(1)由于公路物流业"挂靠"经营现象普遍,使得虚开、虚抵增值税专用

发票风险较高。在实际运输业务中,大量小规模、个体运输户以"挂靠"具有货运发票开具资格的运输企业的方式经营,以取得相应的营运资格并开具增值税发票。依据《税务机关代开增值税专用发票管理办法(试行)》规定,申请代开专用发票,只需提交《代开增值税专用发票缴纳税款申报单》和税务登记证副本,税务机关只需审核申请人是否为本税务机关管辖的增值税纳税人和税额计算是否正确两项内容,无须对业务交易的真实性进行审核。在很多情况下,公路运输企业"挂靠"关系相对松散,被挂靠企业受利益驱动,在收取一定比率的管理费后,并不严格审核和有效监管代开发票运输业务的真实性,进而导致代开发票虚开、虚抵现象较为普遍,造成整个行业运营管理和发票管理秩序较为混乱,税收流失风险较高。

(2)实施"营改增"后,虚开、虚抵增值税专用发票风险更加严重。"营改增"后,来自运费的进项税额增加了近 4 个百分点,部分一般纳税人为了少缴税款,取得货物运输业增值税专用发票的需求更为强烈,这就促使货物运输企业对外虚开增值税发票的现象更为严重;而燃油消费群体,如私家车主和小规模公路物流企业能够为一般纳税人提供换取燃油增值税专用发票的加油水单,使一般纳税人运输企业取得油耗虚开增值税专用发票成为可能,进而又促进形成公路物流业一般纳税人对外虚开增值税专用发票的涉税风险隐患,造成恶性循环。

(三)现金交易、账外经营导致收入、成本费用"两虚假"诱发的税收流失风险

1. 难以核实的现金交易诱发税收流失风险

在公路物流企业运营中,油料费、路桥费及司机的差旅费等运营费用,很多是采取现金形式结算;这类费用的原始凭证金额小、份数多,通常又无明确的资金流向证明,真伪难以辨识,虚假交易、虚列费用风险较高。

2. 账外经营导致的税收流失风险

公路物流业的车辆信息波动较大,挂靠、配车经营现象较为普遍,每辆车的货物运营服务收入与营运成本费用之间难以有效关联配比和监管,导致部分货运企业账外经营现象较为严重,收入、成本费用长期账外循环,进而逃避纳税义务。

3. 收入、成本费用"两虚假"诱发的税收流失风险

表面上,挂靠经营企业挂靠的车辆都是货运企业的"自有车辆",挂靠

车辆的收入、成本、费用似乎也都纳入货运企业的财务核算体系中。但在实际财务核算中,大部分挂靠经营企业只收管理费,当挂靠人发生不开票业务的现金交易时,收入、成本、费用都由挂靠人自主核算,相应的现金营运收入并未纳入被挂靠人的财务核算而申报纳税,造成计税收入不足;同时,被挂靠企业为了平衡收支,通常通过虚列油料费、路桥费、驾驶员工资费用等方式虚增成本费用,造成收入、成本费用"两虚假",人为地降低企业实际利润,甚至账面亏损,进而少缴税款或逃避纳税义务。

三、行业税收遵从风险分析监控模型构建方法

利用现代信息技术,建立公路货运业税收遵从风险识别与等级排序模型,开发公路货运业税收遵从风险识别与等级排序信息化系统,开展行业的税收遵从风险分析识别与风险等级排序,推送至相应的风险应对部门进行税收遵从风险的应对处理、控制和排查。

(一)税收遵从风险分析识别方法

通过两种方法分析识别行业税收遵从风险。

1. 关键风险指标模型法开展风险分析识别

(1)对大数据调查的行业税收遵从风险特征进行指标量化,构建关键税收风险指标模型:

$$企业实际总体税负率 = \frac{风险期增值税 + 风险期企业所得税}{风险期营业收入} \times 100\%$$

$$增值税税负率 = \frac{风险期应纳增值税额}{风险期销售收入} \times 100\%$$

$$企业所得税税负率 = \frac{风险期应纳所得税额}{风险期利润总额} \times 100\%$$

$$税收弹性系数 = \frac{风险期应纳税额变动率}{风险期销售收入变动率}$$

$$进项税额与销项税额弹性系数 = \frac{风险期进项税额变动率}{风险期销项税额变动率}$$

$$销售收入变动率 = \frac{风险期销售收入 - 基期销售收入}{基期销售收入} \times 100\%$$

$$销售利润率 = \frac{风险期利润总额}{风险期销售收入} \times 100\%$$

$$销售成本率 = \frac{风险期销售成本}{风险期销售收入} \times 100\%$$

$$油耗成本率 = \frac{风险期油耗金额}{风险期主营业务收入} \times 100\%$$

$$工资费用率 = \frac{风险期工资费用}{风险期主营业务收入} \times 100\%$$

(2)计算行业税收遵从风险关键指标的预警参数。运用数理统计学的的基本计算方法,抽选行业税收遵从度较高、财务核算较为规范的企业,计算行业各税收遵从风险关键指标的行业平均值、标准差、离散系数,进一步测算和确定行业税收遵从风险指标的预警参数,开展税收遵从风险分析识别。

计算步骤如下。

第一,计算平均值。平均值即行业税收遵从风险指标平均水平,以增值税平均税负为例,计算公式为:

$$行业增值税平均税负 = \frac{\sum 风险期应纳增值税额}{\sum 风险期销售收入} \times 100\%$$

第二,计算标准差。标准差体现合理行业指标的最高值与最低值。

$$计算公式为: s = \sqrt{\frac{\sum(x_i - \overline{x})^2}{(n-1)}}$$

第三,计算离散系数。是标准差与平均值的比值。离散系数较大,说明行业税收遵从风险指标变异较大,税收遵从风险较高。

计算公式为:离散系数 δ＝标准差÷平均税负

第四,计算和确定预警参数:

一是当离散系数≤0.6时,预警值下限＝平均值－标准差,预警值上限＝平均值＋标准差。

二是当离散系数＞0.6时,预警值下限＝平均值－0.6s,预警值上限＝平均值＋0.6s。

(3)预警参数的设置与优化

第一,通过采集大样本数据测算关键指标的预警值。第二,根据风险应对的典型案例、税收遵从较高的标杆企业的数据,对预警参数进行有效性、可靠性检验,经检验、修正优化后推广应用于对总体纳税人进行风险分析识别。第三,在通常情况下,产出类指标,如收益率、毛利率等指标属于正指标,与税收遵从评价方向相同,数值越高,说明纳税人税收遵从越好,税收风险预警值是下限值,正指标低于预警下限则归于异常,存在税收流失风险的较高。而投入类指标,如成本费用率、单位产品能耗指标等指标属于反指标,与税收遵从评价方向相反,数值越低,说明纳税人税收遵从越好,税收风险预警值是上限值,反指标高于预警上限则归于异常,存在税收流失风险较高。适度指标的数值适中合理为好,过高或过低都会归入异常。第四,个别指标需根据具体问题确定分析比对的预警参数标准。如油耗成本率指标,理论上属于反指标,但在实际风险管理时视同适度指标进行分析识别,过高、过低都显示异常,税收流失风险较高。

(4)计算纳税人主要关键指标实际指标值,与预警参数对比,开展税收风险分析识别。

(5)税收遵从风险分析识别

由于各地的实际征管质量和税收遵从度不同,预警参考的阈值范围亦有所不同;随着税收遵从度和征管质量的提高,预警值的参数范围应不断进行修正、维护和调整。

$$企业实际总体税负率=\frac{风险期增值税+风险期企业所得税}{风险期利润总额}\times100\%$$

风险分析识别:指标值低于预警下限值,存在少计收入、虚增进项、虚列成本费用,或混淆计税依据,将税率高的应税服务申报为税率低的应税服务等涉税风险。

$$增值税税负率=\frac{风险期应纳增值税额}{风险期销售收入}\times100\%$$

风险分析识别:若指标值低于 2.69% 的预警下限值,存在混淆计税依据,高率低报,或存在少计收入、虚增进项等涉税风险。

$$企业所得税税负率=\frac{风险期应纳所得税额}{风险期利润总额}\times100\%$$

风险分析识别:若指标值低于预警下限值,存在少计营业收入,虚列成本费用及税前扣除的涉税风险。

$$税收弹性系数=\frac{风险期应纳税额变动率}{风险期销售收入变动率}$$

风险分析识别:指标值处于 0.8～1.2 的弹性系数是相对合理的,偏离合理区间的幅度越大,税收风险越高。

$$进项税额与销项税额弹性系数=\frac{风险期进项税额变动率}{风险期销项税额变动率}$$

风险分析识别:指标值处于 0.8～1.2 是相对合理的,偏离合理区间的幅度越大,税收风险越高。大于 1.2,可能存在虚增进项、少计收入或接受虚开发票的涉税风险;小于 0.8,则可能存在对外虚开发票的涉税风险。

$$销售收入变动率=\frac{风险期销售收入-基期销售收入}{基期销售收入}\times100\%$$

风险分析识别:指标值在 10%～30% 内变动是相对合理的,偏离合理区间的幅度越大,反映销售收入曾异常波动状态,税收风险越高。

$$销售利润率=\frac{风险期利润总额}{风险期销售收入}\times100\%$$

风险分析识别:若指标值低于预警下限值,存在少计营业收入、虚列成本费用支出的涉税风险隐患。

$$销售成本率=\frac{风险期销售成本}{风险期销售收入}\times100\%$$

风险分析识别:若指标值高于预警上限值,存在少计营业收入、虚列成本的涉税风险隐患。

$$油耗成本率=\frac{风险期油耗金额}{风险期主营业务收入}\times100\%$$

风险分析识别:指标值处于30％~40％是相对合理的,超过40％,可能存在接受虚开增值税发票的涉税风险;低于30％,则可能存在对外虚开、违规代开增值税发票的涉税风险。偏离合理区间的幅度越大,税收风险越高。

$$工资费用率=\frac{风险期工资费用}{风险期主营业务收入}\times100\%$$

风险分析识别:若指标值高于预警上限值,可能存在少计营业收入、虚列工资费用,应重点关注,核实是否存在通过挂靠经营少计收入、虚列驾驶员工资费用等涉税风险现象。

2. 投入产出估算法模型开展风险分析识别

(1)"油耗法"合理营运收入估算模型

计算公式为:

营运收入测算值=∑(汽车行程公里×吨公里平均运费×平均载重量)

式中,汽车行程公里=∑(四类车型货物运输耗油量÷每百公里耗油量)

$$耗油量=账列耗油金额÷平均油价$$

$$平均载质量=∑(四类车核定总载质量÷数量)$$

式中的平均油价参考一定时期的市场平均价格;吨公里平均运费参数、百公里耗油量参数通过货运市场采集确定。

(2)"运营能力法"合理营运收入估算模型

计算公式为:

测算营运收入=∑四种车型(总载质量×每吨每天营运收入×营运天数)

(3)计算营运收入的偏离率

计算公式为:

$$偏离率=\frac{偏离值}{测算营业收入}\times100\%$$

$$偏离值＝营业收入实际值－测算营业收入$$

(4)税收风险分析识别。第一,当偏离率小于10％时,企业申报的计税收入基本处在正常范围;当偏离系数介于10％～25％,存在一般性涉税风险问题,税收遵从风险等级通常确定为二级;偏离率介于25％～50％,税收遵从风险等级通常确定为三级;当偏离率介于50％～75％,税收遵从风险等级通常确定为四级;偏离率超过75％,税收遵从风险等级通常为五级。第二,当纳税人申报计税收入低于测算值,企业可能存在隐瞒计税收入的涉税风险隐患,重点关注挂靠经营计税收入是否如实合理申报;当纳税人申报计税收入高于测算值,企业则可能存在对外虚开增值税专用发票等涉税风险隐患。偏离幅度越大,税收遵从风险越高。

(二)行业税收遵从风险评价与风险等级排序方法

1. 对极端值的考量和分析

公路货运行业税收遵从风险较高,对税收遵从风险指标数据异常变化的企业经个案初步分析,剔除极端事件影响,可直接判定为高风险等级五级。异常变化的风险指标主要包括:一是风险期销售收入爆发式异常变动企业;二是风险期销售收入为零的企业;三是长亏不倒企业;四是所得税贡献率为零的企业。

2. 确定风险权重及赋予风险分值

税收遵从风险指标风险权重与风险分值如表 8-1 所示。

表 8-1　税收遵从风险指标风险权重与风险分值

指标项目	风险权重及分值(分)
关键指标	60(十项指标间合理确定权重)
油耗营运收入估算	20
营运能力运用收入估算	20
总风险分值	100

3. 根据纳税人风险指标的实际偏离情况确定得分

运用关键指标模型和投入产出营运收入估算模型开展风险识别,当纳税人的实际关键指标值偏离预警值,企业的实际收入偏离投入产出法测算的营运收入,企业存在税收流失风险隐患,偏离幅度越大,风险得分越高,总评分越高,税收风险等级越高。

4.确定税收遵从风险等级并排序

将企业按总风险分值由高到低的顺序进行税收风险等级排序。若按五等级划分,差值 20 分为一个等级,风险总评分越高的企业,税收风险等级越高。当风险总评分在 0～20 区间,处于无风险状态;21～40 区间为低风险 2 级,发布蓝色预警信号;41～60 区间为中风险 3 级,发布黄色预警信号;61～80 区间为较高风险 4 级,发布橙色预警信号;81～100 区间为高风险 5 级,发布红色预警信号。税收遵从风险分值划分与风险等级排序如表 8-2 所示。

表 8-2　税收遵从风险分值划分与风险等级排序

企业总风险分值(分)	风险等级
81～100	5 级
61～80	4 级
41～60	3 级
21～40	2 级
10～20	1 级

四、大数据视角下我国公路物流业税收风险防控策略

(一)运用"三证合一"等第三方互联互通大数据,加强事前的税收风险管控,有效规避和防范事后的纳税评估和税务稽查

(1)定期将"三证合一"统一社会信用代码下的法人身份信息与公安部门身份信息比对、核准、确认,对信息异常户实施税务约谈,加强业务合同备案管理,及时掌控公路货运物流企业物流业务的真实性,在发票领购、代开等方面加强风险管控,有效防范发票虚开、虚抵等涉税风险行为;同时将异常的法人身份信息计入法人个人信用不良记录,进而促使企业合规登记经营,自我遵从税法。

(2)定期将运输车辆备案管理信息与系统内车购税信息、公安机关交通管理部门的运输车辆牌照信息综合比对,及时掌控企业运输车辆增减变动,经营规模、经营收入动态变化,对比对信息异常户及时开展风险提示、

提醒,并在发票的领购、代开等方面加强风险管控,促进企业根据车辆的增减等经营规模变化如实申报纳税。

(3)实施预申报管理,在实施风险识别评估前,将企业申报数据与风险识别模型数据、交通运输管理部门的公路运输企业 GPS 定位数据、第三方机构搭建的物流信息平台等涉税数据及时综合比对,对比对申报信息异常户,及时开展风险提示、提醒,防患于未然,促进企业及时主动修正申报,从而避免企业被评估和稽查,有效规避和防范税收遵从风险。

(二)运用公路物流大数据,开发建立"税收风险识别"管理系统,加强事中风险识别、评价模型的运用,提高税收风险分析监控的科学性和准确性

(1)运用公路物流大数据,结合金税三期工程的推广运行,将税收风险分析识别与评价模型开发建立公路物流业税收风险特征库技术,采用科学的仿生构建、决策树构建等方法完善风险指标模型,进一步从税收经济、税收政策、管理效能等多角度分析研究公路物流业税收风险发生的原因和特征规律,结合宏观经济形势、行业经营规律、税收政策及税收风险易发环节,科学检验和优化税收风险指标的预警参数标准、风险权重模型等,提高税收风险分析识别与评价模型的科学性、适用性和权威性。

(2)结合金税三期工程的推广运行,研究开发公路物流业涉税大数据挖掘技术,采用科学的分析识别算法,按照从宏观到行业再到纳税人的层级体系自上而下开展税收风险分析识别,发现和识别税收风险源、风险易发环节及关键的税收风险点,推送至基层管理部门开展风险应对控制;基层管理部门自下而上逐级开展公路物流业的税收风险应对、控制和排查,由此建立公路物流业税收风险分析监控的运行体系。

(3)将公路物流业税收风险分析监测模型的大数据技术运用到税务登记、认定管理、发票及申报征收管理、统一社会信用管理等公路物流业税收风险管理全过程,建立全面的税收风险分析监控管理系统。

(4)选调税收经济、数理统计、信息技术及相关税收政策领域的较高级人才组成公路物流业税收风险分析专业化团队,开发研究、不断优化行业的税收风险分析监控模型,提高风险分析监控的专业化水平;结合"三证合一"涉税数据互联互通有利契机,综合建立多种比对标准,科学运用多种风险识别、评价技术,反复训练、校验和优化,总结特点规律后形成具有普遍指导性意义的风险分析监控模型在全国范围内推广应用,提高公路物流业税收风险分析监控的科学性和准确性。

（三）运用公路物流大数据，建立"税收风险应对"管理系统，加强事后的风险应对控制和排查，实施差别化、递进式税收风险应对控制策略

借鉴国际经验，结合金税三期工程推广运用，开发建立"互联网＋风险应对"的管理系统，包括以下五个子系统。

（1）通过税收风险分析识别，无风险的纳税户界定为自愿遵从型，税收遵从风险最低，纳税信用度最高，推送至纳税服务部门，应对策略为开展重点的优化纳税服务，在发票供应、涉税事项办理等方面提供更加方便、快捷、个性化的优质服务，授予较高纳税信用等级、公开表彰等方式给予遵从激励，与社会征信系统有效对接，给予更高的社会激励，由此建立专业化的优化纳税服务系统，激励其更好遵从。

（2）通过税收风险分析识别，低风险纳税户则实行风险提示、提醒，开展针对性的纳税辅导，税收法规政策宣讲等防范性措施，使纳税人清晰了解其纳税义务和税收政策，给纳税人充分的自我遵从机会，主动消除潜在税收遵从风险，由此建立对低风险户的政策宣讲、集体辅导、风险提醒的督导式服务系统，帮助其更好遵从。

（3）通过税收风险分析识别，中等风险等级的纳税户界定为尝试遵从型，纳税信用度一般，推送至税源管理部门，启动纳税风险评估策略开展风险应对，通过实施案头风险点审核分析、税务约谈等方式推动纳税人自查自纠、自我修正申报，由此建立针对性的柔性执法管理系统，促进其遵从。

（4）通过税收风险分析识别，较高风险等级的纳税户界定为不想遵从型，纳税信用程度较低，推送至税源管理部门，启动重点纳税风险评估策略开展风险应对，开展深度案头风险点审核分析，通过税务约谈核实、实地调查核实、核定、税务审计调查等较为严厉的执法方式实施风险应对、控制和排查，由此建立对较高风险户的税源监控管理系统，监督其遵从。

（5）通过税收风险分析识别，高税收风险等级的纳税户则界定为恶意不遵从型，纳税信用度最低，推送至税务稽查部门，启动税务稽查程序开展风险应对，开展全面税务检查、税务稽查以及移送司法部门等更为严厉的执法方式实施风险应对控制，实施违法处理处罚，开展刑事侦查，加大对涉税犯罪行为的惩处力度，充分运用法律手段进行打击震慑。由此建立对涉嫌逃避缴纳税款、隐瞒欺诈的高风险户集中打击震慑的税务稽查管理系统，强制其遵从。

通过上述五大税收风险应对管理系统，即随着风险等级的提高，纳税信用的降低，税收遵从风险的加大，风险应对控制策略由优化服务到督导

性服务,由柔性管理到监控管理最后到严厉的刚性执法,执法的刚性和力度逐级加大,有效建立差别化、递进式的税收风险分类应对控制体系,促进服务、管理、执法的有机结合,把有限的优质管理资源优先配置到行业高风险纳税户的风险应对,通过典型应对案例反馈,不断总结经验优化风险应对各个系统的流程和方法,提高风险应对的针对性、有效性,有效降低征纳成本,提高征管质效,实现纳税遵从度和纳税人满意度共同提高,税收风险得到有效防范和控制的税收风险管理目标。

(四)运用公路物流大数据,建立公路物流业纳税信用管理系统,建立社会范围内的纳税信息交换共享机制,强化行业的社会化综合税收治理

(1)结合金税三期工程推广应用,运用"三证合一"后的统一社会信用代码开发建设"互联网+纳税信用"数据管理系统,实施黑名单制管理,建立公路物流业风险信用管理体系,有效融入社会信用管理体系,定期将登记、申报纳税、发票违法违章等不良信用信息数据计入"统一社会信用代码"下的企业信用记录,定期导入社会征信系统,纳入全社会信用管理体系,加强社会化综合税收治理,使自觉遵从税法、纳税信用较高的纳税人在政府采购、税收优惠、融资贷款、商业交易等方面得到更好、更及时的政府扶植和支持,在社会范围内得到有效的税收遵从激励;而纳税信用较低的黑名单企业则在相应方面受到全社会征信体系的联合惩戒,真正实现在纳税方面"一次失信,处处受限",加大纳税失信的有形和无形成本。

(2)利用发票违法违章数据库信息开展专项风险排查。对发票违法违章累计不良记录较高者集中开展针对性的专项检查,与税收风险识别模型有机结合运用,实时综合比对,重点对企业油耗成本过高、利润率较低、代开发票、挂靠经营等涉税风险点进行深度分析识别,开展针对性的税务检查、违法犯罪调查等,加大对行业发票违法违章的打击震慑力度,有效规范"营改增"后公路物流业的税收管理秩序,降低税收流失风险,不断提升行业的整体税法遵从度。

第三节　餐饮行业税务风险管理

一、行业概述

近年来,我国的餐饮业迅速发展,据有关方面的统计,餐饮业的增长率

要比其他行业高出十个百分点以上,可以说我国正迎来一个餐饮业繁荣发展的新时期,市场潜力巨大,前景非常广阔。但与其他行业相比,在税收管理方面餐饮企业具有现金交易量大,从业人员流动性强等特点,增加了餐饮业税收管理的难度。自实行有奖定额发票以来,餐饮业税收虽然有较大幅度增长,但餐饮业营业收入不实、成本费用混乱的问题依然存在,税收管理中很多问题并没有根本解决,餐饮企业逃避缴纳税收,隐瞒收入、成本不实等现象十分普遍,如某市国税局对所辖的 2000 余家查账征收餐饮企业进行测算,近三年的所得税贡献率平均为 0.61%,推算平均销售利润率仅为 2.45%,如剔除纳税调整因素影响,销售利润率更低,与该行业的实际经营和发展状况对比严重偏离和失真,餐饮业税收流失风险较大已是不争的事实。

（一）行业定义与分类

餐饮业是指在一定场所,对食物进行现场烹饪、调制并出售给顾客,主要供现场消费的服务活动。包括正餐服务、快餐服务、饮料及冷饮服务、其他餐饮业。

1. 正餐服务

指在一定场所内提供以中餐、晚餐为主的各种中西式炒菜和主食,并由服务员送餐上桌的餐饮活动。包括宾馆、饭店、酒店内独立(或相对独立)的酒楼、餐厅;各种以正餐为主的酒楼、饭店、饭馆及其他用餐场所;各种以涮、烤为主的餐饮服务;车站、机场、码头内设的独立的餐饮服务;火车、轮船上独立的餐饮服务。

2. 快餐服务

指在一定场所内提供快捷、便利的就餐服务。包括:各种中式快餐服务,西式快餐服务。

3. 饮料及冷饮服务

指在一定场所内提供饮料和冷饮为主的服务。包括以下四类:一是茶馆服务,包括各类茶馆服务。二是咖啡馆服务,包括各类咖啡馆服务。不包括以就餐为主的咖啡馆,列入正餐服务。三是酒吧服务,包括各类酒吧服务。不包括演艺吧(以演艺、歌舞及蹦迪、交谊舞等为主,辅有饮料、食品的场所)。四是其他饮料及冷饮服务,包括冰激凌店、冷饮店;其他饮料服务,不包括可乐、矿泉水等饮料的柜台销售及流动销售。

4. 其他餐饮业

主要包括一是小吃服务,指提供全天就餐的简单餐饮服务,包括路边小饭馆、农家饭馆、流动餐饮和单一小吃等餐饮服务。具体包括清真小吃、茶点式小吃、饺子店、包子店、面条店、米粉店、粥店、汤圆店、烧烤串、以就餐为主的饼屋和糕点店、其他特色风味及小吃服务,不包括以出售蛋糕、面包为主的乳品店、面包房。二是餐饮配送服务,包括民航、铁路、学校、机构餐饮配送服务和其他餐饮配送服务,不包括为连锁快餐店送货的服务。三是其他未列明餐饮业,包括餐饮外卖服务、机构餐饮服务(为某一单位提供餐饮服务)、其他未列明餐饮服务,不包括为连锁快餐店送货的服务。

(二)行业经营及税收管理特点

餐饮业受季节、气候、交通、社会文化,民俗习惯等条件影响较大,而且生产销售的产品属于即时消费品。其行业主要经营及税收管理特点是:

1. 生产周期短,原材料采购管理难度较大

餐饮企业生产的产品多属于订单即时消费生产,一道菜从接受订单,加工原料至产成品,最后销售给客户,通常只需要几分钟至几十分钟的时间。为了保证生产的顺利进行,餐饮企业一般确保有充足并且新鲜的原材料,因此,餐饮企业往往采取小额采购和频繁采购相结合的方式购买原材料。另外,企业采购原材料的渠道往往并不固定,有些餐饮企业直接从菜贸市场采购,这些因素加大了原材料及相应票证管理的难度。

2. 收入波动大,现金收入占比高

餐饮企业销售场所一般较为固定,销售量和销售收入除了受销售场所的地理位置和空间大小影响外,还容易受消费者偏好的影响,而消费者偏好又取决于就餐时间、季节及气候变化等因素影响,因此,餐饮企业的销售量或销售收入往往呈现一定的波动性。在销售收入的构成方面,现金收入占较大比重,有些中小餐饮企业,主要靠现金结算销售收入。

3. 人力成本高,人员流动性大

餐饮业属于劳动密集型产业,从购买原材料、接受订单、生产产品、服务上桌,直到服务结束,都是由人力借助手工操作服务完成。因此,人力成本是餐饮企业成本费用的重要组成部分。另外,由于餐饮企业准入门槛较低,对服务人员的专业素质要求不高,除个别的人员,如高级管理人员、厨

师需要较高的技术和管理水平外,对其他服务人员的依赖性不高,因此,人员具有较强的流动性。工作费用监控管理难度较大。

(三)财务核算特点

1. 采购环节

采购是餐饮企业业务发生的基础和前提,采购对象是即将适用且又符合餐饮企业订立的标准的材料和物资,一般分为原材料、库存商品、固定资产、低值易耗品等。采购的流程一般为申请—审批—采购—验收—保管。

财务核算:如原材料、库存商品、固定资产和低值易耗品已验收入库,发票已到账,会计分录为:借:原材料、库存商品、固定资产等;贷:应付账款、银行存款等。如原材料、库存商品、固定资产和低值易耗品未验收入库,发票已到账,会计分录为:借:在途物资;贷:应付账款、库存现金、银行存款等。如原材料、库存商品、固定资产和低值易耗品验收入库(采用实际成本计价),会计分录为:借:原材料、库存商品、固定资产、低值易耗品;贷:在途物资。

2. 成本核算环节

前台客户点菜后,点菜单传到厨房进行菜品烹饪制作,工作流程为客人点菜—厨师接单—库房发货—厨师制作—上菜。从成品构成和分类来看,餐饮产品成本具有以下特点:一是变动成本比重大。餐饮企业的成本费用中,除饮料、烟酒等商品成本外,还有物料消耗等变动成本,这些变动成本随着销售熟料的增加而增加。二是可控制成本比重大。除营业成本中的折旧、大修理费、维修费等不可控制的费用外,其他大部分费用成本以及餐饮产品原材料成本,都是餐饮管理人员能够控制的费用。这些成本发生额的多少直接与管理人员对成本控制的好坏相关,而且这些成本费用占营业收入的比重很大。三是成本泄露点多。成本泄露点是指餐饮企业经营活动过程中可能造成成本流失的环节。餐饮产品成本的大小受经营管理的影响很大,从菜单计划到餐饮服务的各个环节都存在成本泄露的风险。财务核算包括会计人员应当根据当天的材料领用单,各种燃料、生鲜、油米等汇总编制。会计分录为:借:主营业务成本;贷:原材料等。每月末对厨房及食堂进行实物盘点,根据实物数按成本价进行核算,调整主营业务成本。

3. 销售环节

餐饮企业餐饮产品销售主要是销售食品、饮料、烟酒等。因此,财务核算上对销售收入按食品、材料、其他杂项进行分类管理,每日会计人员根据审核、分类、汇总后的缴款凭证及账单进行账务处理。

一是收款结算。如客人以现金结账,会计分录为:借:库存现金;贷:主营业务收入。如客人以银行卡结账,会计分录为:借:银行存款;贷:主营业务收入。如协议单位采用签字挂账方式结账,会计分录为:借:应收账款;贷:主营业务收入。

二是打折促销。采用直接打折方式的,类似商业折扣,按折扣后的收入确认收入。采用促销赠券方式的,赠券时尚未形成现实的义务,暂不需要作会计处理。实际收回赠券(消费者持券消费)并按扣除后金额结算时,可视为商业折扣,应该按照扣除商业折扣后的金额确定收入。

二、行业税收遵从风险表现及税收风险点

(一)计税收入不真实

从餐饮企业销售特点看,许多餐饮企业收支靠现金结算,坐支现金不计收入的情况较多,税务机关查实难度较大。目前,餐饮企业经营状况日趋复杂,有些企业的经营方式向集团化、连锁化发展,有些企业涉及餐饮管理、外卖、销售烟酒等业务,有些企业涉及住宿、娱乐等业务,给某些餐饮企业隐匿收入提供了便利,外卖收入不入账、加盟费不入账或者长期计入往来账等现象比较严重。

具体表现:一是签单、购卡、预付押金消费不及时确认收入。餐饮企业大多存在签单、购卡、预付押金消费等结算方式。部分企业对签单消费不按规定进行账务处理,消费时不及时确认收入,实际收到账款时才确认收入;对持卡消费按照消费者先期付费购卡金额开具发票,已开具的发票不计入当期收入,而是以持卡者的实际消费金额计入当期收入;对客人支付的押金在结算后仍挂在往来账户,不按规定进行账务处理。主要表现为:本企业法人或高级管理人员在本企业请客用餐,不确认收入;当月挂账消费产生的应收账款,未及时确认营业收入;将旅行社等团餐收入长期挂往来账款,未及时确认营业收入。

二是收支互抵少计营业收入。餐饮企业往往采取以餐饮消费抵顶承包费、租赁费、装修款、应付原料款、用餐辅件的购置款、广告款等方式,与应付款单位在结算应付账款时只就抵顶后的"差额"部分结算入账,少计营业收入。主要表现为:部分房屋承租单位将房屋租金支出冲销营业收入;原材料、商品采购成本与营业收入相互冲抵。

三是混淆堂食和外卖收入少缴税款。知名餐饮企业的招牌菜一般会批量塑封生产并在门店、商场、超市销售或在端午节、中秋节、元宵节等节日期间外卖粽子、月饼、元宵等自制食品。这部分收入按规定应与堂食收入分别核算，按增值税适用税率或征收率缴纳增值税。

（二）成本费用核算不明

由于餐饮企业原材料多数采用小额采购和频繁采购相结合的方法，部分餐饮企业成本核算比较混乱，白条入账、票证不全、收入成本冲抵等现象比较普遍。由于从业人员流动性较大，普通服务员与厨师和高级管理人员的工资差别较大，有些餐饮企业工资核算混乱，虚列人员工资或者不能依法扣缴个人所得税。

（1）采取倒挤成本法结转成本，成本核算不真实。企业以收到采购发票或凭证结转成本，而不是按照实际消耗原材料结转成本。造成企业实际成本小于账载成本，实际成本小于年度企业所得税申报主营业务成本。

（2）内部员工自用货物核算不真实，虚列当期成本。

（3）餐饮企业列支的主要费用为租金和装修费用，其可能存在摊销金额和年限问题，虚列当期费用，减少应纳税所得额。主要表现为：部分企业对租入固定资产的装修费未按规定在租赁期限或受益期限内平均摊销，而是一次进入当期的损益；对自有固定资产进行装修，装修费用超过房屋原值的50％，使用年限延长2年以上的未按规定分期摊销，而是一次进入当期的损益；对支付的房租未按规定在租赁期限内平均摊销，而是一次进入当期的损益。

（4）将银行借款转贷其关联企业，发生的利息支出不得作为企业的生产经营费用扣除。

（5）列支与取得收入无关的租赁费。将营业场所转租关联企业，未收取租金且租赁合同价格明显偏低，营业费用列支的租赁费按全部承租面积计算扣除，未按租赁费应按实际面积扣除。

（6）员工自用房屋部分的房租计入营业费用，未计入福利费。

（7）部分固定资产的折旧年限不合规定。

（三）发票使用不规范

餐饮企业，尤其是中小餐饮企业，普遍存在能不开发票就不开的情形，有些企业使用收据代替发票，有些企业通过送礼品方式引导消费者不索要发票，有些企业以发票已经开完等理由拒绝开具发票，有些企业甚至低价购买或调剂使用其他单位的发票或假发票。一是取得虚假发票。取得供货方开具的发票,发票开具单位与购票单位不一致。二是取得发票所列货物名称与企业原材料入库单上的货物名称不一致。三是应取得而未取得发票,以单据或白条代替发票入账。如部分摊销费用未取得合法凭证,房屋承租单位在列支房屋租金支出时未取得合法凭证等。

三、行业税收风险分析识别与风险等级排序方法

这里以中式正餐为例,主要以餐饮行业所得税税收风险分析识别和风险评价为主,介绍模型的构建与应用方法。

(一)构建行业关键税收风险指标体系

1. 企业所得税主营业务收入税收贡献率

所得税税收贡献率是所得税应纳税额与主营业务收入的比率,它比较直观地体现了行业、企业通过主营业务收入间接实现所得税税收的贡献水平。

(1)计算公式

$$企业所得税主营业务收入税收贡献率 = \frac{风险期应纳所得税额}{风险期主营营业收入} \times 100\%$$

(2)数据来源

评估期应纳所得税额取自所得税年度纳税申报表主表第 33 栏次"实际应纳所得税额";评估期营业收入取自所得税年度纳税申报表附表一(1)第 3 栏次"主营业务收入"。

2. 销售毛利率

销售毛利率是主营业务利润与主营业务收入的比率,用于评价企业通过销售获取利润的能力。

(1)计算公式

$$销售毛利率 = \frac{风险期主营业务收入 - 风险期主营业务成本}{风险期主营业务收入} \times 100\%$$

(2)数据来源

评估期主营业务收入取自所得税年度纳税申报表附表一(1)第 3 栏次"主营业务收入";评估期主营业务成本取自所得税年度纳税申报表附表二(1)第 2 栏次"主营业务成本"。

3. 主营业务收入费用率

主营业务收入费用率是三项期间费用与主营业务收入的比率,它比较

直观地体现了行业、企业为实现主营业务收入而发生的费用水平。

(1)计算公式

$$营业收入费用率=\frac{风险期销售费用+风险期管理费用+风险期财务费用}{风险期主营业务收入}\times100$$

(2)数据来源

评估期销售费用取自所得税年度纳税申报表主表第 4 栏次"销售费用";评估期管理费用取自所得税年度纳税申报表主表第 5 栏次"管理费用";评估期财务费用取自所得税年度纳税申报表主表第 6 栏次"财务费用";评估期主营业务收入取自所得税年度纳税申报表附表一(1)第 3 栏次"主营业务收入"。

(二)计算行业税收风险分析关键指标的预警参数

运用统计学的基本计算方法,通过计算行业各税收风险指标销售毛利率、企业所得税主营业务收入贡献率的平均值、标准差、离散系数,进一步测算和确定行业税收风险指标的预警参数。计算步骤如下:

1. 计算平均值

平均值即行业指标平均水平,以所得税主营业务收入税收贡献率为例,计算公式为:

$$企业平均所得税主营业务收入税收贡献率=\frac{\sum风险期应纳所得税额}{\sum风险期主营营业收入}\times100$$

2. 计算标准差标准差体现合理行业指标的最高值与最低值

计算公式为:

$$S=\sqrt{\frac{\sum(X_i-\overline{X})^2}{n-1}}$$

3. 计算离散系数

计算离散系数是标准差与平均值的比值。离散系数较大,说明行业税收风险指标变异较大,税收风险较高。

计算公式为:

$$离散系数\delta=标准差/平均税负$$

4. 计算预警参数

一是当离散系数≤0.6时,预警值下限=平均值-标准差,预警值上限=

平均值＋标准差。二是当离散系数＞0.6时,预警值下限＝平均值－0.6s,预警值上限＝平均值＋0.6s。

(三)税收风险评价与风险等级排序方法

1. 对极端值的考量和分析

餐饮行业涉税风险较高,对税收风险指标数据异常变化的企业可直接判定为高风险等级5级。异常极端变化的风险指标主要包括:一是评估期销售收入为零的企业;二是评估期主营业务收入为零的企业;三是"长亏不倒"企业;四是所得税贡献率为零的企业。

2. 确定关键指标风险权重及风险分值赋值(表8-3)

表 8-3　风险分值赋值表

指标项目	风险权重及分值
所得税贡献率	50 分
毛利率	30 分
收入费用率	20 分
总风险分值	100 分

3. 根据纳税人风险指标的实际偏离情况计算得分

计算公式为:

$$税收风险指标分值总得分＝\sum 各风险指标赋值分值\times偏离率$$

$$偏离率＝\frac{企业风险指标实际值－指标预警值}{指标预警值}\times100\%$$

正指标预警值是预警上限值,如企业所得税主营业务收入税收贡献率、销售毛利率,逆指标的预警值是预警下限值,如营业收入费用率。

4. 确定风险等级并排序

排除风险指标值异常极端变动的企业,经过个案分析后,确定为高风险等级5级,将行业剩余企业按总税收风险分值由高到低进行排序,差值20分划分为一个风险等级。1级风险等级最低,5级总风险分值最高,总风险分值越高的企业,风险等级越高。风险等级划分见表8-4。

表 8-4　风险等级划分与排序表

企业总风险分值	风险等级
81～100 分	5 级
61～80 分	4 级
41～60 分	3 级
21～40 分	2 级
0～20 分	1 级

5. 模型应用

以某市 2010 年餐饮业风险识别的样本企业为查账征收企业,共计 580 户,按照收入规模分为四档,收入大于 1 亿元的企业为 10 户,收入 1 000 万至 1 亿元的企业为 120 户,收入 500 万至 1 000 万元的企业为 230 户,收入小于 500 万元的企业为 220 户。

(1)在对企业进行风险识别及排序时,选取税收贡献率、销售毛利率、主营业务营业收入费用率三项风险指标:

税收贡献率指标分＝该指标风险分值×企业税收贡献率的偏差率
销售毛利率指标评分＝该指标风险分值×企业销售毛利率的偏差率
收入费用率指标评分＝该指标风险分值×企业收入费用率的偏差率
总税收风险分值评分＝税收贡献率指标评分＋销售毛利率指标评分＋
　　　　　　　　　收入费用率指标评分

餐饮业税收风险指标预警参数见表 8-5。

表 8-5　餐饮业 2010 年税收风险分析识别有关预警值参考

规模类型	户数	主营业务收入所得税贡献率		销售毛利率		主营业务收入费用率	
		平均值	预警值	平均值	预警值	平均值	预警值
收入大于 1 亿元	10	3%	2%	64.32%	53%	49.2%	60%
收入大于 1 000 万元小于 1 亿元	120	0.9%	0.6%	52.37%	45%	47.74%	55%
收入小于 1 000 万元大于 500 万元	230	0.3%	0.25%	49.97%	43%	46.4%	53%
收入 500 万元以下	220	0.25%	0.2%	51%	45%	54.48%	60%

(2)风险等级排序结果。以风险指标与行业预警值的差距为主要评定因素,根据各指标权重计算企业综合风险分值。根据企业税收综合风险指

数的大小,将企业的风险程度划分为不同的风险区间,即为五个风险预警等级,级别越高,反映该企业存在的税收风险越大。

收入大于1亿元的餐饮企业风险等级排序结果如表8-6所示。

表8-6　收入大于1亿元的餐饮企业风险等级排序

分值区间	预警级别	企业数量
81～100	五级预警	1
61～80	四级预警	1
41～60	三级预警	2
21～40	二级预警	1
0～20	一级预警	3
分值为0	未预警	2

收入小于1亿大于1 000万的餐饮企业风险等级排序结果如表8-7所示。

表8-7　收入小于1亿大于1 000万的餐饮企业风险等级排序

分值区间	预警级别	企业数量
81～100	五级预警	6
61～80	四级预警	23
41～60	三级预警	29
21～40	二级预警	32
0～20	一级预警	29
分值为0	未预警	11

收入小于1 000万大于500万的餐饮企业风险排序结果如表8-8所示。

表8-8　收入小于1 000万大于500万的餐饮企业风险排序

分值区间	预警级别	企业数量
81～100	五级预警	10
61～80	四级预警	39
41～60	三级预警	43
21～40	二级预警	60
0～20	一级预警	53
分值为0	未预警	25

收入小于 500 万的餐饮企业风险排序结果如表 8-9 所示：

表 8-9　收入小于 500 万的餐饮企业风险排序

分值区间	预警级别	企业数量
81～100	五级预警	7
61～80	四级预警	36
41～60	三级预警	45
21～40	二级预警	56
0～20	一级预警	51
分值为 0	未预警	25

（四）标杆企业税收风险指标参数运用的思路与方法

为使税收风险分析识别的更科学,风险指向更准确有效更具实用性,可分类选取具有一定经营规模的同类型、纳税遵从较高的企业作为样本企业,建立标杆企业税收风险指标的标准数据体系,结合上述预警参数,进而准确分析识别企业税收风险点,深入开展税收风险等级较高的的企业的税收风险控制和排查。餐饮业标杆企业税收风险指标参数见表 8-10。

表 8-10　标杆企业税收风险指标参数

序号	指标名称	指标值	指标含义和计算公式
1	所得税贡献率	3.5%	每百元主营业务收入缴纳的企业所得税额度所得税贡献率＝应纳所得税额/主营业务收入×100%
2	毛利率（主营业务利润率）	70%	每百元主营业务收入获取的利润额毛利率（主营业务利润率）＝（主营业务收入－主营业务成本）/主营业务收入×100%
	主营业务收入成本率	28%	每百元主营业务收入支付的成本额主营业务成本率＝主营业务成本/主营业务收入×100%
3	主营业务收入费用率	52%	每百元主营业务收入支付的费用额主营业务费用率＝(管理费用＋财务费用＋销售费用)/主营业务收入×100%

序号	指标名称	指标值	指标含义和计算公式
4	销售利润率	11%	每百元营业收入获取的利润额销售利润率＝利润总额/营业收入×100%
5	存货周转率	542%	每百元存货的周转次数存货周转率＝主营业务成本/[(期初存货成本＋期末存货成本)/2]×100%
6	用票率	82%	每百元主营业务收入的开具发票额用票率＝发票开具金额/主营业务收入×100%
7	经营规模比率	13 110%	每平方米用餐区面积所产生的主营业务收入经营面积产出比率(元)＝主营业务收入/用餐区面积(平方米)
		2 350%	每天每桌的主营业务收入额日均每桌消费额(元)＝主营业务收入/餐桌(张)/365天
8	耗用工资率	18%	每百元主营业务收入所支付的工资额耗用工资率＝工资总额/主营业务收入×100%
9	耗用燃料比率	2%	每百元主营业务收入所耗用的水电费耗用率＝水电费/主营业务收入×100%
		1.9%	每百元主营业务收入所耗用的煤气费煤气费耗用率＝煤气费/主营业务收入×100%

四、行业税收风险应对与控制方法

(一)分级设置、分析案头审核风险分析指标

根据餐饮业经营特点,建立以经营收入、经营成本和费用、原材料和库存商品、主料分解比例为主的四个层级指标。

1. 第一层级指标

以贡献率指标、毛利率指标、主营业务收入为一级指标,同时结合主营业务成本,管理费用、财务费用、销售费用各自所占构成比例等指标,对企业的情况进行进一步分析识别和描述。

2. 第二层级指标

对主营业务成本、营业费用和管理费用进行分解,具体分析主要项目占主营业务成本、营业费用和管理费用的比例,以进一步分析成本费用的具体构成,及这些指标对一级指标的影响。主要包括原材料成本占主营业务成本的比例,库存商品占主营业务成本的比例,燃料成本占营业费用的比例,低值易耗品占营业费用的比例,物料用品占营业费用的比例,水电耗用及工资占营业费用或管理费用的比例等。

3. 第三层级指标

对原材料和库存商品总额进行分解,详细分析原材料和库存商品的构成,主要包括主料占原材料成本的比例,辅料占原材料成本的比例;库存商品大类占商品总额的比例,分析这些指标对二级指标的影响。

4. 第四层级指标

对主料进行第四层分解,具体分析粮、菜、肉、禽、鲜活食料占主料的比例;以及酒类品种占库存商品大类的比例,分析这些指标对三级指标的影响。

(二)税收风险应对、控制应注意的问题

1. 税务约谈

约谈的内容不仅包含案头审核分析的风险点,还应结合对企业的基本情况、经营模式等方面的信息进行综合采集、分析,特别应了解顾客到店消费、上菜销单、柜台收银至每日核算销售额各经营环节的详细过程。在此基础上,结合进一步案头审核分析的风险点,形成约谈提纲,实施针对性税务约谈。

2. 实地核查

实地核查是纳税评估中的重要环节之一。对于约谈工作中不能排查解除的风险点,应深入开展实地核查。实地核查的范围包括:企业的财务核算资料,还包括开台率、点菜系统、毛水单、采购合同、菜品价目表、大宗费用合同等,以此进一步佐证企业财务核算的合理性及税务机关对涉税风险点的分析判断。具体包括的内容如下:

(1)核查开台率:通过实地核查企业早市、午市、晚市的开台率,结合企业当日销售额情况估算本期收入规模,并与风险期申报收入规模进行比对,测算产生的差异及具体原因。

(2)核查点菜系统和毛水单:通过调取企业点菜系统一定时期内的日销售额,测算评估期收入规模;通过调取企业近期毛水单据,排查是否出现严重断号情况,并以断号数量测算风险期少计收入的具体数额。

3. 核查当日结账单据

调取每日收银员与会计结账单据,如:《收银日报表》《收入交接凭证》等,排查企业"免单收入""挂账收入""旅行社等团餐收入"的行为是否计收入并开具发票。

4. 核查采购合同

调取企业采购合同和一定时期内的购料单据,验证原材料和库存商品的价格水平。

5. 核查菜品价目表

调取企业菜品价目表,了解成品销售价格水平。

6. 核查费用类合同

调取企业房屋租赁、装修改造、社保等大宗费用合同和发票,验证费用确认的准确性。

7. 核查银行余额信息

调取企业所有银行账号及资金往来情况,对照银行余额调节表,追踪已达账项未入账的实际收入情况。

(三)评估结果处理

1. 营业收入方面

由于部分纳税人纳税意识淡薄,加之该行业现金交易量较大等特点,普遍存在现金收入不入账或直接坐支等问题,且此类问题在实际审核工作中难以取证。因此,在评估风险应对实际工作中宜通过实地核查发现其具体问题,如:免单消费、毛水单断号、库存商品直接计费用或冲销往来账款等,辅之开台率、点菜系统实地验证情况,利用调整后的毛利率及标杆企业的参考值推算收入规模,并推动和指导企业开展自查。

2. 材料成本方面

中式正餐的菜系、菜品，主食名目繁多，餐饮行业企业在结转主营业务成本过程中基本上采用期末库存倒挤成本的方法，容易导致结转主营业务成本不真实准确，个别企业出于少计收入或多列成本的目的，人为调节结转收入或成本数量，造成按照每一菜品核实其原材料耗用品种、数量、价格难以准确查证。因此，在对成本审核过程中，无法从正面取得突破。但对餐饮业毛利率进行分析过程中，出于企业投资者优先收回投资的考虑，我们可以先行假设企业不存在少计成本问题，并利用以前年度收入和成本水平及二者变动率，合理估计风险期较以前年度物价上涨水平，测算风险期是否有严重成本虚列问题，并指导企业开展自查，在先行固化成本规模基础上，利用调整后的毛利率，结合物价指数推算收入和成本水平。

3. 费用方面

餐饮企业费用种类较少，大额费用支出取证比较容易，因此可直接使用检查的方法进行验证，确定其真实水平。

参考文献

[1]伊虹.营改增后税务稽查发展方向及应对研究[M].北京:清华大学出版社,2017.

[2]邵凌云.中共国家税务总局党校国家税务总局税务干部进修学院系列教材·税收理论与实务类:税收风险管理理论与实务[M].北京:中国税务出版社,2017.

[3]全国税务师职业资格考试教材编写组.税法(Ⅰ)[M].北京:中国税务出版社,2016.

[4]全国税务师职业资格考试教材编写组.税法(Ⅱ)[M].北京:中国税务出版社,2016.

[5]陈筠.税务稽查典型案例评析[M].北京:法律出版社,2016.

[6]伊虹,王建聪.税法实务[M].北京:清华大学出版社,2016.

[7]翟继光.营业税改增值税的税务稽查与查账[M].北京:立信会计出版社,2016.

[8]全国税收"六五"普法丛书编委会.税务稽查读本[M].北京:中国经济出版社,2016.

[9]马晓颖,张林海,王红莲.税收风险管理策略[M].北京:中国税务出版社,2015.

[10]中国注册会计师协会.税法[M].北京:经济科学出版社,2015.

[11]张捷.税务稽查案例精选[M].北京:中国税务出版社,2015.

[12]田淑华.企业纳税管理[M].大连:东北财经大学出版社,2015.

[13]李小平.税收风险管理与模型应用[M].北京:经济科学出版社,2014.

[14]谢新宏.税务稽查与企业纳税风险分析[M].北京:经济科学出版社,2014.

[15]王敏.企业税收风险及内控研究[M].武汉:武汉大学出版社,2014.

[16]李晓曼.税收风险管理理论与方法[M].北京:中国财政经济出版社,2013.

[17]张德志.税务风险管理理论与实践[M].北京:中国税务出版社,2013.

[18]郭玲.税务稽查:理论、方法与实验[M].天津:南开大学出版社,2013.

[19]丁会仁.税务稽查与税务风险规避技巧[M].北京:中国法制出版

社,2013.

[20]戴琼.企业纳税风险管控与纳税评估案例[M].上海:立信会计出版社,2013.

[21]杜剑.企业财务中的税收风险管理[M].北京:科学出版社,2012.

[22]谭荣华.税收数据分析方法与应用[M].北京:中国税务出版社,2012.

[23]蔡少优.企业涉税风险控制指南[M].北京:中国市场出版社,2012.

[24]庄粉荣.企业所得税检查应对技巧[M].北京:机械工业出版社,2012.

[25]蔡昌.领导税务学[M].北京:立信会计出版社,2011.

[26]唐登山.税务稽查学[M].武汉:武汉大学出版社,2010.

[27]郑坚.纳税评估理论与实践[M].北京:中国税务出版社,2005.

[28]侯欢.大数据时代税务稽查风险的管控[J].税务与经济,2018(3).

[29]张晓华.环境保护税开征后急需明确的几个问题[J].财会月刊,2018(11).

[30]张晓华."营改增"对电信运营商税务管理的影响分析[J].中国乡镇企业会计,2018(2).

[31]张晓华.论营改增对物流业税务管理的影响[J].中国乡镇企业会计,2018(1).

[32]张晓华.增值税税会差异分析[J].山西大同大学学报,2018(3).

[33]张晓华.对增值税纳税义务发生时间规定的看法[J].财会月刊,2017(19).

[34]黄显福.全面建构中国特色的税务稽查纳税人权利保护制度——韩国税务稽查纳税人权利保护制度借鉴与启示[J].税收经济研究,2016(6).

[35]陈司谨,吴拥军.纳税人自查修正行为法律责任研究[J].税务与经济,2015(5).

[36]张晓华.从业人员给企业带来的纳税困扰——以一个火力发电企业为例[J].山西大同大学学报,2015(6).

[37]张景华.税收风险识别模型的构建[J].税务与经济,2014(1).

[38]彭骥鸣,陈爱明,韩晓琴.大数据时代强化税收风险管理的思考[J].税收经济研究,2014(5).

[39]张晓华."营改增"后进项税抵扣应注意的方面[J].财会月刊,2013(23).

[40]盖地.应税收入、不征税收入与免税收入:性质界定、税收利益[J].财务与会计,2013(10).

[41]张晓华.营业税"纳税人"的法律解读[J].山西大同大学学报,2013

(1).

[42]钱俊文,韦国庆.纳税评估的法律地位争议及其解决——兼议《税收征管法》与《纳税评估管理办法》的修订[J].税务研究,2013(1).

[43]张积康.大企业税务风险管理国际经验及其借鉴[J].涉外税务,2011(06).

[44]王海森.关于税收数据深度分析应用的思考[J].信息技术与信息化,2007(4).

[45]李桂丽,张生锋.改进税收数据采集方式实现自助服务[J].潍坊学院学报,2004(3).

[46]倪嘉蔚.基于 COSO 内控框架的税收风险管理研究[D].南京大学,2015.

[47]郑华.税收风险管理平台的设计与实现[D].吉林大学,2015.

[48]马旋灵.基于模糊理论的无锡市地方税收风险管理研究[D].中国地质大学,2014.

[49]陈海峰.基于 AHP——熵值法的税收风险评价研究[D].厦门大学,2014.

[50]苏佳琪.税收数据采集平台的研究与系统设计[D].天津大学,2013.

[51]回雪.大企业税收风险管理研究[D].东北财经大学,2013.

[52]杨凡涛.关于省级数据集中后税收数据质量管理与应用研究[D].中国海洋大学,2009.